Vergütung und Aufwendungsersatz des Testamentsvollstreckers

Europäische Hochschulschriften

Publications Universitaires Européennes
European University Studies

Reihe II
Rechtswissenschaft

Série II Series II
Droit
Law

Bd./Vol. 3614

PETER LANG
Frankfurt am Main · Berlin · Bern · Bruxelles · New York · Oxford · Wien

Rüdiger Birk

Vergütung und Aufwendungsersatz des Testamentsvollstreckers

Vergleich mit dem Vormund und Insolvenzverwalter
Entwurf einer Regelung

PETER LANG
Europäischer Verlag der Wissenschaften

Bibliografische Information Der Deutschen Bibliothek
Die Deutsche Bibliothek verzeichnet diese Publikation in der Deutschen Nationalbibliografie; detaillierte bibliografische Daten sind im Internet über <http://dnb.ddb.de> abrufbar.

Zugl.: Konstanz, Univ., Diss., 2002

D 352
ISSN 0531-7312
ISBN 3-631-50754-2

www.peterlang.de

Vorwort

Die vorliegende Arbeit wurde im Wintersemester 2001/2002 vom Fachbereich Rechtswissenschaft der Rechts-, Wirtschafts- und Verwaltungswissenschaftlichen Sektion der Universität Konstanz als Dissertation angenommen. Die Arbeit befindet sich auf dem Stand Ende 2001. Am 16. Juli 2002 wurde das Promotionsverfahren mit der mündlichen Prüfung abgeschlossen.

Mein besonderer Dank gilt meinem Doktorvater, Herrn Prof. Dr. Rainer Hausmann, für die Anregung und unkomplizierte Betreuung dieser Arbeit sowie seine stete Unterstützung. Herrn Prof. Dr. Jürgen Damrau möchte ich für die Übernahme und rasche Erstellung des Zweitgutachtens danken.

Danken möchte ich auch Dres. Georg und Susanne Zinger, die mir während der Entstehung dieser Arbeit wertvolle Diskussionspartner waren und mit viel Geduld und Sorgfalt die mühevolle Arbeit des Korrekturlesens auf sich genommen haben

Von Herzen danke ich meinen Eltern, die dieser Arbeit durch vielfältige Unterstützung den Weg geebnet haben. Ihnen widme ich dieses Buch.

Reutlingen, im Oktober 2002 | Rüdiger Birk

Inhaltsverzeichnis

Abkürzungsverzeichnis

a.A.	anderer Auffassung
AblEG	Amtsblatt der Europäischen Gemeinschaften
Abs.	Absatz
AcP	Archiv für die civilistische Praxis
a.F.	alte Fassung
Anh.	Anhang
Anm.	Anmerkung
AnwBl.	Anwaltsblatt
AO	Abgabenordnung
Art.	Artikel
Aufl.	Auflage
BAG	Bundesarbeitsgericht
BayObLG	Bayerisches Oberstes Landgericht
BayOLGZ	Entscheidungen des Bayerischen Obersten Landgerichts in Zivilsachen
BB	Der Betriebs-Berater
BFH	Bundesfinanzhof
BFHE	Entscheidungen des BFH, amtliche Sammlung
BFH/NV	Sammlung amtlich nicht veröffentlichter Entscheidungen des BFH
BGB	Bürgerliches Gesetzbuch
BGBl	Bundesgesetzblatt
BGH	Bundesgerichtshof
BGHZ	Entscheidungen des BGH in Zivilsachen, amtliche Sammlung
BraGebO	Bundesgebührenordnung für Rechtsanwälte
BRAGO	Bundesgebührenordnung für Rechtsanwälte
BRAK-Mitt.	Mitteilungen der Bundesrechtsanwaltskammer
BRAO	Bundesrechtsanwaltsordnung
BStBl	Bundessteuerblatt
BtÄndG	Betreuungsrechtsänderungsgesetz
BT-Drucks	Bundestagsdrucksache
BtPrax	Betreuungsrechtliche Praxis
BVormVG	Gesetz über die Vergütung von Berufsvormündern

BWNotZ	Zeitschrift für das Notariat in Baden-Württemberg
bzw.	beziehungsweise
DB	Der Betrieb
Diss.	Dissertation
DNotZ	Deutsche Notarzeitschrift
DRiZ	Deutsche Richterzeitung
DStZ	Deutsches Steuerrecht
Dt.	Deutsch(er/es)
EFG	Entscheidungen der Finanzgericht
EG	Europäische Gemeinschaft
Einl.	Einleitung
ErbStG	Erbschaftsteuer- und Schenkungsteuergesetz
EWG	Europäische Wirtschaftsgemeinschaft
EWIV	Europäische Wirtschaftliche Interessenvereinigung
FamRZ	Zeitschrift für das gesamte Familienrecht
FGG	Reichsgesetz über die freiwillige Gerichtsbarkeit
f., ff.	folgend(e)
FK	Frankfurter Kommentar zur Insolvenzordnung
Fn.	Fussnote
FS	Festschrift
GbR	Gesellschaft bürgerlichen Rechts
GG	Grundgesetz
GmbH	Gesellschaft mit beschränkter Haftung
HGB	Handelsgesetzbuch
HK	Heidelberger Kommentar zur InsO
h.M.	herrschende Meinung
HOAI	Honorarordnung für Architekten und Ingenieure
Hrsg.	Herausgeber/herausgegeben
HS.	Halbsatz
InsO	Insolvenzordnung
InsVV	Insolvenzrechtliche Vergütungsverordnung
i.S.d.	im Sinne des
i.S.v.	im Sinne von

i.V.m.	in Verbindung mit
JA	Juristische Arbeitsblätter
JZ	Juristen-Zeitung
JB d. RSoz.	Jahrbuch der Rechtssoziologie und Rechtstheorie
JurBüro	Das Juristische Büro
JW	Juristische Wochenschrift
KG	Kammergericht
KSI	Kölner Schrift zur Insolvenzordnung
KTS	Zeitschrift für Konkurs-, Treuhand und Schiedsgerichtswesen.
LG	Landgericht
LM	Nachschlagewerk des BGH, hrsg. von Lindenmaier und Möhring
LS	Leitsatz
MDR	Monatsschrift für Deutsches Recht
Mio.	Million(en)
MüKo	Münchner Kommentar zum Bürgerlichen Gesetzbuch
m.w.N.	mit weiteren Nachweisen
MwSt	Mehrwertsteuer
NJW	Neue Juristische Wochenschrift
NJW-RR	NJW-Rechtsprechungs-Report Zivilrecht
Nr.	Nummer
OLG	Oberlandesgericht
OLGZ	Entscheidungen der Oberlandesgerichte in Zivilsachen
PartGG	Partnerschaftsgesellschaftsgesetz
RBerG	Rechtsberatungsgesetz
RGZ	Entscheidungen des Reichsgerichts in Zivilsachen
Rn.	Randnummer
Rpfleger	Der Deutsche Rechtspfleger
S.	Satz; Seite
sog.	sogenannt(er, es)
StbGebV	Steuerberatergebührenverordnung
u.a.	unter anderem (n)
UR	Umsatzsteuer-Rundschau
Urt.	Urteil

USt	Umsatzsteuer
UStG	Umsatzsteuergesetz
u.U.	unter Umständen
v.	von/vom
vgl.	vergleiche
v.H.	vom Hundert
VergVO	Vergütungsverordnung
VO	Verordnung
Vor	Vorbemerkung
WM	Zeitschrift für Wirtschafts- und Bankrecht, Wertpapiermitteilungen
ZBB	Zeitschrift für Bankrecht und Bankwirtschaft
ZEV	Zeitschrift für Erbrecht und Vermögensnachfolge
ZIP	Zeitschrift für Wirtschaftsrecht
ZPO	Zivilprozessordnung
ZSEG	Gesetz über die Entschädigung von Zeugen und Sachverständigen
ZVG	Zwangsversteigerungsgesetz

Einleitung

§ 1 Bedeutung der Testamentsvollstreckung

Die Bedeutung des Erbrechts nimmt seit Beendigung des zweiten Weltkriegs stetig zu, da seither enorme Vermögenswerte aufgebaut und erwirtschaftet wurden. Für die Jahre 2000 bis 2010 wird das zu vererbende Vermögen in der Bundesrepublik auf über 4,4 Billionen Mark geschätzt.[1] Infolge sinkender Geburtenraten bekommen immer weniger Erben immer mehr vererbt.[2] So betrug das durchschnittliche Erbvolumen pro Erbfall 1998 noch 288.100 DM und wird einer Prognose zufolge bis 2010 auf rund 574.000 DM steigen.[3] Das vererbte Privat- und Betriebsvermögen wird aber nicht nur größer, sondern regelmäßig auch komplexer in seiner Zusammensetzung. In den Nachlass werden zunehmend eine oder mehrere Mietimmobilien, Aktienbestände, Ferienwohnungen oder Unternehmensbeteiligungen fallen. Nicht selten wird Vermögen im Ausland vorhanden sein. Mit der Zahl der Erbfälle und dem durchschnittlichen Erbvolumen wächst schließlich auch die Zahl der Streitigkeiten um die übertragenen Vermögenswerte, was zudem darauf zurückzuführen ist, dass die verwandtschaftlichen Bindungen in unserer materiell ausgerichteten Zeit an Bedeutung verlieren.[4] Der Erblasser wird daher bei einem großen Erbvolumen eher erbrechtliche Überlegungen vornehmen als bei einem kleinen, um dieses so weit und so lange als möglich für die nächste Generation zu erhalten.[5] Zudem gilt es, aus diesem Grund kostenintensive Erbstreitigkeiten zu vermeiden und eine zweckmäßige Verteilung des Nachlasses sicherzustellen. Zu diesem Zweck bietet es sich für den Erblasser in der Regel an, eine Testamentsvollstreckung anzuordnen.[6] Je größer das zu vererbende Vermögen ist, desto eher wird sich der Erblasser dabei professioneller Hilfe bedienen und z.B. einen Rechtsanwalt, Steuerberater oder seine Bank als Testamentsvollstrecker ernennen. Für diese und ähnliche Berufsgruppen und Institutionen wird die Testamentsvollstreckung daher in den nächsten Jahren stark an Bedeutung gewinnen.[7]

---

[1] Erbschaften, S. 175, Quelle: Statistisches Bundesamt, Deutsche Bundesbank, BBE Berechnungen.

[2] Erbschaften, S. 175.

[3] Erbschaften, S. 185, Quelle: Statistisches Bundesamt, Deutsche Bundesbank, BBE Berechnungen.

[4] Ebenroth, Rn. 2.

[5] Ähnlich Reimann, Rn. 1.

[6] Lange/Kuchinke, § 31 I; Ebenroth, Rn. 624.

[7] Ebenso Ebenroth, Rn. 2.

§ 2 Bedeutung der angemessenen Vergütung

Nach § 2221 BGB kann „der Testamentsvollstrecker für die Führung seines Amtes eine angemessene Vergütung verlangen, sofern nicht der Erblasser ein anderes bestimmt hat". Häufig wird die Frage der Vergütung bei der Errichtung des Testaments aber ausgespart, obwohl die Regelung dieser Frage sowohl für den Testamentsvollstrecker selbst, als auch für den Vergütungsschuldner – also regelmäßig den Erben - große Bedeutung hat.[8]
Folglich bleibt zu klären, was eine „angemessene Vergütung" i.S.d. § 2221 BGB ist. Wie die Angemessenheit konkret zu bestimmen ist, ist weitgehend umstritten. Die Probleme bei der Bestimmung der Vergütung ergeben sich in erster Linie daraus, dass das Gesetz nichts über die Höhe und Berechnungsmethode der Vergütung aussagt.[9] Auch besteht keine gesetzliche Ermächtigung zum Erlass einer Vergütungsordnung, wie es sie beispielsweise in der Insolvenzordnung gibt.[10] Die Literatur hat daher Richtlinien und Tabellen zur Ermittlung der Höhe der Testamentsvollstreckervergütung entwickelt.[11] Die älteste und am längsten gebräuchliche Tabelle ist die sog. „Rheinische Tabelle" des Notariatsvereins für Rheinpreußen aus dem Jahre 1925.[12] An diesen Richtlinien wird kritisiert, dass sie nicht ausreichend nach der Art der Testamentsvollstreckung, und damit nach Vergütungstatbeständen, differenzieren.[13] Darüber hinaus sehen sie recht unterschiedliche Vergütungen vor.[14] Außerdem ist fraglich, ob diese Richtlinien für die Vollstreckung an Großvermögen gelten.[15] Zudem existiert nur eine geringe Anzahl veröffentlichter Rechtsprechung, die eine konkrete Berechnung der Vergütung im Einzelfall enthält.[16] All dies bietet Anlass zu Kontroversen und führt in der Praxis zu großer Rechtsunsicherheit. Streitigkeiten um die Vergütung sind darüber hinaus oft mit einem erheblichen Kostenrisiko verbunden. Daher ist zu klären, wie etwaige Vergütungstatbestände aussehen und wie diesen eine entsprechende Rechtsfolge, d.h. eine angemessene Vergütung, zugeordnet werden kann. In diesem Zusammenhang ist auch die Frage des Aufwen-

---

[8] Ähnlich Reimann, Rn. 657; Möhring/Beisswingert/Klingelhöffer, S. 219.
[9] Möhring/Beisswingert/Klingelhöffer, S. 228.
[10] Vgl. § 65 InsO.
[11] Zu den Tabellen vgl.ausführlich: Zweiter Teil § A.I.3.-9.
[12] Ausführlich zu dieser Tabelle: Zweiter Teil § 4 A.I.3.; im Folgenden wird die Tabelle auch als „Alte Rheinische Tabelle" bezeichnet.
[13] Staudinger/Reimann, § 2221 Rn. 44; Esch/Baumann/Schulze zur Wiesche, Rn. 606.
[14] Vgl. Gegenüberstellung der verschiedenen Tabellenwerte: Zweiter Teil § 4 A.I.11.
[15] Möhring/Beisswengert/Klingelhöffer, S. 228, sehen ein Vermögen von 10 Mio. DM aufwärts heute nicht mehr als außergewöhnlich groß an und halten die Möhring`sche Tabelle, entgegen ihrer Auffassung in der Vorauflage, grundsätzlich auch in dieser Größenordnung für anwendbar.
[16] Möhring/Beisswingert/Klingelhöffer, S. 218.

dungsersatzes sowie einer möglichen Umsatzsteuerpflicht und deren Verhältnis zur Vergütung zu beantworten.

§ 3 Ziel der Arbeit

Ziel der Arbeit ist es, einen zeitgemäßen Regelungsentwurf für die Testamentsvollstreckervergütung und den Aufwendungsersatz zu schaffen. In jüngerer Zeit hat der Gesetzgeber für den Vormund und den Insolvenzverwalter neue Regelungen für die Vergütung und den Aufwendungsersatz erlassen bzw. bestehende Regelungen geändert. Gerade diese Neuregelungen sowie deren Begründungen müssen hinsichtlich des Vergütungstatbestandes differenzieren und hinsichtlich der Rechtsfolge, der Vergütungshöhe, zeitgemäß sein. Zum einen wurden im Vormundschaftsrecht die §§ 1835 bis 1836 e BGB durch das BtÄndG vom 25.06.1998 mit Wirkung ab 01.01.1999 geändert. Diese Vorschriften gelten gem. § 1915 BGB grundsätzlich auch für Pflegschaften und gem. § 1908 i BGB für Betreuungen entsprechend. Zum anderen hat der Gesetzgeber die am 01.01.1999 in Kraft getretene Insolvenzrechtliche Vergütungsverordnung (InsVV) erlassen. Dabei wurden, insbesondere in die Begründung, Präzisierungen zu den Berechnungsgrundlagen und Differenzierungen nach Art und Umfang der Tätigkeit aufgenommen.
In der vorliegenden Arbeit werden diese Regelungen mit denen der Testamentsvollstreckung verglichen. Voraussetzung dieser Untersuchung ist zunächst ein Vergleich der Rechtsstellung und der Aufgaben von Testamentsvollstrecker, Vormund und Insolvenzverwalter, da dies die Grundlage der Vergütung darstellt.

Erster Teil: Rechtsstellung und Aufgaben des Testamentsvollstreckers, Vormunds und Insolvenzverwalters

§ 1 Rechtsstellung der Amtsträger

A. Rechtsstellung des Testamentsvollstreckers

Nach der herrschenden Amtstheorie[17] ist der Testamentsvollstrecker Inhaber eines privaten Amtes, das ihm vom Erblasser übertragen wurde. Dieses übt er kraft eigenen Rechts, also unabhängig vom Willen des Erben, und im eigenen Namen, aber – im Rahmen der letztwilligen Anordnungen des Erblassers – doch im Interesse anderer, vor allem der Erben aus. Er handelt daher nicht hoheitlich, sondern privatrechtlich für die Personen, deren Vermögensinteressen er wahrnimmt. Für diese Ansicht spricht, dass das Gesetz mehrfach vom „Amt" des Testamentsvollstreckers spricht, z.B. in §§ 2197, 2201, 2221 BGB. Zudem hat der Testamentsvollstrecker im Rahmen der Testamentsvollstreckung die Interessen aller Beteiligten zu beachten und ist in seiner Rechtsstellung an einen gesetzlichen Vertreter angenähert.[18] Andere Ansichten[19] sehen den Testamentsvollstrecker als Vertreter des Erblassers, des Erben oder des Nachlasses an. Die Klärung des Streites kann aber offen bleiben, da er keine praktische Bedeutung hat und sich aus allen Ansichten die Rechtsstellung des Testamentsvollstreckers befriedigend erklären lässt.[20]

B. Rechtsstellung des Vormunds

Im Vormundschaftsrecht spielen sowohl privatrechtliche als auch öffentlich-rechtliche Aspekte eine Rolle. Die Vormundschaft wurde zunächst als Ersatz für eine fehlende familiäre Fürsorge entwickelt.[21] Hieraus ergibt sich auch die systematische Stellung des Vormundschaftsrechts im Familienrecht. Der Staat sieht es als seine Aufgabe an, den hinreichenden Schutz fürsorgebedürftiger Men-

[17] Ausführlich hierzu: Staudinger/Reimann, Vorbem zu §§ 2197 ff Rn. 14; Palandt/Edenhofer, Einf. § 2197 Rn. 2; MüKo/Brandner, Vor. § 2197 Rn. 5; Soergel/Damrau, Vor § 2197 Rn. 14; Lange/Kuchinke, § 31 III.1.-4.; BGHZ 13, 203, 205; 25, 275, 279; BGH NJW 1983, 40.
[18] Staudinger/Reimann, Vor § 2197 Rn. 14 f.
[19] Ausführlich hierzu: Soergel/Damrau, Vor § 2197 Rn. 1 ff.; Lange/Kuchinke, § 31 III.2.; jeweils m.w.N.
[20] MüKo/Brandner, Vor § 2197 Rn. 5.
[21] Ausführlich zur Entwicklung des Vormundschaftsrechts: Schwab, FamR, Rn. 782; Oberloskamp, § 1 Rn. 17 ff.; zur Rechtsnatur der Vormundschaft: BVerfGE 10, 302 ff.; K. Schreiber, AcP 1978, 533 ff.; Maurer, FamRZ 1960, 468 ff.

schen sicherzustellen.[22] Das öffentliche Interesse hieran ist die Grundlage des Vormundschaftswesens, das daher auch unter öffentliche Kontrolle gestellt ist. Seit Einführung der Betreuung durch das Betreuungsgesetz von 1992 beschränkt sich die Vormundschaft auf die allgemeine Fürsorge für Minderjährige. Die neugeschaffene Betreuung[23] kann hingegen als begrenzte Fürsorge für Volljährige, die geistig, körperlich oder seelisch behindert sind, angesehen werden. Außerdem kennt das Familienrecht die Pflegschaft, die eine begrenzte Fürsorge für Personen ist, die aus anderen Gründen nicht im Stande sind, ihre Angelegenheiten selbst wahrzunehmen. Zentrales Institut ist aber die Vormundschaft, deren Regelungen auf Betreuer und Pfleger weitgehend entsprechend anwendbar sind (vgl. §§ 1908 i, 1915 Abs. 1 BGB). Der Vormund wird nach § 1793 Abs.1 BGB als gesetzlicher Vertreter der ihm anvertrauten Person und der ihm zur Verwaltung überlassenen Vermögen im Rahmen der öffentlichen Fürsorge tätig.[24]

Die im Bürgerlichen Gesetzbuch geregelte Vormundschaft wird regelmäßig von Privatpersonen übernommen, so dass das Rechtsverhältnis zwischen dem Fürsorgebedürftigen und dem Vormund privatrechtlich ist.[25] Ferner muss der Ersatz für die elterliche Sorge ebenso privatrechtlicher Natur sein, wie das Verhältnis zwischen Eltern und Kindern.[26]

Hiervon zu unterscheiden ist die Wahrnehmung der Fürsorgeaufgabe durch den Staat, die öffentlichrechtlichen Charakter hat.[27] Der öffentlichrechtliche Einfluss kommt z.B. darin zum Ausdruck, dass die Amtsinhaber durch gerichtlichen Konstitutivakt bestellt (§ 1789 BGB) werden, durch das Gericht entlassen werden (§ 1886 BGB), Rechtsgeschäfte z.T. genehmigt werden müssen, die Vergütung nach § 1836 BGB bewilligt werden muss und dass ihre Tätigkeit der Kontrolle des Vormundschaftsgerichts unterliegt (§ 1837 BGB). Öffentlichrechtlichen Charakter haben auch die Verpflichtungen, die dem Vormund gegenüber dem Vormundschaftsgericht obliegen, wie z.B. die Berichts- und Auskunftspflicht gem. § 1839 BGB oder die Rechnungslegungspflicht nach § 1840 BGB.[28] Das privatrechtliche Tätigwerden des Vormunds wird also durch das öffentliche Recht überlagert.

---

[22] BVerfGE 10, 302, 311.

[23] Zur Betreuung und Pflegschaft: Jauernig/Berger, Vor § 1773 Rn. 1; Soergel/Zimmermann, Vor § 1793 Rn. 1.

[24] Möhring/Beisswingert/Klingelhöffer, S. 22; Oberloskamp/Kaufmann, § 21 Rn. 2.

[25] Schwab, FamR, Rn. 782; Möhring/Beisswingert/Klingelhöffer, S. 22 f.; Soergel/Zimmermann, Vor § 1773 Rn. 2; Staudinger/Engler, Vor § 1793 Rn. 14.

[26] Staudinger/Engler, Vor § 1773 Rn. 8; Soergel/Zimmermann, Vor § 1793 Rn. 2; MüKo/Schwab, Vor § 1793 Rn. 15.

[27] Staudinger/Engler, Vor § 1773 Rn. 13; Möhring/Beisswingert/Klingelhöffer, S. 22; MüKo/Schwab, Vor § 1793 Rn. 16.

[28] Schwab, FamR, Rn. 782; Staudinger/Engler, Vor § 1773 Rn. 13, Soergel/Zimmermann, Vor § 1793 Rn. 3.

C. Rechtsstellung des Insolvenzverwalters

Die Rechtsstellung des Insolvenzverwalters ist umstritten.[29] Nach der herrschenden „Amtstheorie“ wird der Insolvenzverwalter in Ausübung eines ihm übertragenen privaten Amtes kraft eigenen Rechts, im eigenen Namen (bezogen auf das Amt) und mit unmittelbarer Wirkung für und gegen den Gemeinschuldner als Träger der den Gläubigern als Haftungsobjekt zugewiesenen Masse tätig. Der Insolvenzverwalter unterliegt überdies gerichtlicher Aufsicht.[30] Diese beruht letztlich darauf, dass sowohl der Gemeinschuldner des Schutzes vor seinen Gläubigern, als auch schwächere Gläubiger des Schutzes vor stärkeren Gläubigern bedürfen, um den sozialen Frieden zu wahren.[31]

D. Vergleich der Rechtsstellungen

Das Amt des Testamentsvollstreckers, Vormunds sowie Insolvenzverwalters ist privatrechtlicher Natur. Der Testamentsvollstrecker und der Insolvenzverwalter werden im Gegensatz zum Vormund kraft eigenen Rechts im eigenen Namen tätig. Der Vormund ist hingegen gesetzlicher Vertreter der ihm anvertrauten Person. Praktische Auswirkungen hat die unterschiedliche Rechtsstellung nicht. In beiden Fällen hat der Amtsträger die Interessen der Beteiligten zu berücksichtigen.

Auch wird das Amt des Testamentsvollstreckers im Unterschied zum Amt des Insolvenzverwalters und Vormunds nicht vom öffentlichen Recht überlagert, da das Testamentsvollstreckeramt nur im privaten Interesse, nicht aber im öffentlichen Interesse angeordnet wird. Hingegen dient sowohl die Insolvenzverwaltung als auch die Vormundschaft dem Schutze der Beteiligten. An diesem Schutz besteht ein öffentliches Interesse, das sich z. B. in einer gerichtlichen Aufsicht über die Tätigkeit zeigt. Der Schutz- und Fürsorgegedanke ist allerdings im Rahmen der Vormundschaft ausgeprägter als bei der Insolvenzverwaltung, da der Mündel im Gegensatz zum Hauptschuldner und den Gläubigern überhaupt nicht in der Lage ist, seine Rechte und Angelegenheiten wahrzunehmen.[32]

---

[29] Ausführlich zum Streitstand und zur Vertreter- und Organtheorie: Hess, KO, § 6 Rn. 13 ff., Kuhn/Uhlenbruck, KO, § 6 Rn. 16 ff., Hess/Obermüller, Rn. 671 ff.; HK-InsO/Eickmann, § 57 Rn. 20 ff.; Nerlich/Römerman/Delhaes, Vor § 56 Rn. 8 ff.

[30] Vgl. hierzu ausführlich: Erster Teil § 8.

[31] Heilmann/Smid, § 6 Rn. 2. Zum Zweck des Insolvenzrechts: Häsemeyer, S. 54; FK-InsO/Schmerbach, Vor §§ 1 ff. Rn. 20 ff.

[32] Vgl. zu den Voraussetzungen der Vormundschaft: Erster Teil § 2 B.

§ 2 Voraussetzungen und Begründung des Amtes

A. Ernennung des Testamentsvollstreckers

Die Testamentsvollstreckung setzt zunächst eine entsprechende Anordnung in einer letztwilligen Verfügung voraus, § 2197 Abs. 1 BGB. Die Anordnung kann also auf einem Testament, einem gemeinschaftlichen Testament oder nach § 2299 Abs. 1 BGB auf einem Erbvertrag beruhen. Von der Anordnung der Testamentsvollstreckung ist die Ernennung des Testamentsvollstreckers gem. § 2197 BGB zu unterscheiden. Die Ernennung bestimmt, welche Person das Testamentsvollstreckeramt übernehmen soll. Der Erblasser kann durch Testament einen oder mehrere Testamentsvollstrecker ernennen, § 2197 Abs. 1 BGB. Für den Fall, dass der ernannte Testamentsvollstrecker vor oder nach Annahme des Amtes wegfällt, z.B. infolge einer Bedingung oder Befristung, kann er auch einen anderen Testamentsvollstrecker ernennen, § 2197 Abs. 2 BGB. Der Erblasser kann die Bestimmung des Testamentsvollstreckers auch einem Dritten überlassen, § 2198 Abs. 1 BGB. Der Alleinerbe kann in diesem Fall ebenfalls bestimmungsberechtigt sein.[33] Darüber hinaus kann der Erblasser den Testamentsvollstrecker ermächtigen, einen oder mehrere Mitvollstrecker oder einen Nachfolger zu ernennen, § 2199 BGB. Der Erblasser kann im Testament auch das Nachlassgericht ersuchen, einen Testamentsvollstrecker zu ernennen, § 2200 BGB.

B. Begründung der Vormundschaft

Vorraussetzung für die Vormundschaft ist nach § 1773 BGB, dass der Minderjährige nicht unter elterlicher Sorge steht oder die Eltern weder in den die Person noch in den das Vermögen betreffenden Angelegenheiten zur Vertretung des Minderjährigen berechtigt sind. Außerdem erhält der Minderjährige einen Vormund, wenn sein Familienstand nicht zu ermitteln ist.
Die Vormundschaft ist gem. § 1774 BGB von Amts wegen anzuordnen. Der Begriff der Anordnung meint hier die Einleitung eines gerichtlichen Verfahrens, mit der die Vormundschaft für einen bestimmten Mündel bei Gericht anhängig wird.[34] Der Vormund wird dann nach § 1789 BGB zu treuer und gewissenhafter Führung der Vormundschaft bestellt. Die Vormundschaft wird in der Regel als Einzelvormundschaft angeordnet, aus besonderen Gründen können aber auch mehrere Mitvormünder bestellt werden, § 1775 BGB. Ein besonderer Grund ist

[33] RGZ 92, 68, 72; Ebenroth, ErbR, Rn. 630; Staudinger/Reimann, § 2198 Rn. 2; Soergel/Damrau, § 2198 Rn. 2.
[34] Staudinger/Engler, § 1774 Rn. 2; Soergel/Zimmermann, § 1774 Rn. 4.

z.B. eine schwierige Vermögensverwaltung.[35] Nach § 1792 Abs. 1 BGB kann neben dem Vormund noch ein Gegenvormund bestellt werden. Dieser soll nach § 1792 Abs. 2 BGB dann bestellt werden, wenn mit der Vormundschaft eine Vermögensverwaltung verbunden ist, es sei denn, dass die Verwaltung nicht erheblich oder die Vormundschaft von mehreren Vormündern gemeinschaftlich zu führen ist.
Nach §§ 1776, 1777 Abs. 3 BGB haben die Eltern des Mündels grundsätzlich das Recht, den Vormund durch letztwillige Verfügung zu benennen. Nur in den Fällen des § 1778 BGB darf der benannte Vormund übergangen werden. Ist die Vormundschaft nicht einer nach § 1776 BGB berufenen Person zu übertragen, so hat das Vormundschaftsgericht nach Anhörung des Jugendamtes den Vormund auszuwählen, § 1779 Abs.1 BGB.

C. Bestellung des Insolvenzverwalters

Der Insolvenzverwalter wird nach § 27 InsO bei der Eröffnung des Insolvenzverfahrens durch das Insolvenzgericht ernannt. In der ersten Gläubigerversammlung nach der Insolvenzverwalterbestellung können die Gläubiger an dessen Stelle eine andere Person wählen, § 57 S. 1 InsO. Das Gericht kann in diesem Fall die Bestellung des Gewählten gem. § 57 S.2 InsO versagen, wenn dieser für die Übernahme des Amtes nicht geeignet ist. Für den Fall, dass das Gericht die Bestellung versagt, steht jedem Insolvenzgläubiger nach § 57 S. 3 InsO die sofortige Beschwerde zu.
Die Bestellung mehrerer Insolvenzverwalter für verschiedene Geschäftszweige des Unternehmens des Schuldners, wie sie früher nach § 79 KO möglich war, sieht die InsO nicht mehr vor. Damit sollen die Schwierigkeiten, die sich aufgrund von Zuständigkeitsabgrenzungen ergeben, vermieden werden. Die Bestellung eines Sonderinsolvenzverwalters ist nach allgemeiner Auffassung[36] bei der Gefahr von Interessenkollisionen trotzdem nicht ausgeschlossen. Ein solcher Verwalter kann insbesondere bei rechtlicher Verhinderung (z.B. in den Fällen des § 181 BGB[37]) oder bei tatsächlicher Verhinderung (Erkrankung o.ä.) des Insolvenzverwalters bestellt werden.[38]

---

[35] Palandt/Diederichsen, § 1775 Rn. 1; Gernhuber/Coester-Waltjen, § 70 VI. 1.; MüKo/Schwab, § 1775 Rn. 3; LG Berlin, JW 1934, 1295.

[36] Hess/Obermüller, Rn. 766 f.; HK-InsO/Eickmann, § 56 Rn. 19; FK-InsO/Hössl, § 56 Rn. 12 f.; Nerlich/Römermann/Delhaes, § 56 Rn. 18 ff.

[37] Zu dessen Anwendbarkeit vgl.: Erster Teil § 6 C.III.

[38] HK-InsO/Eickmann, § 56 Rn. 19; FK-InsO/Hössl, § 56 Rn. 13; Nerlich/Römermann/Delhaes, § 56 Rn. 19.

D. Vergleich der Begründung des Amtes

Die Anordnung der Testamentsvollstreckung hängt vom Willen des Erblassers und die Eröffnung des Insolvenzverfahrens nach § 13 InsO vom Antrag eines Beteiligten ab. Beide Institute beruhen daher auf privatem Interesse und auf privater Initiative. Im Gegensatz dazu wird die Vormundschaft von Amts wegen angeordnet, da der Mündel selbst nicht in der Lage ist, seine Angelegenheiten wahrzunehmen. Der Testamentsvollstrecker wird anders als der Vormund und Insolvenzverwalter nicht durch das Gericht ernannt bzw. bestellt, sondern durch den Erblasser. Diese Unterschiede beruhen darauf, dass an der Testamentsvollstreckung kein öffentliches Interesse am Schutz der Beteiligten besteht.[39] Die Testamentsvollstreckung erfolgt nur in privatem Interesse.[40]

§ 3 Auswahl und Person des Amtsträgers

A. Person des Testamentsvollstreckers

Grundsätzlich können sowohl natürliche als auch juristische Personen (vgl. § 2210 S. 3 BGB) als Testamentsvollstrecker ernannt werden. Als juristische Personen kommen z.B. Banken, Treuhand- oder Wirtschaftsprüfungsgesellschaften in Betracht;[41] diese führen das Amt durch ihre Organe. Auch ein Erbe kann grundsätzlich als Testamentsvollstrecker ernannt werden.[42]
Die Ernennung des Testamentsvollstreckers ist in der Regel nur wirksam, wenn er beim Amtsantritt voll geschäftsfähig ist und nicht gem. § 1896 BGB zur Besorgung seiner Vermögensangelegenheiten einen Betreuer erhalten hat, § 2201 BGB. Der Erblasser wird regelmäßig eine Person seines Vertrauens ernennen, die er für die Ausführung seiner letztwilligen Verfügungen als geeignet betrachtet.[43] Darüber hinaus empfiehlt es sich insbesondere bei größeren sowie komplex zusammengesetzten Nachlässen einen Testamentsvollstrecker mit juristischen und betriebswirtschaftlichen Kenntnissen zu ernennen.[44] Ebenso erscheint es vorteilhaft, eine von den Erben respektierte Persönlichkeit zu ernennen, um mit den Erben auf einer ausreichenden Vertrauensbasis effektiv arbeiten

---

[39] Zum öffentlichen Interesse am Schutz der Beteiligten vgl. Erster Teil § 1 B., C.
[40] Zum Zweck der Testamentsvollstreckung vgl. Erster Teil § 1 A.
[41] Streitig unter dem Gesichtspunkt der Zulässigkeit nach dem Rechtsberatungsgesetz, vgl. statt aller: OLG Düsseldorf, ZEV 1994, 458 mit Anmerkung Grunewald und zahlreichen weiteren Nachweisen.
[42] Zu den Problemfällen vgl. Kipp/Coing, § 67 I.9.; Palandt/Edenhofer, § 2197 Rn. 3 jeweils m.w.N.
[43] Haegele/Winkler, Rn.89; Esch/Baumann/Schulze zur Wiesche, Rn. 576; Ebenroth, Rn. 632.
[44] Haegele/Winkler, Rn.89; Esch/Baumann/Schulze zur Wiesche, Rn. 576; Ebenroth, Rn. 632.

zu können. Es bietet sich u.U. auch an, bei einer Dauervollstreckung die entsprechenden Aufgaben unter einem Rechtsanwalt, Wirtschaftsprüfer und Bankkaufmann aufzuteilen.[45]

B. Person des Vormunds

Das Vormundschaftsgericht soll, sofern dies nicht durch die Eltern geschehen ist, eine Person auswählen, die nach ihren persönlichen Verhältnissen und ihrer Vermögenslage sowie den sonstigen Umständen zur Führung der Vormundschaft geeignet ist. Auch ein Verein oder das Jugendamt kommen als Vormund in Frage, wobei die Einzelvormundschaft gem. §§ 1791 a Abs. 1, 1791 b Abs. 1 S. 1 BGB sowie §§ 1887 Abs. 1, 1889 Abs. 2 BGB Vorrang vor der Vereins- und Amtsvormundschaft hat. Maßgebliches Auswahlkriterium ist somit die Geeignetheit der Person des Vormunds. Geschäftsunfähige können nach § 1780 BGB nicht Vormund werden. Minderjährige und selbst unter Betreuung stehende sollen nicht zum Vormund bestellt werden, § 1781 BGB.

C. Person des Insolvenzverwalters

Nach § 56 Abs. 1 InsO ist zum Insolvenzverwalter eine für den jeweiligen Einzelfall geeignete, insbesondere geschäftskundige und von den Gläubigern und dem Schuldner unabhängige natürliche Person zu bestellen. Juristische Personen oder Personenzusammenschlüsse können also nicht bestellt werden. Der Grund dafür, liegt darin, dass der gesetzliche Vertreter der juristischen Person nach den Grundsätzen des Gesellschaftsrechts ausgewechselt werden kann und dass dies mit den Grundsätzen der InsO über die Rechtsstellung des Verwalters unvereinbar wäre.[46] Wesentliche Aspekte sind dabei die persönliche Haftung, bei deren Fehlen Nachteile für die Beteiligten entstehen können sowie Probleme bei der Aufsicht.[47] Die zu ernennende Person muss ferner geschäftsfähig sein.[48] Die Ernennung einer geschäftsunfähigen Person ist von Anfang an nichtig.[49]
Amtsuntauglichkeit liegt bei Minderjährigen, unter Betreuung gestellten Personen (§ 1781 Nr.1 BGB) und Personen, die selbst in Vermögensverfall geraten sind, vor, wobei es schon ausreicht, dass ein Verfahren zur Abgabe der eides-

---

45 Ebenroth, ErbR Rn. 632; Esch/Baumann/Schulze zur Wiesche, Rn. 578.

46 Nerlich/Römermann/Delhaes, § 56 Rn. 7 m.w.N.

47 BT-Drucks 12/7302; 161; Nerlich/Römermann/Delhaes, § 56 Rn. 7; ausführlich hierzu: Pape, ZIP 1993, 737 ff.

48 HK-InsO/Eickmann, InsO, § 56 Rn. 8; Nerlich/Römer/Delhaes, § 56 Rn. 13; FK-InsO/Hössl, § 56 Rn. 9.

49 HK-InsO/Eickmann, InsO, § 56 Rn. 15; Nerlich/Römer/Delhaes, § 56 Rn. 13; FK-InsO/Hössl, § 56 Rn. 9.

stattlichen Versicherung anhängig ist.[50] In diesen Fällen ist zwar die Bestellung wirksam, das Gericht kann aber den Verwalter wegen Vorliegens eines wichtigen Grundes nach § 59 Abs. 1 InsO entlassen.[51] Die Eignung des Insolvenzverwalters wird in § 56 InsO beispielhaft mit der Geschäftskundigkeit und Unabhängigkeit konkretisiert. Das Merkmal der Geschäftskundigkeit setzt voraus, dass die in Betracht kommende Person sowohl über die für die Verwaltung erforderlichen juristischen, als auch die betriebswirtschaftlichen Kenntnisse verfügt.[52] Daher kommen insbesondere Rechtsanwälte, Steuerberater und Wirtschaftsprüfer als Verwalter in Frage.[53] Des weiteren muss dem Verwalter auch ein ausreichender personeller Mitarbeiterstab zur Verfügung stehen, sowie eine ausreichende technische Büroausstattung, die es ihm ermöglicht, die erforderlichen Geschäfte auszuführen.[54]

D. Vergleich der Auswahl des Amtsträgers

Im Unterschied zur Vormundschaft und Insolvenzverwaltung fordert das Gesetz vom Erblasser nicht, eine für die Testamentsvollstreckung geeignete Person zu ernennen. Dies folgt daraus, dass die Vormundschaft und Insolvenzverwaltung im Gegensatz zur Testamentsvollstreckung Institute zum Schutz der Beteiligten sind. An diesem Schutz besteht ein öffentliches und nicht nur privates Interesse.[55]

Juristische Personen können nicht als Insolvenzverwalter, jedoch als Testamentsvollstrecker ernannt bzw. bestellt werden. Der Unterschied beruht darauf, dass der Gesetzgeber im Falle der Insolvenzverwaltung besonderen Wert auf die unbeschränkte persönliche Haftung des Insolvenzverwalters und die Möglichkeit zur effektiven Aufsicht gelegt hat.[56] Diese Ziele können nur bei einer natürlichen Person als Amtsträger erreicht werden. Auch als Vormund können juristische Personen nur subsidiär bestellt werden.[57] Der Unterschied zur Testamentsvollstreckung beruht darauf, dass diese nur in privatem,[58] nicht aber in öffentlichem Interesse erfolgt und es dem Erblasser daher überlassen bleibt, ob er eine juristische Person als Testamentsvollstrecker ernennt. Geschäftsunfähige

---

[50] Hess/Obermüller, Rn. 759, Nerlich/Römer/Delhaes, § 56 Rn. 13; FK-InsO/Hössl, § 56 Rn. 10.

[51] Hess/Obermüller, Rn. 760; FK-InsO/Hössl, § 56 Rn. 10.

[52] Eickmann, InsO, § 56 Rn. 5, Hess/Obermüller, Rn. 762; HK-Eickmann, § 56 Rn. 5; Nerlich/Römer/Delhaes, § 56 Rn. 9 m.w.N.

[53] Hess/Obermüller, Rn. 762; HK-InsO/Eickmann, § 56 Rn. 5; FK-InsO/Hössl, § 56 Rn. 22.

[54] HK-InsO/Eickmann, InsO, § 56 Rn. 9; Nerlich/Römer/Delhaes, § 56 Rn.12.

[55] Zum Zweck der Institute vgl. Erster Teil § 1.

[56] Zur Person des Insolvenzverwalters vgl. Erster Teil § 3 C.

[57] Zur Person des Vormunds siehe Erster Teil § 3 B.

[58] Zum Zweck der Testamentsvollstreckung ausführlich: Erster Teil § 1 A.

und selbst unter Betreuung stehende Personen können in allen Fällen nicht Amtsträger werden.

§ 4 Zeugnisse und Urkunden

A. Testamentsvollstreckerzeugnis

Der Testamentsvollstrecker kann beim Nachlassgericht ein Zeugnis (Testamentsvollstreckerzeugnis) über seine Ernennung beantragen, § 2368 Abs. 1 S. 1 BGB. In dem Zeugnis sind der Erblasser sowie der Testamentsvollstrecker eindeutig zu bezeichnen. Die Befugnisse des Testamentsvollstreckers sind darin nur insofern anzugeben, als sie von den gesetzlichen Regelbefugnissen nach §§ 2203 - 2207 BGB abweichen und rechtliche Wirkung gegenüber Dritten äußern; § 2368 Abs. 1 S. 2 BGB enthält hierzu eine beispielhafte Aufzählung.[59] Die Regeln über den Erbschein finden nach § 2368 Abs. 3 BGB auf das Testamentsvollstreckerzeugnis entsprechende Anwendung. Gem. § 2365 BGB wird also vermutet, dass der Testamentsvollstrecker, der im Zeugnis bezeichnet ist, mit den üblichen Verwaltungsbefugnissen ausgestattet ist und keinen anderen als den angegebenen Beschränkungen unterliegt.[60] Die Vermutung bezieht sich aber nicht auf den Fortbestand des Amtes über seine Beendigung hinaus.[61] Außerdem wird das Testamentsvollstreckerzeugnis – anders als der Erbschein – mit der Beendigung des Amtes automatisch kraft- und wirkungslos, § 2368 Abs. 3 BGB.[62] Ausnahmsweise ist der gute Glaube an den Fortbestand des Amtes aber geschützt, wenn der Erblasser die Dauer des Amtes beschränkt hat und diese Beschränkung nicht vermerkt wurde; dann ist der gute Glaube an die gewöhnliche Amtsdauer geschützt.[63] Anders als beim Erbschein erstreckt sich der Gutglaubensschutz des Testamentsvollstreckerzeugnisses gem. § 2368 Abs. 1 BGB nicht nur auf Verfügungsgeschäfte, sondern auch auf Verpflichtungsgeschäfte, die entsprechend den Angaben im Zeugnis zum Aufgabenbereich des Testamentsvollstreckers gehören (§ 2368 Abs. 1).[64]

---

[59] Brox, ErbR, Rn. 598; Palandt/Edenhofer, § 2368 Rn. 3; MüKo/Promberger, § 2368 Rn. 9.
[60] Lange/Kuchinke, § 39 VIII.3.a.
[61] Lange/Kuchinke, § 39 VIII.3.a; Soergel/Damrau, § 2368 Rn. 12; Palandt/Edenhofer, § 2368 Rn. 8; RGZ 83, 348, 352.
[62] Ebenroth, ErbR, Rn. 636; Lange/Kuchinke, § 39 VIII. 4.
[63] RGZ 83, 348, 352; Ebenroth Rn. 636; Lange/Kuchinke, § 39 VIII.4.
[64] MüKo/Promberger, § 2368 Rn. 43; Lange/Kuchinke, § 39 VIII.4.b; Ebenroth, Rn. 636; Palandt/Edenhofer, § 2368 Rn. 9.

B. Bestellungsurkunde des Vormunds und Insolvenzverwalters

Nach § 1791 BGB erhält der Vormund eine Bestallungsurkunde, die aber nur bescheinigt, dass die darin bezeichnete Person als Vormund bestellt ist. Es kommt ihr daher kein Rechtsscheinsschutz wie beim Erbschein zu.[65]
Nach § 56 Abs. 2 InsO erhält der Insolvenzverwalter vom Insolvenzgericht eine Urkunde über seine Bestellung, die er bei Beendigung seines Amtes wieder zurückgeben muss. Diese Urkunde dient dem Insolvenzverwalter dazu, seine Berechtigung nachzuweisen und sich bei der Abwicklung seiner Geschäfte als Verwalter auszuweisen. Die Bestellungsurkunde enthält keine Vollmacht und begründet keinen Vertrauenstatbestand.[66]

C. Vergleich der Wirkungen der Bestellungsurkunden

Das Testamentsvollstreckerzeugnis gewährt gem. § 2368 Abs. 3 BGB i.V.m. den Erbscheinsvorschriften anders als die Bestellungsurkunde des Vormunds und Insolvenzverwalters Rechtsscheinsschutz. Dies ist ein Ausdruck dessen, dass der Gesetzgeber den Mündel bzw. die Gläubiger und den Hauptschuldner im Insolvenzverfahren besonders schützen will und diesem Schutz Vorrang vor dem Verkehrsschutz gewährt. Im Falle der in privatem Interesse angeordneten Testamentsvollstreckung wurde hingegen dem Verkehrsschutz Priorität eingeräumt.[67]

§ 5 Beginn und Ende des Amtes

A. Beginn und Ende des Testamentsvollstreckeramts

Hinsichtlich der Dauer ist zwischen dem Amt der Testamentsvollstreckung und der Testamentsvollstreckung selbst zu unterscheiden. Das Amt des Testamentsvollstreckers beginnt mit der unbedingten, unbefristeten und unwiderruflichen Annahme gegenüber dem Nachlassgericht, § 2202 Abs. 1 und 2 BGB. Diese formlose Erklärung kann aber erst nach dem Erbfall abgegeben werden, § 2202 Abs. 2 S. 2 1. HS. BGB. Die Annahme des Amtes ist freiwillig.[68] Um eine engagierte Amtsführung zu erreichen, empfiehlt es sich, den Ernannten mittels einer

---

[65] Palandt/Diederichsen, § 1791 Rn .1; Gernhuber/Coester-Waltjen, § 70 V.4.; Soergel/Zimmermann, § 1791 Rn. 1; MüKo/Schwab, § 1791 Rn. 4.
[66] FK-InsO/Hössl, § 56 Rn. 42; Nerlich/Römer/Delhaes, § 56 Rn. 14; Hess, KO, § 82 Rn. 3; Kuhn/Uhlenbruck, § 81 Rn. 2.
[67] Zum Zweck der Institute vgl. Erster Teil § 1.
[68] Kipp/Coing, § 67 II.1.; Palandt/Edenhofer, § 2202 Rn. 2; Staudinger/Reimann, § 2202 Rn. 2.

entsprechend bedingten Zuwendung zur Amtsübernahme und zu einer ordnungsgemäßen Amtsausübung zu bewegen.[69]
Das Amt des Testamentsvollstreckers endet nach § 2225 BGB mit seinem Tod, dem Verlust der vollen Geschäftsfähigkeit oder der Bestellung eines Betreuers zur Besorgung seiner Vermögensangelegenheiten. Darüber hinaus endet das Testamentsvollstreckeramt mit dem Eintritt einer vom Erblasser verfügten auflösenden Bedingung, etwa dem Tod eines Erben. Zudem kann der Testamentsvollstrecker das Amt gem. § 2226 BGB jederzeit gegenüber dem Nachlassgericht kündigen. Eine Kündigung zur Unzeit ohne wichtigen Grund kann eine Schadensersatzpflicht nach sich ziehen, §§ 2226 S.3, 671 Abs. 2 S. 2 BGB. Der Testamentsvollstrecker kann ferner nach § 2227 BGB auf Antrag eines Beteiligten entlassen werden, wenn ein wichtiger Grund vorliegt. Ein solcher Grund ist insbesondere eine grobe Pflichtverletzung oder die Unfähigkeit zur ordnungsgemäßen Geschäftsführung, § 2227 BGB. Auch die Inanspruchnahme einer unangemessenen Vergütung kann ein wichtiger Grund sein.[70]
Schließlich endet die Testamentsvollstreckung selbst mit der Erledigung aller dem Testamentsvollstrecker zugewiesenen Aufgaben, durch den Eintritt einer vom Erblasser bestimmten Bedingung, Eintritt eines angeordneten Endtermins oder mit Ablauf der in § 2210 BGB genannten Frist.[71] Die 30-jährige Frist des § 2210 S. 1 BGB kann allerdings umgangen werden, indem der Erblasser nach § 2210 S. 2 BGB z.B. eine Testamentsvollstreckung bis zum Tode des Erben anordnet.

B. Beginn und Ende des Amts des Vormunds

Das Amt des Vormunds beginnt mit seiner gerichtlichen Bestellung (vgl. § 1789 BGB).[72] Im Gegensatz zum Testamentsvollstrecker wird der Vormund hoheitlich durch das Gericht bestellt. Nach § 1785 BGB besteht eine Übernahmepflicht für das Amt des Vormundes, soweit der Bestellung nicht einer der in den §§ 1780 bis 1784 BGB bestimmten Gründe, also Geschäftsunfähigkeit, Untauglichkeit oder Ausschließung durch die Eltern entgegensteht oder der Ausgewählte ein Ablehnungsrecht gem. § 1786 BGB geltend machen kann. Sofern nach der Bestellung des Vormunds ein Ablehnungsgrund eintritt, besteht nur die Möglichkeit der Entlassung nach § 1889 BGB. Wer die Amtsübernahme grundlos ablehnt macht sich gem. § 1787 BGB schadensersatzpflichtig, und es kann gegen ihn nach § 1788 BGB ein Zwangsgeld festgesetzt werden.

---

[69] Ebenroth, Erbrecht, Rn .635; Erman/Schmidt, § 2202 Rn. 2.
[70] Köln MDR 1963, 763; BayOLGZ 1972, 379, 380; OLG Köln OLGZ 1988, 26; Köln NJW-RR 1987, 1097, 1098; 1987, 1414, 1415; Ebenroth, ErbR, Rn.638; Lange/Kuchinke, § 31 VIII.2.b.; Haegele/Winkler, Rn. 793.
[71] Brox, Rn. 379; Haegele/Winkler, Rn. 813; Erman/Schmidt, § 2225 Rn. 1 f.
[72] Erman/Holzhauer, § 1789 Rn. 1; Soergel/Zimmermann, § 1789 Rn. 3.

Gem. § 1882 BGB endet die Vormundschaft kraft Gesetzes, wenn die für die Begründung der Vormundschaft notwendigen Vorrausetzungen nach § 1773 BGB wegfallen. Ferner ist die Vormundschaft aufzuheben, wenn der Mündel verschollen oder der Tod des Mündels bekannt wird, § 1884 BGB. Das Vormundschaftsgericht kann den Vormund unter den Voraussetzungen des § 1886 BGB entlassen, wenn die Fortführung des Amtes das Wohl des Mündels gefährden oder der Vormund nach § 1781 BGB amtsuntauglich würde. Nach § 1889 BGB kann der Vormund auch auf eigenen Antrag entlassen werden, wenn ein wichtiger Grund vorliegt, der insbesondere dann gegeben ist, wenn ein Umstand eintritt, der den Vormund nach § 1786 Abs. 1 Nr. 2 bis 7 BGB dazu berechtigen würde, die Übernahme der Vormundschaft abzulehnen.

C. Beginn und Ende des Amtes des Insolvenzverwalters

Das Amt des Insolvenzverwalters beginnt nicht mit der Ernennung, sondern erst mit der ausdrücklichen oder stillschweigenden Übernahme des Amtes.[73] Eine Verpflichtung zur Übernahme des Amtes besteht nicht.[74] Deshalb wird das Insolvenzgericht in der Regel schon vor der Ernennung des Verwalters prüfen, ob dieser das Amt übernehmen will.[75]
Das Amt des Insolvenzverwalters endet durch die Wahl und Bestellung eines anderen Verwalters nach § 57 InsO, mit dem vollständigen Verlust der Geschäftsfähigkeit, mit dem Tod des Verwalters und grundsätzlich mit der Verfahrensbeendigung durch Aufhebung oder Einstellung.[76] Das Insolvenzgericht kann den Insolvenzverwalter außerdem gem. § 59 Abs. 1 InsO aus wichtigem Grund entlassen. Ein solcher liegt vor, wenn das Gericht nach pflichtgemäßem Ermessen zu dem Ergebnis kommen muss, dass eine zweck- und gesetzesmäßige Verfahrensdurchführung auf Dauer nicht mehr gewährleistet ist.[77] Er soll Willkür vermeiden und die Kontinuität und Verlässlichkeit des Verfahrens garantieren.[78] Die Entlassung kann nach § 59 Abs. 1 S. 2 InsO von Amts wegen, auf Antrag des Verwalters, des Gläubigerausschusses oder der Gläubigerversammlung erfolgen.

---

[73] OLG Düsseldorf, KTS 1973, 270, 272; Nerlich/Römer/Delhaes, § 56 Rn. 15, FK-InsO/Hössl, § 56 Rn. 35; Hess, KO, § 78 Rn. 2.
[74] FK-InsO/Hössl, § 56 Rn. 35; Nerlich/Römer/Delhaes, § 56 Rn. 15.
[75] Hess/Obermüller, Rn. 753; FK-InsO/Hössl, § 56 Rn. 35.
[76] HK-InsO/Eickmann, § 56 Rn. 13 ff.; FK-InsO/Hössl, § 56 Rn. 39.
[77] HK-InsO/Eickmann, § 59 Rn. 4, FK-InsO/Hössl, § 59 Rn. 2 ff.
[78] FK-InsO/Hössl, § 59 Rn. 1.

D. Vergleich der Amtsdauer

Das Amt des Testamentsvollstreckers, Vormunds und Insolvenzverwalters beginnt mit der Übernahme und endet mit dem Eintritt der Amtsunfähigkeit oder wenn der Zweck des Amtes erreicht ist. Der Testamentsvollstrecker kann das Amt ohne wichtigen Grund kündigen. Für den Vormund und Insolvenzverwalter besteht hingegen nur die Möglichkeit, die Entlassung aus wichtigem Grund zu beantragen. Das Erfordernis eines solchen Grundes spiegelt das öffentliche Interesse an einer kontinuierlichen Amtsführung wieder, das es an der Testamentsvollstreckung nicht gibt.[79]
Eine Übernahmepflicht besteht allein beim Vormund, da der Schutz- und Fürsorgegedanke des Vormundschaftsrechts insoweit Vorrang vor den Interessen des Vormunds hat.[80] Der Mündel ist schließlich überhaupt nicht in der Lage, seine Angelegenheiten selbst wahrzunehmen.[81] Die Schutzbedürftigkeit der Beteiligten am Insolvenzverfahren ist hingegen nicht so ausgeprägt und erfordert daher keine Übernahmepflicht für den Insolvenzverwalter. Da die Testamentsvollstreckung nur im privaten Interesse angeordnet wird[82] und am Schutz der Beteiligten kein öffentliches Interesse besteht, gibt es hier keine gesetzliche Übernahmepflicht.

§ 6 Aufgaben der Amtsträger

A. Aufgaben des Testamentsvollstreckers

Die Aufgaben des Testamentsvollstreckers werden gem. § 2203 BGB durch die letztwillige Verfügung des Erblassers bestimmt.[83] Dem Testamentsvollstrecker können dabei auch solche Befugnisse übertragen werden, die jedem Dritten eingeräumt werden können.[84] Hierunter fällt z.B. die Bestimmung des Begünstigten einer Auflage gem. § 2193 BGB oder die Bestimmung eines Begünstigten bei Vermächtnissen nach §§ 2151, 2153 BGB. Der Testamentsvollstrecker kann vom Erblasser auch zum Schiedsrichter in Testamentsauslegungsstreitigkeiten bestellt werden (§ 1066 ZPO), soweit es nicht um die Auslegung solcher Bestimmungen geht, die den Bestand des Testamentsvollstreckeramtes selbst betreffen.[85] Der Testamentsvollstrecker verwaltet nicht die höchstpersönlichen

[79] Zum Zweck der Institute ausführlich vgl. Erster Teil § 1.
[80] Zum Schutzgedanken und zur Übernahmepflicht vgl. Erster Teil § 1 B, § 2 B.
[81] Zu den Voraussetzungen der Vormundschaft siehe Erster Teil § 2 B.
[82] Zum Zweck der Testamentsvollstreckung siehe Erster Teil § 1 A.
[83] Ebenroth, Rn. 643; Erman/Schmidt, § 2203 Rn. 1; Staudinger/Reimann, § 2203 Rn. 5.
[84] Lange/Kuchinke, § 31 V. 1. a); MüKo/Brandner, § 2203 Rn. 3; Brox, Rn. 381.
[85] Staudinger/Reimann, § 2203 Rn. 16; Soergel/Damrau, § 2203 Rn. 4.

Rechte des Erben am Nachlass, sondern den Nachlass selbst; daher kann er auch nicht über das Erbrecht, z.B. durch Annahme, Ausschlagung oder Verzicht verfügen oder die letztwillige Verfügung nach § 2078 BGB anfechten.[86] Den Streit zwischen Personen, die ein Erb- oder Nacherbrecht für sich beanspruchen, sog. Erbprätendentenstreit, müssen diese selbst führen, da der Testamentsvollstrecker den Nachlass für den wahren Erben verwaltet und keine bestimmte Person als Erben vertritt.[87] Hängt aber die Amtsführung von der Feststellung des Erbrechts ab, so hat der Testamentsvollstrecker die Befugnis, einen Prozess über das Erbrecht zu führen.[88]

I. Arten der Testamentsvollstreckung

Je nach Anordnung des Erblassers sind verschiedene Arten der Testamentsvollstreckung zu unterscheiden.

1. Abwicklungsvollstreckung

Die Abwicklungsvollstreckung ist als gesetzlicher Regelfall in den §§ 2203 ff. BGB geregelt.[89] Sie liegt dann vor, wenn kein anderer Erblasserwille zu ermitteln ist.[90] Die Abwicklungsvollstreckung wird auch als ausführende Vollstreckung[91] oder Auseinandersetzungs-[92] bzw. Teilungsvollstreckung[93] für den Fall des Vorhandenseins mehrerer Erben bezeichnet (vgl. § 2204 BGB). Der Testamentsvollstrecker hat die letztwilligen Verfügungen des Erblassers auszuführen und bei Vorhandensein mehrerer Erben die Auseinandersetzung des Nachlasses nach Maßgabe der §§ 2042 bis 2056 BGB vorzunehmen, §§ 2203, 2204 Abs. 1 BGB. Darüber hinaus hat er einen Auseinandersetzungsplan aufzustellen und die Erben hierzu zu hören, § 2204 Abs. 2 BGB. Um die Abwicklung vorzunehmen, muss der Testamentsvollstrecker den Nachlass gem. § 2205 BGB verwalten. Das Gesetz setzt der Abwicklungsvollstreckung keine zeitlichen Grenzen. Bei schuldhafter Verzögerung der Abwicklung ist jedoch eine Entlassung nach § 2227 BGB in Betracht zu ziehen.[94]

---

[86] MüKo/Brandner, § 2203 Rn. 19; Palandt/Edenhofer, § 2205 Rn. 4, Staudinger/Reimann, § 2203 Rn. 17.
[87] MüKo/Brandner, § 2203 Rn. 8; Soergel/Damrau, § 2203 Rn. 5; Erman/Schmidt, § 2203 Rn. 4.
[88] Soergel/Damrau, § 2203 Rn. 5; MüKo/Brandner, § 2203 Rn. 8; BGH WM 1987, 563, 564.
[89] Palandt/Edenhofer, § 2203 Rn. 1; Brox, ErbR, Rn. 382.
[90] Soergel/Damrau, § 2203 Rn. 1; Palandt/Edenhofer, § 2203 Rn. 1; Brox, Rn. 382.
[91] Staudinger/Reimann, § 2203, Rn. 1; Palandt/Edenhofer, § 2203 Rn. 1.
[92] Lange/Kuchinke, § 31 V. 1. a.
[93] Soergel/Damrau, Vor 2197 Rn. 15.
[94] Palandt/Edenhofer, § 2227 Rn. 1.

2. Verwaltungsvollstreckung

Neben der Abwicklungsvollstreckung kann der Erblasser dem Testamentsvollstrecker die Verwaltungsvollstreckung nach § 2209 BGB aufgeben. Diese wird oft zum Schutz des Erben angeordnet.[95] So kann die Verwaltung z.B. gem. § 2338 BGB für die Lebenszeit eines verschwenderischen oder überschuldeten Pflichtteilsberechtigten angeordnet werden. Sie führt meist zu einer langjährigen Bindung des Nachlasses, durch die die Eigengläubiger des Erben von der Befriedigung aus dem Nachlass ausgeschlossen werden (vgl. § 2214 BGB), und bietet die Möglichkeit, große Vermögen oder Unternehmen auf lange Zeit zusammen zu halten.[96] Einen zusätzlichen Schutz bietet hierbei § 2211 BGB, wonach auch der Erbe nicht über einen der Verwaltung des Testamentsvollstreckers unterliegenden Nachlassgegenstand verfügen kann.
Von den in § 2209 S. 1 BGB geregelten zwei Sonderfällen der Vollstreckung betrifft S. 1 HS. 1 die Verwaltung des Nachlasses ohne andere Aufgaben. Sie wird auch als „Verwaltungsvollstreckung im engeren Sinne" bezeichnet.[97] Deren Zulässigkeit ergibt sich schon aus § 2208 BGB, wonach die Verwaltung auf bestimmte einzelne Aufgaben beschränkt werden kann. Ist die Verwaltungsvollstreckung angeordnet, so liegt darin im Zweifel ein Auseinandersetzungsverbot für die Miterben für die Dauer der Verwaltungsvollstreckung.[98] Der zweite Sonderfall ist die sog. „Dauervollstreckung"[99] nach § 2209 S. 1 2. HS. BGB. Danach hat der Testamentsvollstrecker die Verwaltung nach der Erledigung der ihm sonst zugewiesenen Aufgaben fortzuführen. Bei diesen handelt es sich um die Ausführung der letztwilligen Verfügungen nach § 2203 BGB und die Auseinandersetzung nach § 2204 BGB.
Die Verwaltungsvollstreckung nach § 2209 BGB ist von der allgemeinen Verwaltungsbefugnis nach § 2205 S. 1 BGB zu unterscheiden. § 2209 BGB lässt die Verwaltung des Nachlasses als Selbstzweck und damit als selbstständige Aufgabe zu.[100] Somit hat sie nicht nur eine Hilfsfunktion wie im Falle der Abwicklungsvollstreckung.[101]

---

[95] Soergel/Damrau, § 2209 Rn. 1.
[96] Soergel/Damrau, § 2209 Rn. 2; Haegele/Winkler, Rn. 133.
[97] Brox, Rn. 383, Staudinger/Reimann, § 2209 Rn. 3.
[98] Staudinger/Reimann, § 2209, Rn. 12, Soergel/Damrau, § 2209 Rn. 6; MüKo/Brandner, § 2209 Rn. 9.
[99] Staudinger/Reimann, § 2209 Rn. 4; Palandt/Edenhofer, § 2209 Rn. 2, MüKo/Brandner, § 2209 Rn. 2; Brox, Rn. 384.
[100] BayOLGZ 13, 49, 55; Staudinger/Reimann, § 2209 Rn. 1.
[101] MüKo/Brandner, § 2203 Rn. 5.

3. Testamentsvollstreckung mit Beschränkungen

Gem. § 2208 BGB kann der Erblasser die dem Testamentsvollstrecker nach §§ 2203 – 2206 BGB zustehenden Rechte beschränken. So kann der Erblasser z.B. die Überwachung der Ausführung seiner letztwilligen Anordnungen anordnen oder das Verwaltungsrecht des Testamentsvollstreckers auf die Verwaltung eines bestimmten Nachlassgegenstandes beschränken. Die in § 2205 S. 2 BGB vorgesehene Befugnis, den Nachlass in Besitz zu nehmen und über den Gegenstand zu verfügen, steht dem Verwalter dann nur in Ansehung dieses Gegenstandes zu. § 2208 BGB gibt dem Erblasser auch die Möglichkeit, die Testamentsvollstreckung in zeitlicher Hinsicht zu beschränken, indem er beispielsweise die Frist des § 2210 BGB verkürzt oder eine auflösende Bedingung anordnet.[102]

4. Nacherbentestamentsvollstreckung

Die Nacherbentestamentsvollstreckung erschöpft sich nach § 2222 BGB in der Aufgabe, bis zum Nacherbfall die Rechte und Pflichten des Nacherben auszuüben. Dementsprechend richten sich die Befugnisse des Nacherbentestamentsvollstreckers nicht nach den §§ 2203 ff. BGB, sondern nach den Rechten und Pflichten des Nacherben (§§ 2116-2123, 2127, 2128 BGB; 2120, 2123, 773 ZPO). Daher gehört es z.B. zu den Aufgaben des Testamentsvollstreckers, die Zustimmung zu Verfügungen des Vorerben über Erbschaftsgegenstände zu erteilen, §§ 2113 ff. BGB.

5. Vermächtnisvollstreckung

Nach § 2223 BGB kann der Erblasser einen Testamentsvollstrecker zu dem Zwecke ernennen, dass dieser für die Ausführung der einem Vermächtnisnehmer auferlegten Beschwerungen sorgt. Diese Beschwerungen können Untervermächtnisse gem. §§ 2147, 2186 ff. BGB, Nachvermächtnisse (§ 2191 BGB) oder Auflagen (§ 2192 BGB) sein.[103] Die Testamentsvollstreckung kann auch für die Verwaltung eines Vermächtnisgegenstandes angeordnet werden.[104]

---

[102] Staudinger/Reimann, § 2208 Rn. 12; Soergel/Damrau, § 2208 Rn. 2; Erman/Schmidt, § 2208 Rn. 2.

[103] Haegele/Winkler, Rn.163; Soergel/Damrau, § 2223 Rn. 1.

[104] BayOLGZ 1986, 34, 39; BayObLG FamRZ 1991, 490; Erman/Schmidt, § 2223 Rn. 2; Staudinger/Reimann, § 2223 Rn. 1.

II. Verwaltung des Nachlasses durch den Testamentsvollstrecker

1. Inhalt und Umfang der Verwaltungspflicht

Der Testamentsvollstrecker, der nach §§ 2205, 2208, 2209 BGB zur Verwaltung des Nachlasses berechtigt ist, ist nach § 2216 Abs. 1 BGB gleichzeitig zur ordnungsgemäßen Verwaltung des Nachlasses verpflichtet. Zur Erfüllung der Verwaltungspflicht ist er insbesondere berechtigt, den Nachlass in Besitz zu nehmen und über Nachlassgegenstände zu verfügen, § 2205 S. 2 BGB. Der Erbe bleibt aber trotz des Übergangs der Verwaltungs- und Verfügungsbefugnis Eigentümer und Rechtsträger aller zum Nachlass gehörigen Sachen. Im Rahmen der Verwaltungspflicht hat der Testamentsvollstrecker Nachlassverbindlichkeiten, worunter auch Vermächtnisse und Auflagen fallen (vgl. § 1967 Abs. 2 BGB), zu erfüllen.[105] Nach § 2217 BGB muss der Testamentsvollstrecker Nachlassgegenstände, deren er zur Erfüllung seiner Verpflichtungen offenbar nicht bedarf, dem Erben auf Verlangen zur freien Verfügung überlassen, wodurch auch sein Verwaltungsrecht an dem Gegenstand erlischt.

Durch die Pflicht zur ordnungsgemäßen Verwaltung nach § 2216 BGB entsteht zwischen dem Testamentsvollstrecker und den Erben ein gesetzliches Schuldverhältnis.[106] Die Erben – bei einer Mehrheit von Erben jeder einzelne - können den Testamentsvollstrecker auf Erfüllung dieser Pflicht verklagen, also auf Vornahme einer bestimmten ordnungsgemäßen Verwaltungshandlung oder auf Unterlassung einer ordnungswidrigen.[107] Der Erbe hat damit neben der Testamentsvollstreckerhaftung gem. § 2219 BGB und der Entlassung nach § 2227 BGB eine zusätzliche Möglichkeit, sein Erbe zu schützen.

Gem. § 2216 Abs. 1 BGB liegt die ordnungsgemäße Verwaltung des Nachlasses allein im Entscheidungsermessen des Testamentsvollstreckers. Er hat lediglich Anordnungen des Erblassers, die dieser für die Verwaltung getroffen hat, zu befolgen, § 2216 Abs. 2 S.1 BGB. Diese sind der Verfügung von Todes wegen gegebenenfalls durch Auslegung zu entnehmen.[108] Wünsche des Erblassers sind nur dann für den Testamentsvollstrecker verbindlich, wenn damit der Wille zum Ausdruck gebracht wurde, dass der Testamentsvollstrecker diesen Folge zu leisten hat oder wenn sie den Zweck der Testamentsvollstreckung erst deutlich machen.[109] Ein mündlich geäußerter Wunsch ist für den Vollstrecker unverbindlich. Anders ist dies nur bei einem Auftrag unter Lebenden, der durch den Erben widerrufen werden kann (§§ 671 ff. BGB).

---

[105] Soergel/Damrau, § 2203 Rn. 2; MüKo/Brandner, § 2203 Rn. 10.
[106] BGHZ 25, 275, 280; Staudinger/Reimann, § 2216 Rn. 1; Soergel/Damrau, § 2216 Rn. 2.
[107] RGZ 73, 26, 28; Staudinger/Reimann, § 2216 Rn. 8; Erman/Schmidt, § 2216 Rn. 1.
[108] BayOLG FamRZ 1997, 905; Palandt/Edenhofer, § 2216 Rn. 3.
[109] BayOLGZ 1976, 67, 76 f., Soergel/Damrau, § 2216 Rn. 8; Staudinger/Reimann, § 2216 Rn. 20; Erman/Schmidt, § 2216 Rn. 20; Palandt/Edenhofer § 2216 Rn. 3.

Gem. § 2216 Abs. 1 S. 2 BGB können die Verwaltungsanordnungen des Erblassers auf Antrag des Testamentsvollstreckers oder eines anderen Beteiligten von dem Nachlassgericht außer Kraft gesetzt werden, wenn ihre Befolgung den Nachlass erheblich gefährden würde. Hieraus ergibt sich, dass das objektive Nachlassinteresse ein maßgebliches Kriterium für die ordnungsgemäße Verwaltung ist,[110] wobei das Interesse und der Schutz des Erben eine wesentliche Rolle spielen.[111] Dies folgt aus der Stellung des Erben als Rechtsträger des Nachlasses und als Gläubiger der Pflicht zur ordnungsgemäßen Verwaltung.[112] Das objektive Nachlassinteresse wird wesentlich durch die allgemeinen Regeln der Wirtschaftlichkeit bestimmt.[113] Der Testamentsvollstrecker muss daher wie ein ordentlicher Verwalter fremden Vermögens seine Verwaltung an dem Ziel ausrichten, das Vermögen zu erhalten und zu mehren, Verluste zu verhindern und alles zu unterlassen, was sich für Erben und Vermächtnisnehmer nachteilig auswirken kann.[114] Er darf sich aber auch nicht mit einem mäßigen Erfolg seiner Tätigkeit zufrieden geben, sondern muss die Möglichkeiten zu einem besseren Erfolg wahrnehmen, soweit er dies nach seinen Fähigkeiten erkennen und verwirklichen kann.[115] Begnügt sich der Testamentsvollstrecker z.B. mit Sparbucheinlagen, obwohl sich Anlagen mit höheren Renditen bei vertretbarem Aufwand und Risiko geboten hätten, so macht er sich schadensersatzpflichtig.[116] Außerdem schreibt das Gesetz dem Testamentsvollstrecker im Gegensatz zum Vormund nicht eine sog. „mündelsichere Anlage“ vor.[117] Er ist nicht verpflichtet, stets die sicherste Anlage zu wählen.[118] Bei Anlageentscheidungen des Testamentsvollstreckers steht also „das Bild eines zwar umsichtigen und soliden, aber „dynamischen Geschäftsführers“, der die Risiken und Chancen abwägt, im Vordergrund.[119] Rein spekulative Anlagen sind jedenfalls dann unzulässig, wenn sie den gesamten Nachlass oder einen großen Teil davon erfassen.[120] Folglich kann eine grobe Pflichtverletzung, die eine Entlassung nach § 2227 BGB nach sich

---

[110] Staudinger/Reimann, § 2216 Rn. 5; Erman/Schmidt, § 2216 Rn. 2; Haegele/Winkler, Rn. 167; Ebenroth, Rn. 647; ähnlich BGHZ 25, 275, 280.
[111] MüKo/Brandner, § 2216 Rn. 1.
[112] MüKo/Brandner, § 2216 Rn. 1.
[113] BGH WM 1967, 25, 27; BGH NJW 1987, 1070, 1071; Haegele/Winkler Rn. 168, MüKo/Brandner, § 2216 Rn. 2; Staudinger/Reimann, § 2216 Rn. 5.
[114] BGH NJW 1987, 1070, 1071; BGH NJW 1959, 1820, 1821; MüKo/Brandner, § 2216 Rn. 2.
[115] Bengel/Reimann/Schaub, IV Rn. 23; BGH NJW 1987, 1070, 1071.
[116] Klumpp, ZEV 1994, 65, 69, 70; Staudinger/Reimann, § 2216 Rn. 13.
[117] Staudinger/Reimann, § 2216 Rn.13.
[118] BGH NJW 1987, 1070, 1071; Haegele/Winkler, Rn. 169.
[119] BGH NJW 1980, 1070, 1071; Klumpp, ZEV 1994, 64, 67; Staudinger/Reimann, § 2216 Rn. 7, Haegele/Winkler, Rn. 169.
[120] BGH NJW 1987, 1070, 1071; Klumpp, ZEV 1994, 64, 67; Haegele/Winkler, Rn. 169.

zieht, nur bei besonders schwerwiegenden Verstößen gegen die Ordnungsmäßigkeit angenommen werden.[121]
Zur Ordnungsmäßigkeit der Verwaltung gehört schließlich auch das Maß der nach § 276 BGB zu vertretenden Sorgfalt. Der Erblasser kann daher nicht anordnen, dass der Testamentsvollstrecker dem Erben nur für Vorsatz oder grobes Verschulden haften soll.[122] Vielmehr ist der Testamentsvollstrecker zu besonderer Gewissenhaftigkeit und Sorgfalt verpflichtet.[123]
Nach Beendigung der Testamentsvollstreckung hat der Testamentsvollstrecker den verwalteten Nachlass gem. §§ 2218, 667 BGB an die Erben herauszugeben. Gem. § 2220 BGB kann der Erblasser den Testamentsvollstrecker nicht von den ihm nach §§ 2216, 2218 BGB obliegenden Verpflichtungen befreien. Die Bestimmung des § 2220 BGB dient dem Schutze des Erben, der vom Erblasser nicht mit „gebundenen Händen" dem ausgedehnten Machtbereich des Testamentsvollstreckers ausgeliefert werden soll.[124]

2. Nachlassverzeichnis

Der Testamentsvollstrecker hat dem Erben gem. § 2215 Abs. 1 BGB unverzüglich nach der Annahme des Amtes ein Verzeichnis der seiner Verwaltung unterliegenden Nachlassgegenstände und der bekannten Nachlassverbindlichkeiten mitzuteilen und ihm die zur Aufnahme des Inventars (§§ 1993 ff. BGB) sonst erforderliche Beihilfe zu leisten. Aus § 2215 Abs. 1 BGB ergibt sich zwar keine Pflicht, die Nachlassgegenstände in dem Verzeichnis zu bewerten,[125] doch erscheint dies sinnvoll, da der Erbe sich im Falle der Bewertung gem. § 2004 BGB auf das Inventarverzeichnis berufen kann.[126] Die Pflicht zur Erstellung eines Nachlassverzeichnisses nach § 2215 BGB ist Grundlage der ordnungsgemäßen Verwaltung durch den Testamentsvollstrecker. Er kann sich so einen Überblick über den Nachlass und dessen Zusammensetzung verschaffen und infolge dessen den Umfang und Inhalt der erforderlichen Arbeit abschätzen. Zudem ist das Verzeichnis Voraussetzung für die Rechnungslegung nach §§ 2218 Abs. 1, 666 BGB und die Herausgabe des Nachlasses an die Erben bei Amtsbeendigung (§§ 2218, 667 BGB). Die schuldhafte Verletzung der Pflicht nach § 2215 BGB kann sowohl eine Schadensersatzpflicht nach § 2219 BGB begründen als auch eine Entlassung nach § 2227 BGB zur Folge haben. Von der Pflicht zur Erstel-

[121] BayOLG FamRZ 1990, 1279, 1281; BayObLG FamRZ 1997, 905, 909.
[122] Staudinger/Reimann, § 2216, Rn. 6, Kipp/Coing, § 73 II 7.
[123] RGZ 130, 131, 135; BGH NJW 1987, 1070, 1071; BayObLG ZEV 1998, 348; Soergel/Damrau, § 2216 Rn. 4; Haegele/Winkler, Rn. 167; Ebenroth, Rn. 647.
[124] Soergel/Damrau, § 2220, Rn. 1; Erman/Schmidt, § 2200 Rn. 1.
[125] Soergel/Damrau, § 2215 Rn. 2; Erman/Schmidt, § 2215 Rn. 1.
[126] Palandt/Edenhofer, § 2215 Rn. 2.

lung eines Nachlassverzeichnisses kann der Erblasser den Testamentsvollstrecker gem. § 2220 BGB nicht befreien.

3. Verpflichtungs- und Verfügungsbefugnis

Der Testamentsvollstrecker ist gem. § 2206 Abs. 1 S. 1 BGB berechtigt, Verbindlichkeiten für den Nachlass einzugehen, soweit dies zur ordnungsgemäßen Verwaltung erforderlich ist. Allerdings kann sich der Testamentsvollstrecker zur Verfügung über einen Nachlassgegenstand verpflichten, ohne dass dies für die ordnungsgemäße Verwaltung erforderlich wäre, § 2206 Abs. 1 S. 2 BGB. Diese unbeschränkte Verpflichtungsbefugnis ist eine Ergänzung des unbeschränkten Verfügungsrechts nach § 2205 S. 2 BGB. Nach § 2207 BGB kann der Erblasser auch anordnen, dass der Testamentsvollstrecker eine unbeschränkte Verpflichtungsbefugnis haben soll. Dies wird im Falle der Verwaltungs- und Dauervollstreckung im Zweifel vermutet, § 2209 S. 2 BGB. Andererseits kann der Erblasser die Verpflichtungsbefugnis gem. § 2208 BGB aber auch einschränken.
Für Insichgeschäfte des Testamentsvollstreckers gilt § 181 BGB nach h.M.[127] entsprechend, da der Testamentsvollstrecker zwar nicht Vertreter der Erben ist, jedoch dieselben Konfliktsituationen auftreten können, da er auf beiden Seiten des Rechtsgeschäfts mitwirken kann.
Nach § 2205 S. 2 BGB ist der Testamentsvollstrecker dazu berechtigt, über Nachlassgegenstände zu verfügen. Allerdings darf er grundsätzlich keine unentgeltlichen Verfügungen vornehmen, es sei denn die Schenkung entspricht einer sittlichen Pflicht oder dem Anstand, § 2205 S.3 BGB.

4. Prozessführungsbefugnis

Gem. § 2212 BGB kann nur der Testamentsvollstrecker ein der Verwaltung unterliegendes Recht geltend machen. Nach § 2213 BGB steht dem Testamentsvollstrecker auch für Passivprozesse die Prozessführungsbefugnis zu, soweit ihm das Recht zur Verwaltung des Nachlasses eingeräumt ist.

5. Steuerrechtliche Pflichten

Aufgrund von § 34 AO wird zwischen dem Testamentsvollstrecker und der Finanzverwaltung ein Pflichtverhältnis begründet, das ihn verpflichtet, die mit dem Nachlass zusammenhängenden Steuern zu entrichten und an ihrer Erhe-

---

[127] Ausführlich hierzu: OLG Frankfurt, ZEV 1998, 350, 352; Haegele/Winkler, Rn. 220 ff.; MüKo/Brandner, § 2205 Rn. 73; Staudinger/Reimann, § 2205 Rn. 59 ff.; Palandt/Edenhofer, § 2205 Rn. 30; jeweils m.w.N.

bung mitzuwirken.[128] Folglich hat er die noch fälligen Steuerschulden des Erblassers zu begleichen. Steuerschuldner bleibt jedoch der Erbe und nicht der Testamentsvollstrecker.[129] Nach § 69 AO haftet der Testamentsvollstrecker dafür, dass durch die vorsätzliche oder grob fahrlässige Verletzung seiner steuerrechtlichen Pflichten Steuern nicht erhoben oder zu Unrecht erstattet wurden. In diesem Fall kann gegen ihn nach § 191 Abs. 1 S. 1 AO ein Haftungsbescheid erlassen werden. Darüber hinaus hat er eine Anzeige- und Berichtigungspflicht bei erkennbar falschen Steuerbescheiden (§ 153 Abs. 1 AO, strafbewehrt durch § 370 AO).[130]
Im Erbschaftsteuerverfahren trifft den Testamentsvollstrecker gem. § 31 Abs. 5 ErbStG die Pflicht zur Abgabe der Erbschaftsteuererklärung. Schuldner der Erbschaftsteuer ist gem. § 20 Abs. 1 ErbStG aber der Erbe. Für die Bezahlung der Steuer hat der Testamentsvollstrecker nach § 32 Abs. 1 S.2 ErbStG zu sorgen.

6. Auskunfts- und Rechenschaftspflicht

Der Testamentsvollstrecker ist den Erben gem. §§ 2218, 666 BGB auskunfts- und rechenschaftspflichtig. Umgekehrt kann der Testamentsvollstrecker auch vom Erben nach § 242 BGB Auskunft verlangen.[131] Im Rahmen der Rechenschaftspflicht hat der Testamentvollstrecker den Erben Rechnung i.S.v. § 259 BGB zu legen,[132] so dass er den Erben eine geordnete und übersichtliche Zusammenstellung der Einnahmen und Ausgaben unter Vorlage der üblichen Belege vorzulegen hat. Gem. § 2218 Abs. 2 BGB kann der Erbe bei einer länger andauernden Verwaltung jährlich Rechnungslegung verlangen.

7. Nachlassinsolvenz und Zwangsvollstreckung

Nach § 991 ZPO ist der Testamentsvollstrecker berechtigt, das Gläubigeraufgebot zu beantragen. Er kann auch gem. § 175 ZVG die Zwangsversteigerung von Grundstücken und gem. § 317 InsO die Eröffnung des Nachlassinsolvenzverfahrens beantragen. Der Testamentsvollstrecker haftet dem Erben gem. §§ 2219, 2216 Abs. 1 BGB, wenn er trotz erkennbarer Überschuldung des Nachlasses von seinem Antragsrecht keinen Gebrauch gemacht hat.[133] Der Testamentsvoll-

[128] Staudinger/Reimann, § 2203 Rn. 19; Soergel/Damrau, § 2205 Rn.15; Erman/Schmidt, § 2205 Rn. 5.
[129] Staudinger/Reimann, § 2203 Rn. 19; BStBl II 1974, 100.
[130] Staudinger/Reimann, § 2203 Rn. 20; a.A. Haegele/Winkler Rn. 756.
[131] MüKo/Brandner, § 2218 Rn. 8.
[132] Soergel/Damrau, § 2218 Rn. 6; Staudinger/Reimann, § 2218 Rn. 19.
[133] Staudinger/Marotzke, § 1980 Rn. 20; MüKo/Siegmann, § 1980 Rn. 11; Soergel/Stein, § 1980 Rn. 9; Erman/Schlüter, § 1980 Rn. 5.

strecker ist darüber hinaus berechtigt, in entsprechender Anwendung von § 317 Abs. 1 BGB einen Antrag auf Nachlassverwaltung zu stellen.[134]

Nach § 2214 BGB können sich die Gläubiger des Erben, die nicht zu den Nachlassgläubigern gehören, nicht an die der Testamentsvollstreckung unterliegenden Nachlassgegenstände halten. Diese Gläubiger können in der Regel keine Zwangsvollstreckung in Nachlassgegenstände betreiben, da diese nur den Nachlassgläubigern haften und die Zwangsvollstreckung einen Eingriff in die Verfügungsgewalt des Testamentsvolltreckers bedeuten würde.[135] Diese Vorschrift ist Ausdruck der fehlenden Verfügungsmacht des Erben (§ 2211 BGB) und der durch die Testamentsvollstreckung eintretenden Trennung des Nachlasses vom Privatvermögen des Erben.[136]

8. Verwaltung durch mehrere Testamentsvollstrecker

Mehrere Testamentsvollstrecker führen das Amt gemeinschaftlich; bei Meinungsverschiedenheiten entscheidet das Nachlassgericht gem. § 2224 Abs. 1 S. 1 BGB. Der Erblasser kann aber auch durch entsprechende Anordnung z.B. jedem Testamentsvollstrecker einen bestimmten Aufgabenbereich zuordnen. Maßnahmen, die zur Erhaltung des Nachlasses notwendig sind, kann nach § 2224 Abs. 2 BGB jeder Mittestamentsvollstrecker allein vornehmen.

III. Verwaltung eines einzelkaufmännischen Unternehmens oder Anteils an einer Handelsgesellschaft

Besondere rechtliche Probleme ergeben sich, wenn ein einzelkaufmännisches Unternehmen oder ein Anteil an einer Handelsgesellschaft durch den Testamentsvollstrecker zu verwalten ist. Häufig versucht der Erblasser mit der Anordnung einer Testamentsvollstreckung geschäftsunerfahrene Erben von der Geschäftsführung auszuschließen, um so die Existenz der Familie und des Unternehmens zu sichern.[137] Die rechtlichen Schwierigkeiten haben ihren Grund in der Konkurrenz von Erbrecht und Handelsrecht.[138] Nach den handelsrechtlichen Vorschriften haftet sowohl der Einzelkaufmann als auch der persönlich haftende Gesellschafter grundsätzlich unbeschränkt mit dem gesamten Vermögen (§§ 22, 25, 27, 128, 130 HGB). Der Testamentsvollstrecker kann aber den Erben nach

[134] Palandt/Edenhofer, § 1981 Rn. 3; Staudinger/Marotzke, § 1981 Rn. 14; MüKo/Siegman, § 1981 Rn. 4.

[135] Soergel/Damrau, § 2214 Rn. 1 m.w.N.

[136] MüKo/Brandner, § 2214 Rn. 1.

[137] Haegele/Winkler, Rn. 294; Brander in FS für Stimpel, S. 992; Ebenroth Rn. 687.

[138] Hierzu ausführlich: Staudinger/Reimann, § 2205 Rn. 89 ff., MüKo/Brandner, § 2205 Rn. 14 ff., Ebenroth, Rn. 687 ff., Lange/Kuchinke, § 31 V.; Kipp/Coing, § 68 III.3.; Reimann, Rn. 340 ff.; Haegele/Winkler, Rn. 293 ff.; Soergel/Damrau, § 2205 Rn. 16 ff.; jeweils m.w.N.

den erbrechtlichen Vorschriften (§§ 2206, 2207 BGB) nur beschränkt auf den Nachlass verpflichten. Er selbst haftet auch nicht persönlich. Somit widerspricht die erbrechtliche, auf den Nachlass beschränkte Haftung dem handelsrechtlichen Erfordernis einer unbeschränkten persönlichen Haftung des Einzelkaufmanns oder Komplementärs. Dies würde zu einem Unternehmen mit beschränkter Haftung führen, ohne dass dies für den Rechts- und Handelsverkehr erkennbar wäre.

1. Führung eines einzelkaufmännischen Unternehmens

Hier ist zwischen Abwicklungs- und Dauervollstreckung zu unterscheiden. Bei einer reinen Abwicklungsvollstreckung wird die haftungsrechtliche Lage hingenommen, da der Testamentsvollstrecker nicht als Unternehmer, sondern als Abwickler auftritt, um die ihm übertragene Aufgabe möglichst umgehend zu erledigen.[139] Zudem lässt schon § 27 Abs. 2 HGB solche kurzfristigen Firmenfortführungen mit beschränkter Haftung zu.[140] Für den Fall der Dauertestamentsvollstreckung werden im wesentlichen zwei Lösungen, nämlich die Treuhand- und die Vollmachtlösung, vorgeschlagen:[141]
Bei der Treuhandlösung führt der Testamentsvollstrecker das Handelsunternehmen als Treuhänder der Erben fort. Folglich wird er Inhaber des Unternehmens und ins Handelsregister eingetragen. Er handelt in eigenem Namen, auf Rechnung der Erben und haftet persönlich. Der Testamentsvollstrecker kann vom Erben im Innenverhältnis gem. §§ 2218, 670 BGB Freistellung von der unbeschränkten Haftung für die Geschäftsschulden und Ersatz seiner Aufwendungen verlangen.[142] Die Treuhandlösung setzt eine entsprechende Zustimmung aller Erben zur treuhänderischen Geschäftsführung des Testamentsvollstreckers voraus. Damit der Erblasser dies erreicht, kann er die Erben dazu in seiner Verfügung von Todes wegen mittels einer Auflage verpflichten oder die Erbeinsetzung von einer entsprechenden Bedingung abhängig machen.[143]
Im Rahmen der Vollmachtlösung werden die Erben Inhaber des Unternehmens und der Testamentsvollstrecker führt das Unternehmen als Bevollmächtigter der

[139] Ebenroth, Rn. 690; Haegele/Winkler, Rn. 295; Staudinger/Reimann, § 2205 Rn. 91.
[140] Soergel/Damrau, § 2205 Rn. 16; Ebenroth, Rn. 690.
[141] Hierzu ausführlich: MüKo/Brandner, § 2205 Rn.24 ff.; Staudinger/Reimann, § 2205 Rn. 92 ff.; Erman/Schmidt, § 2205 Rn. 22 ff.; Soergel/Damrau, § 2205 Rn. 19 ff.; Palandt/Edenhofer, § 2205 Rn. 7 ff. Lange/Kuchinke, § 31 V.7.b); Ebenroth, Rn. 691 ff. jeweils m.w.N.
[142] Hierbei ist umstritten, ob die Höhe auf des Anspruchs auf den Nachlasswert beschränkt ist: dafür: Soergel/Damrau, § 2205 Rn. 20; dagegen: MüKo/Brandner, § 2205 Rn. 23; Haegele Winkler, Rn. 308; Bengel/Reimann/Mayer, V. Rn.127.
[143] Lange/Kuchinke, § 31 V.7.b.(4); Brox, Rn. 387 c. Der Erblasser kann den Testamentsvollstrecker auch mit einer postmortalen unwiderruflichen Generalvollmacht ausstatten. Diese wäre aber auf Grund der Knebelung der Erben sittenwidrig i.S.v. § 138 BGB, vgl. Reimann, Rn. 361, Ebenroth, Rn. 692.

Erben fort. Der Testamentsvollstrecker muss also durch die Erben eine entsprechende Bevollmächtigung erhalten, die gewährleistet, dass die Anordnungen des Erblassers verwirklicht werden können. Dies kann der Erblasser ebenso wie bei der Treuhandlösung durch eine entsprechende Auflage oder Bedingung erreichen. Die Erben haften nach dieser Lösung für Altschulden gem. §§ 25, 26 HGB und für neu begründete Schulden persönlich und unbegrenzt. Ob die Vollmachts- oder die Treuhandlösung vom Erblasser gewollt ist, ist letztlich durch Auslegung des letzten Willens zu ermitteln.[144]
Geht aus dem Testament kein eindeutiger Wille hervor, so hat der Testamentsvollstrecker selbst nach pflichtgemäßem Ermessen zu entscheiden, welche Lösung der Verwaltung am dienlichsten ist.[145] Wollen schließlich weder der Testamentsvollstrecker noch die Erben das Risiko einer unbeschränkten persönlichen Haftung eingehen, bleibt noch die Umwandlung des Unternehmens in eine Kapitalgesellschaft.[146] Diese Umwandlung kann bereits vom Erblasser angeordnet werden.[147] Auf diese Weise kann der Testamentsvollstrecker ohne Schwierigkeiten und Hilfskonstruktionen die Gesellschaft oder den Gesellschaftsanteil des Erben verwalten,[148] indem er ihm die Leitungsmacht des Unternehmens anvertraut.[149] Auch wird eine sog. „beaufsichtigende Testamentsvollstreckung“[150] als Lösung diskutiert. Danach führt der Erbe das Unternehmen unter Aufsicht des Testamentsvollstreckers fort.

2. Verwaltung des Anteils einer Personenhandelsgesellschaft oder GbR

Die Abwicklungsvollstreckung für die Beteiligung an einer Personengesellschaft wird allgemein für zulässig erachtet.[151] Schwierigkeiten entstehen somit nur bei einer Verwaltungsvollstreckung. Zum einen gibt es dieselben haftungsrechtlichen Probleme, die bei der Vollstreckung an einem Einzelunternehmen bestehen.[152] Diese werden, ebenso wie beim einzelkaufmännischen Unternehmen,

---

[144] Ebenroth, Rn. 694.
[145] Ebenroth, Rn. 694; Haegele/Winkler, Rn. 331.
[146] Reimann, Rn. 369 und ausführlich zu den Problemen der Umwandlung: Rn. 468 ff.; Ebenroth, ErbR, Rn. 694; Soergel/Damrau, § 2205 Rn. 18.
[147] Haegele/Winkler, Rn. 331.
[148] Die Dauervollstreckung in Kapitalgesellschaftsanteile, insbesondere in GmbH-Anteile oder Aktien ist grundsätzlich zulässig und bedarf nicht der Zustimmung der übrigen Gesellschafter, vgl. ausführlich MüKo/Brandner, § 2205 Rn. 42 ff., Ebenroth, Rn. 709; Staudinger/Reimann, § 2205 Rn. 105, 140 ff.
[149] Reimann, Rn. 369; Brandner, in FS für Stimpel, S. 991, 1005.
[150] Reimann, Rn. 367: Dies ist aufgrund der Rechtsprechung des Bundesgerichtshofes zur Verwaltungsvollstreckung an der Außenseite einer Personenhandelsgesellschaft (BGH NJW 1985, 1953) möglich.
[151] Bengel/Reiman/Mayer, V. Rn.154; Flume, NJW 1988, 161, 163.
[152] Zu den haftungsrechtlichen Problemen ausführlich siehe Erster Teil § 6 A.III.1.

überwiegend mittels eines Treuhandvertrags oder einer Bevollmächtigung gelöst.[153] Darüber hinaus wird auch in diesem Bereich die beaufsichtigende Testamentsvollstreckung als Lösung vorgeschlagen.[154]
Zudem ergibt sich bei Personenhandelsgesellschaften ein weiteres Problem, das auf der personalistischen Struktur beruht. Es kann den übrigen Gesellschaftern nicht zugemutet werden, dass ein Testamentsvollstrecker die Rechte und Pflichten eines Gesellschafters ausübt, obwohl sie sich diesen nicht als solchen ausgesucht haben.[155] Daher müssen die Gesellschafter im Gesellschaftsvertrag ihr Einverständnis mit der Testamentsvollstreckung erklären.[156] Das Einverständnis der Gesellschafter kann auch noch nach dem Erbfall erklärt werden.[157]
Die für den persönlich haftenden Gesellschafter einer OHG oder KG aufgestellte Grundsätze gelten für die GbR entsprechend.[158] Beim Tod eines stillen Gesellschafters gelten die Grundsätze, die für das einzelkaufmännische Unternehmen aufgestellt wurden ebenfalls entsprechend; ebenso sind bei einer EWIV die Grundsätze für die OHG anzuwenden, da die EWIV als Personengesellschaft der OHG ähnlich ist.[159] Bei einer Partnerschaft von Freiberuflern nach dem PartGG sind ebenfalls weitgehend die Lösungen zur OHG anwendbar.[160]

3. Vollstreckung an einem Kommanditanteil

Die Testamentsvollstreckung an einem Kommanditanteil wird grundsätzlich für zulässig erachtet, soweit die übrigen Gesellschafter dem - entweder im Gesellschaftsvertrag oder später – zugestimmt haben.[161] Begründet wird dies damit, dass die Haftung des Kommanditisten auf die geleistete Einlage beschränkt und somit eine persönliche Verpflichtung des Gesellschafter-Erben ohnehin ausgeschlossen ist. Darüber hinaus ist der Kommanditist nach §§ 164, 170 HGB weder geschäftsführungs- noch vertretungsbefugt. Infolgedessen kann es für einen

---

153 Staudinger/Reimann, § 2205 Rn. 92 ff.; Damrau, JA 1984, 130, 133; Palandt/Edenhofer, § 2205 Rn. 15 f.; Brox Rn. 387d.; Ebenroth, Rn. 698.
154 Hierzu ausführlich: Reimann, Rn. 392 ff.
155 Brox, Rn. 387d.; Haegele/Winkler Rn. 346. Zur Frage der Nachlasszugehörigkeit eines Gesellschaftsanteils vgl. ausführlich: Ebenroth, Rn. 696.
156 Ebenroth, Rn. 697; Haegele/Winkler, Rn. 335, 346 m.w.N.
157 Haegele/Winkler, Rn. 346, Ebenroth, Rn. 697.
158 Soergel/Damrau, § 2205 Rn. 34; Ebenroth, Rn. 701.
159 Reimann, Rn. 435 f., wobei sich bei einer EWIV Besonderheiten aus der Möglichkeit der Fremdorganschaft ergeben können.
160 Reimann, Rn. 437.
161 Ausführlich hierzu: BGHZ 108, 187, 195 ff., Brox, Rn. 387e, Staudinger/Reimann, § 2205 Rn. 125; Haegele/Winkler Rn. 367 ff.

Erblasser, der eine Testamentsvollstreckung wünscht, durchaus interessant sein, seine OHG-Beteiligung in eine Kommanditbeteiligung umzuwandeln.[162]

B. Aufgaben des Vormunds

Die Aufgaben des Vormunds ergeben sich aus § 1793 Abs. 1 BGB. Danach hat der Vormund das Recht und die Pflicht, für die Person und das Vermögen des Mündels zu sorgen, insbesondere den Mündel zu vertreten.

I. Personensorge

Die Personensorge ist in § 1800 BGB, der auf die §§ 1631 bis 1633 BGB verweist, und in § 1801 BGB geregelt. Nach § 1631 Abs. 1 BGB umfasst die Personensorge insbesondere das Recht und die Pflicht, das Kind bzw. den Mündel zu pflegen, zu erziehen, zu beaufsichtigen und seinen Aufenthalt zu bestimmen. Damit entspricht die Personensorge durch den Vormund weitgehend der der Eltern. Auch für das Verhältnis zwischen dem Mündel und dem Vormund gelten die Vorschriften für das Eltern-Kind-Verhältnis entsprechend, § 1793 Abs. 1 S.2 i.V.m. § 1626 Abs. 2, § 1793 Abs. 1 S.3 i.V.m. §§ 1618 a, 1619, 1664 BGB.

II. Vermögenssorge

Die Vermögenssorge durch den Vormund ist in den §§ 1802 bis 1842 BGB ausführlich geregelt. Diese Vorschriften enthalten ein detailliertes Regelwerk für die Vermögensverwaltung. Der Vormund muss das Mündelvermögen möglichst erhalten und mehren, wobei er den Vermögensstamm dann angreifen darf, wenn dies für die Erziehung und den Unterhalt des Mündels notwendig ist.[163] Die Vermögenssorge umfasst alle Angelegenheiten, die für die Vermögenserhaltung und –sicherung notwendig sind, wie etwa die Buchhaltung oder Abgabe der Steuererklärung.[164] In einer Gesellschaft übt der Vormund die Rechte für den Mündel aus,[165] da der soziale Schutzzweck der Vormundschaft dem Interesse der Gesellschafter gesellschaftsfremde Personen auszuschließen grundsätzlich übergeordnet ist.[166] Bei der OHG und KG ist auch die Geschäftsführung möglich, soweit nicht der Gesellschaftsvertrag ein anderes bestimmt.[167]

---

[162] Reimann, Rn. 415.
[163] Soergel/Zimmermann, § 1793 Rn. 5; Staudinger/Engler, § 1793 Rn. 17; Palandt/Diederichsen, § 1793 Rn. 5.
[164] Palandt/Diederichsen, § 1793 Rn. 5; Staudinger/Engler, § 1793 Rn. 21; Soergel/Zimmermann, § 1793 Rn. 5.
[165] Soergel /Zimmermann, § 1822 Rn. 11; Hueck, S. 307; BGHZ 44, 98, 100 ff.
[166] BGHZ 44, 98, 100 ff.
[167] Soergel/Damrau, § 1822 Rn. 11; Hueck, S. 307.

1. Vermögensverwaltung

Hinsichtlich der Vermögensverwaltung besteht zwischen dem Mündel und seinem Verwalter ein durch besondere Schutz- und Obhutspflichten gekennzeichnetes Schuldverhältnis.[168] Das Geld des Mündels hat der Vormund nach § 1806 BGB verzinslich anzulegen, soweit es nicht zur Bestreitung von Ausgaben bereit zu halten ist. Die Anlage des Geldes soll nach § 1807 BGB nur in bestimmten Anlageformen, sog. „mündelsichere Anlagen",[169] erfolgen. Die in § 1807 BGB aufgezählten Anlageformen hält der Gesetzgeber für besonders sicher, z.B. Pfandbriefe oder Forderungen, für die eine sichere Hypothek besteht. Nach § 1809 BGB soll Mündelgeld, das nach § 1807 Nr. 5 BGB angelegt ist, also regelmäßig Sparkassen- und Bankanlagen, mit der Bestimmung versehen werden, dass zur Erhebung des Geldes die Genehmigung des Gegenvormunds oder des Vormundschaftsgerichts erforderlich ist, sog. „Sperrvermerk"[170]. Ferner soll der Gegenvormund oder das Vormundschaftsgericht nach § 1810 BGB die Anlagen nach §§ 1806, 1807 BGB genehmigen. Ausnahmsweise kann das Vormundschaftsgericht nach § 1811 BGB auch eine andere Anlage als die in § 1807 BGB vorgeschriebene gestatten. Die Erlaubnis hierzu soll das Gericht nur verweigern, wenn die beabsichtigte Anlage den Grundsätzen einer wirtschaftlichen Vermögensverwaltung zuwiderlaufen würde.
Die §§ 1806 bis 1816 BGB sehen zahlreiche weitere Verwaltungsbeschränkungen in Form von Genehmigungsvorbehalten oder Hinterlegungsvorschriften vor. Zweck dieser Regelungen ist die Sicherung des Mündelvermögens. § 1817 BGB sieht aber hiervon auch Befreiungen vor, soweit, der Umfang der Vermögensverwaltung dies rechtfertigt und eine Gefährdung des Vermögens nicht zu besorgen ist.
Der erste Fall liegt in der Regel vor, wenn der Wert des Vermögens ohne Berücksichtigung des Grundbesitzes zehntausend Deutsche Mark nicht übersteigt. Ebenso können die Eltern den Vormund nach den §§ 1852 ff. BGB von zahlreichen der Verwaltungsbeschränkungen (z.B. der Genehmigungsvorbehalte) und Pflichten befreien. Die Befreiungen können nach § 1857 BGB von dem Vormundschaftsgericht aufgehoben werden, wenn ihre Befolgung das Interesse des Mündels gefährden würde.

2. Vermögensverzeichnis

Nach § 1802 Abs. 1 BGB hat der Vormund das Vermögen, das bei der Anordnung der Vormundschaft vorhanden ist oder dem Mündel später zufällt, zu ver-

---

[168] Möhring/Beisswingert/Klingelhöffer, S. 23.
[169] Gernhuber/Coester-Waltjen, § 72 III.2.; Erman/Holzhauer, § 1807 Rn. 2; Schwab, Rn. 796.
[170] Soergel/Zimmermann, § 1809 Rn. 3; Gernhuber/Coester-Waltjen, § 72 III.5.; Schwab, Rn. 796.

zeichnen und das Verzeichnis beim Vormundschaftsgericht einzureichen. Falls ein Gegenvormund vorhanden ist, ist dieser bei der Erstellung des Verzeichnisses zuzuziehen. Nach § 1802 Abs. 2 BGB kann sich der Vormund bei der Erstellung des Verzeichnisses der Hilfe eines Sachverständigen bedienen.

3. Vertretungsmacht

Die Vertretungsmacht des Vormunds ist nach § 1793 BGB grundsätzlich unbeschränkt. Er kann somit z.B. auch Prozesse für den Mündel führen.[171] Die Vertretungsmacht des Vormunds unterliegt nur dann Einschränkungen, wenn es sich um höchstpersönliche Rechtsakte handelt[172] oder der Mündel selbst nach den §§ 112, 113 BGB unbeschränkt geschäftsfähig ist.[173] Die Vertretungsmacht ist auch in den Fällen des § 1795 BGB gesetzlich ausgeschlossen. Diese Vorschrift ergänzt § 181 BGB und verschärft zugleich den Schutz des Mündels. Ihr Zweck ist die Verhinderung einer Interessenkollision zwischen dem Mündel und dem Vormund, wobei eine abstrakte Gefährdung der Mündelinteressen in den geregelten Fällen grundsätzlich ausreicht.[174]
Die Vormundschaft kann des weiteren durch die Zuteilung eines bestimmten Wirkungskreises nach § 1797 Abs. 2 BGB, die Genehmigungsvorbehalte der §§ 1809 ff., 1821 ff. BGB und die Bestellung eines Pflegers gem. § 1794 BGB beschränkt sein. Nach § 1796 BGB kann die Vertretungsmacht dem Vormund auch ganz entzogen werden. Der Vormund kann gem. § 1804 BGB auch keine Schenkungen in Vertretung des Mündels machen, sofern damit nicht einer sittlichen Pflicht oder dem Anstand entsprochen wird.

4. Auskunfts- und Rechenschaftspflicht des Vormunds

Nach § 1839 BGB hat der Vormund gegenüber dem Vormundschaftsgericht auf Verlangen jederzeit Auskunft über die Führung der Vormundschaft und der persönlichen Verhältnisse des Mündels zu erteilen. Zudem hat er gem. § 1840 Abs. 2 BGB dem Vormundschaftsgericht über seine Vermögensverwaltung Rechnung zu legen. Diese hat jährlich zu erfolgen, wobei das Vormundschaftsgericht das Rechnungsjahr festlegt – und dies insbesondere bei einer Verwaltung von geringem Umfange – verlängern kann, § 1840 Abs. 3 und 4 BGB. Auch der Gegenvormund hat die Rechnung nach § 1842 BGB zu prüfen und mit den Bemerkungen zu versehen, zu denen die Prüfung Anlass gibt. Schließlich muss das Vormundschaftsgericht die Rechnung gem. § 1843 Abs. 1 BGB rechnungs-

---

[171] Palandt/Edenhofer, § 1793 Rn. 6.
[172] Zu den höchstpersönlichen Rechtsgeschäften: Palandt/Heinrichs, Einf. § 164 Rn. 4.
[173] Staudinger/Engler, § 1793 Rn. 37; Palandt/Edenhofer, § 1793 Rn. 7.
[174] Staudinger/Engler, § 1795 Rn. 1; MüKo/Schwab, § 1795 Rn. 1; Jauernig/Schlechtriem, § 1795 Rn. 1.

mäßig und sachlich prüfen und erforderlichenfalls eine Ergänzung oder Berichtigung herbeiführen.

5. Verwaltung durch Mit- und Gegenvormund

Die Verwaltung kann auch durch mehrere Vormünder zu führen sein. Mitvormünder führen die Mitvormundschaft nach § 1797 BGB entweder gemeinschaftlich oder nach bestimmten Wirkungskreisen getrennt.[175] Gem. § 1797 Abs. 1 und 2 BGB führt jeder Vormund die Vormundschaft innerhalb des ihm überwiesenen Wirkungskreises selbständig.
Die Aufgabe eines sog. Gegenvormundes ist es, ohne eigene Verwaltungstätigkeit den Vormund zu überwachen und ihn bei bestimmten Geschäften durch Erteilung seiner Genehmigung zu unterstützen (§§ 1799, 1809, 1823, 1813, 1826, 1842, 1891 BGB).[176] Ein Gegenvormund soll nach § 1792 Abs. 2 BGB bestellt werden, wenn mit der Vormundschaft eine Vermögensverwaltung verbunden ist.[177]

C. Aufgaben des Insolvenzverwalters

Die Rechte und Pflichten des Insolvenzverwalters werden durch den Insolvenzzweck bestimmt.[178] Das Insolvenzverfahren dient nach § 1 InsO dazu, die Gläubiger eines Schuldners gemeinschaftlich zu befriedigen, indem das Vermögen des Schuldners verwertet oder in einem Insolvenzplan eine abweichende Regelung, insbesondere zum Erhalt des Unternehmens, getroffen wird. Diese Pflicht besteht nicht nur gegenüber den Gläubigern, sondern auch gegenüber dem Schuldner, dessen Interesse es ist, die Restverschuldung zu minimieren und eine größtmögliche Enthaftung zu erfahren oder sogar einen Überschuss zu erzielen.[179] Gem. § 157 InsO beschließt die Gläubigerversammlung darüber, ob das Unternehmen stillgelegt oder fortgeführt werden soll. Zur Erreichung des Insolvenzzwecks muss der Insolvenzverwalter insbesondere die Masse erfassen, verwerten (§§ 148 ff. InsO) und Schadensersatzansprüche zu Gunsten der Gläubiger geltend machen, soweit es um eine Masseverkürzung zum Schaden aller Gläubiger geht (§ 92 InsO). Gem. § 261 Abs. 1 InsO kann der Insolvenzverwalter auch nur verpflichtet sein, einen Insolvenzplan zu überwachen.

---

[175] Erman/Holzhauer, § 1797 Rn. 1; Palandt/Edenhofer, § 1797 Rn. 1 ff.
[176] Gernhuber/Coester-Waltjen, § 70 VII.1, 4; Oberloskamp/Kaufmann, § 2 Rn. 41; Palandt/Diederichsen, § 1792 Rn. 1.
[177] Zur Bestellung eines Gegenvormunds siehe Erster Teil § 2 B.
[178] BGH JZ 1955, 337; RGZ 76, 244, 250; HK-InsO/Eickmann, § 80 Rn. 12; Nerlich/Römermann/Wittkowski, § 80 Rn. 68.
[179] FK-InsO/Hössl, § 60 Rn. 32.

I. Verwaltung durch den Insolvenzverwalter

Durch die Eröffnung des Insolvenzverfahrens geht gem. § 80 Abs. 1 InsO das Recht des Schuldners, das zur Insolvenzmasse gehörende Vermögen (vgl. §§ 35 ff. InsO) zu verwalten und über dieses zu verfügen, auf den Insolvenzverwalter über. Die Pflicht des Insolvenzverwalters, nach Eröffnung des Insolvenzverfahrens das gesamte zur Insolvenzmasse gehörende Vermögen in Besitz zu nehmen und zu verwalten, wird in § 148 Abs. 1 InsO ausdrücklich statuiert. Der Übergang der Verfügungs- und Verwaltungsmacht auf den Insolvenzverwalter und die Inbesitznahme des Schuldnervermögens dienen der Sicherung der Insolvenzmasse.[180] Trotz des Übergangs der Verwaltungs- und Verfügungsbefugnis bleibt der Schuldner Eigentümer und Inhaber aller Vermögenswerte.[181] Der Insolvenzverwalter kann bezüglich der Massegegenstände nur die Rechte ausüben, die auch dem Schuldner zustanden, d.h., er hat alle Lasten und Beschränkungen zu beachten, soweit nicht § 80 Abs. 2 InsO etwas anderes regelt.[182] Der Insolvenzverwalter ist darüber hinaus berechtigt, Gegenstände aus der Masse freizugeben, soweit sie unverwertbar sind oder ein die Verwertungskosten übersteigender Betrag nicht zu erwarten ist.[183] Als Partei kraft Amtes[184] und aufgrund seines Verwaltungsrechts ist der Insolvenzverwalter prozessführungsbefugt.

Nach § 155 Abs. 1 InsO hat der Insolvenzverwalter in Bezug auf die Insolvenzmasse die handels- und steuerrechtlichen Pflichten des Schuldners zur Buchführung und Rechnungslegung zu erfüllen. Aus § 34 AO ergibt sich die steuerliche Pflicht des Insolvenzverwalters zur Abgabe der Steuererklärung und Zahlung der die Masse treffenden Steuern. Bei der Verletzung steuerrechtlicher Pflichten haftet der Insolvenzverwalter grundsätzlich nach § 69 AO.[185] Der Insolvenzverwalter übt darüber hinaus im Insolvenzverfahrens eines Unternehmens Arbeitgeberfunktion aus.[186]

Um die Erfüllung dieser Aufgaben zu ermöglichen, stattet das Gesetz den Verwalter mit zahlreichen Antrags- und Gestaltungsrechten aus.[187] Gem. § 66 InsO

---

[180] Hess/Obermüller, Rn. 858; Nerlich/Römermann/Wittkowski, § 80 Rn. 3.

[181] HK-InsO/Eickmann, § 80 Rn. 3; Nerlich/Römermann/Wittkowski, § 80 Rn. 18; Hess/Obermüller, Rn. 859.

[182] HK-InsO/Eickmann, § 80 Rn. 8; BGH NJW 1971, 1750.

[183] Nerlich/Römermann/Wittkowski, § 80 Rn. 95; HK-InsO/Eickmann, § 80 Rn.10, jeweils m.w.N.

[184] Hierzu ausführlich siehe Erster Teil § 1 C.

[185] FK-InsO/Hössl, § 60 Rn. 27, Nerlich/Römermann/Wittkowski, § 80 Rn. 155.

[186] BAG DB 1974, 2207; BAG ZIP 1986, 45; Nerlich/Römermann/Wittkowski, § 80 Rn. 104.

[187] Übersicht bei FK-InsO/App, § 80 Rn.17 ff., beispielhaft seien hier der Antrag auf Einberufung einer Gläubigerversammlung, § 75 InsO, auf Stillegung des Betriebes gem. § 22 InsO, das Wahlrecht bei gegenseitigen Verträgen gem. §§ 103 ff. InsO oder das Anfechtungsrecht nach §§ 129 ff. InsO genannt.

hat der Insolvenzverwalter der Gläubigerversammlung und dem Insolvenzgericht zu bestimmten Zeitpunkten Rechnung zu legen.

II. Erstellung einer Vermögensübersicht

Aus § 153 InsO folgt die Pflicht des Insolvenzverwalters, eine Vermögensübersicht zu erstellen. Grundlage dieser Übersicht ist das Vermögensverzeichnis nach § 151 InsO und das Gläubigerverzeichnis nach § 152 InsO.[188] Gem. § 151 InsO hat der Insolvenzverwalter bei der Erstellung des Vermögensverzeichnisses den Wert von jedem Gegenstand anzugeben.

III. Verwaltungsbeschränkungen

Nach § 160 Abs. 1 S. 1 InsO hat der Insolvenzverwalter die Zustimmung des Gläubigerausschusses einzuholen, wenn er Rechtshandlungen vornehmen will, die für das Insolvenzverfahren von besonderer Bedeutung sind. Soweit ein Gläubigerausschuss nicht bestellt ist, ist nach § 160 Abs. 1 S. 2 InsO die Zustimmung der Gläubigerversammlung einzuholen. § 160 Abs. 2 InsO gibt Beispiele für besonders bedeutsame Handlungen vor. Maßnahmen und Geschäfte, die dem Verfahrenszweck nach § 1 InsO offenbar, d.h. für den Geschäftsgegner erkennbar, zuwiderlaufen, sind unwirksam.[189] § 181 BGB ist auf die Handlungen des Insolvenzverwalters entsprechend anwendbar; eine Befreiung kann durch keinen der Beteiligten erfolgen, vielmehr ist dieser Interessenkonflikt allein über die Bestellung eines Sonderinsolvenzverwalters zu lösen.[190]

D. Vergleich der Aufgaben

Die Testamentsvollstreckung und Insolvenzverwaltung haben im Gegensatz zur Vormundschaft nur eine Vermögensverwaltung und keine Personensorge zum Gegenstand.[191] Der Vormund hat das Vermögen grundsätzlich besonders sicher anzulegen und kann es nur ausnahmsweise wie ein Testamentsvollstrecker nach wirtschaftlichen Gesichtpunkten verwalten.[192] Zum Schutze des Mündels hat der Gesetzgeber im Gegensatz zur Testamentsvollstreckung zahlreiche Vorschriften

---

188 FK-InsO/Wegener, § 153 Rn. 1; HK-InsO/Eickmann, § 153 Rn. 1; Nerlich/Römermann/Andres, § 153 Rn. 1.

189 BGH NJW 1971, 701, 703; BGH NJW 1983, 2018; HK-InsO/Eickmann, InsO, § 80 Rn. 12.

190 HK-InsO/Eickmann, § 80 Rn. 13; Hess/Obermüller, Rn. 875; Nerlich/Römermann/Wittkowski, § 80 Rn. 67 jeweils m.w.N.

191 Zu den jeweiligen Aufgaben ausführlich: Erster Teil § 6 A.; § 6 B I., II, § 6 C.

192 Zur Verwaltung des Testamentsvollstreckers und Vormunds vgl. Erster Teil § 6 A.II.1.; B.II.1 und § 1811 BGB.

erlassen, die eine sichere Verwaltung gewährleisten sollen.[193] So soll gem. § 1792 Abs. 2 BGB im Falle einer Vermögensverwaltung ein Gegenvormund zur Kontrolle des Vormunds bestellt werden.[194] Bei der Testamentsvollstreckung liegt die Ernennung eines weiteren kontrollierenden Testamentsvollstreckers hingegen allein im Ermessen des Erblassers.[195] Auch unterliegt die Verwaltung durch den Vormund im Gegensatz zur Testamentsvollstreckung zahlreichen gesetzlichen Genehmigungsvorbehalten durch das Vormundschaftsgericht oder den Gegenvormund.[196] Die Unterschiede zwischen der Verwaltung durch den Testamentsvollstrecker und den Vormund beruhen darauf, dass die Testamentsvollstreckung im Gegensatz zur Vormundschaft allein im privaten Interesse und nicht im öffentlichen Interesse zum Schutze einer hilfsbedürftigen Person angeordnet wird.[197] Der Schutz des Mündels ist eine staatliche Aufgabe,[198] deren Erfüllung durch entsprechende Vorschriften sichergestellt wird.
Das Insolvenzverfahren ist einer Verwaltungstestamentsvollstreckung vergleichbar, falls das Unternehmen im Rahmen eines Insolvenzplans fortgeführt werden soll, da in beiden Fällen die Vermögenserwirtschaftung und -erhaltung bezweckt wird.[199] Wird die Insolvenzmasse hingegen verwertet, so ist das Insolvenzverfahren einer Abwicklungsvollstreckung ähnlich, da auch dort die Erben, die Vermächtnisnehmer und Nachlassgläubiger möglichst rasch aus dem vorhandenen Vermögen „befriedigt" werden sollen.[200] Hat der Insolvenzverwalter gem. § 261 Abs. 1 InsO einen Insolvenzplan zu überwachen, so ist diese Tätigkeit einer beaufsichtigenden Testamentsvollstreckung nach § 2208 BGB vergleichbar.[201] Im Gegensatz zum Insolvenzverwalter, der für besonders bedeutsame Rechtshandlungen die Zustimmung der Gläubigerversammlung einholen muss,[202] kann der Testamentsvollstrecker solche Geschäfte völlig selbstständig vornehmen. Hierzu berechtigen ihn die letztwilligen Anordnungen des Erblassers. Sowohl bei der Insolvenzverwaltung als auch der Testamentsvollstreckung entscheiden damit die Vermögensinhaber über die Befugnisse des Verwalters, wobei die Testamentsvollstreckung dem Erblasser die Möglichkeit gibt, über seinen Tod hinaus über sein Vermögen zu bestimmen.

[193] Zur Verwaltung durch den Vormund siehe Erster Teil § 6 B.II.1., III.
[194] Zur Bestellung eines Gegenvormunds: Erster Teil § 2 B., zu dessen Aufgaben Erster Teil § 6 B.III.
[195] Zur Bestellung mehrerer Testamentsvollstrecker vgl. Erster Teil § 2 A.
[196] Ausführlich zu den Genehmigungsvorbehalten siehe Erster Teil § 6 B.II.1.; III.
[197] Zum Zweck der Institute vgl. Erster Teil § 1 A., B.
[198] Ausführlich zur Fürsorgeaufgabe: Erster Teil § 1 B.
[199] Zu den jeweiligen Aufgaben vgl. Erster Teil § 6 A.I.2., C.
[200] Ausführlich zu den jeweiligen Aufgaben:. Erster Teil § 6 A.I.1., C.
[201] Zu den jeweiligen Aufgaben ausführlich: Erster Teil, § 6 A.I.3., C.
[202] Vgl. Erster Teil § 6 C.III.

Testamentsvollstrecker und Insolvenzverwalter sind als Parteien kraft Amtes,[203] der Vormund hingegen als gesetzlicher Vertreter prozessführungsbefugt.[204] Alle Amtsträger unterliegen den Schranken des § 181 BGB.[205] Der Testamentsvollstrecker hat den Erben,[206] der Vormund dem Vormundschaftsgericht und gegebenenfalls auch einem Gegenvormund,[207] sowie der Insolvenzverwalter der Gläubigerversammlung und dem Insolvenzgericht Rechnung zu legen.[208] Damit hat jeder Amtsträger den von der Verwaltung Betroffenen Rechnung zu legen. Im Falle der Vormundschaft und Insolvenzverwaltung besteht diese Verpflichtung zudem gegenüber dem Gericht, da an der ordnungsgemäßen Amtsführung ein öffentliches Interesse besteht.[209] Beim Testamentsvollstrecker gibt es keine staatliche Kontrolle, da die Testamentsvollstreckung allein im privaten Interesse angeordnet wird und der Schutz der Erben keine öffentliche Aufgabe ist.[210]

Die Verwaltung durch mehrere Amtsträger ist beim Testamentsvollstrecker und Vormund gleich geregelt.[211] Soweit ein Sonderinsolvenzverwalter bestellt wird, handeln die Insolvenzverwalter nach Aufgabengebieten getrennt,[212] was bei einer entsprechenden Anordnung des Erblassers auch beim Testamentsvollstrecker möglich ist. Überdies haben alle Verwalter die im Rahmen der Verwaltung anfallenden Steuern zu begleichen.[213]

Bei der Verwaltung eines Unternehmens durch den Insolvenzverwalter gibt es keine haftungsrechtlichen und gesellschaftsrechtlichen Probleme wie beim Testamentsvollstrecker,[214] da der Insolvenzverwalter vollkommen in die Stellung des Unternehmers einrückt.[215] Beim Vormund gibt es diesbezüglich auch keine haftungsrechtliche Problematik, da der Vormund den Mündel als gesetzlicher Vertreter unbeschränkt verpflichten kann.[216] Hingegen besteht hier ebenfalls das gesellschaftsrechtliche Problem, dass ein gesellschaftsfremder, d.h. der Vor-

---

203 Ausführlich zur Rechtsstellung der Verwalter: Erster Teil § 1 A., C.

204 Ausführlich zur Rechtsstellung des Vormunds: Erster Teil § 6 B.II.3.

205 Zur Anwendbarkeit von § 181 BGB siehe Erster Teil § 6 A.II.3., B.II.3., C.III.

206 Zur Rechnungslegungspflicht des Testamentsvollstreckers vgl. Erster Teil § 6 A.II.6.

207 Zur Rechnungslegungspflicht des Vormunds vgl. Erster Teil § 6 B.II.4.

208 Zur Rechnungslegungspflicht des Insolvenzverwalters vgl. Erster Teil § 6 C.I.

209 Ausführlich zu dieser Pflicht: Erster Teil § 1 A., C.; zur Rechnungsprüfungspflicht des Gegenvormunds vgl. Erster Teil § 6 B.4.; zur Frage wann ein Gegenvormund zu bestellen ist vgl. Erster Teil § 2 B.

210 Zur Ernennung mehrerer Testamentsvollstrecker vgl. Erster Teil § 2 A. und § 3 A.

211 Hierzu jeweils Erster Teil § 6 A.I.8, B II.5.

212 Zur Verwaltung durch mehrere Insolvenzverwalter vgl. Erster Teil § 1 C.

213 Ausführlich zu den jeweiligen steuerrechtlichen Pflichten siehe Erster Teil § 6 A.II.5.; B.II.; C.I.

214 Hierzu ausführlich Erster Teil § 6 A.III, 2.

215 Zur Unternehmerstellung des Insolvenzverwalters vgl. Erster Teil, § 6 C.I.

216 Ausführlich zur Verpflichtungsbefugnis siehe Erster Teil § 6 B.II.3.

mund, die Rechte und Pflichten des Mündels wahrnimmt. Die Interessen der Gesellschafter müssen aber in diesem Fall hinter dem Schutzgedanken des Vormundschaftsrechts zurücktreten, so dass der Vomund nicht aus der Gesellschaft ausgeschlossen werden kann.[217] Da es diesen Schutzgedanken im Rahmen der Testamentsvollstreckung nicht gibt, ist dort die Zustimmung der übrigen Gesellschafter zur Verwaltung durch den Vollstrecker erforderlich.[218]

§ 7 Haftung der Amtsträger

A. Haftung des Testamentsvollstreckers

Der Testamentsvollstrecker haftet dem Erben oder, soweit ein Vermächtnis zu vollziehen ist, auch gegenüber dem Vermächtnisnehmer für den aus einer schuldhaften Pflichtverletzung entstehenden Schaden gem. § 2219 BGB. Fällt mehreren Testamentsvollstreckern ein Verschulden zur Last, so haften sie als Gesamtschuldner, § 2219 Abs. 2 BGB. Der erbrechtliche Anspruch aus § 2219 BGB verjährt nach § 197 Abs. 1 Nr. 2 BGB n.F. in 30 Jahren. Da der Erblasser den Testamentsvollstrecker von der Pflicht zur ordnungsgemäßen Verwaltung gem. § 2220 BGB nicht befreien kann, empfiehlt es sich zur Haftungsvermeidung vor Verpflichtungsgeschäften die Zustimmung der Erben einzuholen.[219] Anderen Personen (z.B. Nachlassgläubigern, Auflagenbegünstigten oder Pflichtteilsberechtigten) gegenüber haftet der Testamentsvollstrecker nur aus §§ 823 ff. BGB.[220]
Der Testamentsvollstrecker darf im Zweifel die Verwaltung nicht einem Dritten übertragen und hat für den Fall, dass die Übertragung gestattet ist, nur ein Verschulden bei der Auswahl und Überwachung zu vertreten. §§ 2218 Abs. 1, 664 Abs. 1 BGB.[221] Bei nicht gestatteter Übertragung auf einen Dritten, haftet der Testamentsvollstrecker gem. §§ 2219, 2218 Abs. 1, 664 Abs. 1 BGB für jeden daraus entstehenden Schaden. Anders ist dies bei der bloßen Hinzuziehung eines Gehilfen. Hier haftet er gem. §§ 2218, 664 Abs. 1 S. 3, 278 BGB für das Verschulden seines Gehilfen.

---

[217] Zum Vorrang des Schutzgedankens ausführlich: Erster Teil § 6 B.II.
[218] Zum Zustimmungserfordernis vgl. Erster Teil § 6 A.III.2.
[219] MüKo/Brandner, § 2219 Rn. 3; Erman/Schmidt, § 2219 Rn. 3.
[220] Soergel/Damrau, § 2219 Rn. 8; Erman/Schmidt, § 2219 Rn. 3; MüKo/Brandner, § 2219 Rn. 8; Brox, Rn. 400; Ebenroth, Rn. 682; Haegele/Winkler, Rn. 567.
[221] Palandt/Edenhofer, § 2218 Rn. 2; Haegele/Winkler, Rn. 469; Ebenroth Rn. 677.

B. Haftung des Vormunds

Zwischen dem Vormund und dem Mündel besteht ein gesetzliches Dauerschuldverhältnis eigener Art, das eine Geschäftsbesorgung zum Gegenstand hat.[222] Vormund und Gegenvormund haften dem Mündel gem. § 1833 BGB für den aus einer Pflichtverletzung entstandenen Schaden. Auch für ein vom Vormundschaftsgericht genehmigtes Geschäft kann die Haftung eintreten.[223]
Der Vormund haftet, falls die Bevollmächtigung oder Verwendung einer Hilfsperson unzulässig ist, für jeden Schaden, unabhängig von einem Verschulden des Dritten.[224] Hat der Vormund berechtigt Dritte zur Betreuung des Mündels herangezogen, so haftet er regelmäßig nur für deren ordnungsgemäße Auswahl, Unterweisung und Beaufsichtigung;[225] lässt er aber durch Dritte Angelegenheiten besorgen, zu deren persönlicher Besorgung er verpflichtet ist, so muss er für den Dritten gem. § 278 BGB voll einstehen.[226] Der familienrechtliche Anspruch aus § 1833 BGB unterliegt nach § 197 Abs. 1 Nr. 2 BGB n.F. der 30-jährigen Verjährungsfrist.

C. Haftung des Insolvenzverwalters

Nach § 60 InsO ist der Insolvenzverwalter allen Beteiligten zum Schadensersatz verpflichtet, wenn er schuldhaft die Pflichten verletzt, die ihm nach der InsO obliegen. Er hat dabei für die Sorgfalt eines ordentlichen und gewissenhaften Insolvenzverwalters einzustehen. Beteiligte i.S.v. § 60 InsO sind alle diejenigen, gegenüber denen dem Verwalter bestimmte insolvenzspezifische Pflichten obliegen, so dass hierzu der Schuldner, die Insolvenzgläubiger, Ab- und Aussonderungsberechtigte und Massegläubiger zählen.[227] Nach § 61 InsO haftet der Insolvenzverwalter dem Massegläubiger auch für die schuldhafte Nichterfüllung von Masseverbindlichkeiten.
Außerdem besteht gem. § 92 InsO eine Haftung des Insolvenzverwalters gegenüber den Insolvenzgläubigern, wenn er durch eine schuldhafte Verletzung seiner Pflichten die Insolvenzmasse vermindert hat und die Gläubiger so gemeinschaftlich einen Schaden erlitten haben, sog. „Gesamtschaden".[228] Als weitere

---

[222] Schwab, Rn. 801; Lüderitz, Rn. 1124.
[223] BGH JZ 1964, 324; Soergel/Zimmermann, § 1833 Rn. 4; Staudinger/Engeler, § 1833 Rn. 15; Erman/Holzhauer, § 1833 Rn. 5.
[224] Staudinger/Engler, § 1833 Rn. 40; Palandt/Diederichsen, § 1793 Rn. 11; Soergel/Zimmermann, § 1833 Rn. 6 m.w.N.
[225] Soergel/Zimmermann, § 1833 Rn. 5; Staudinger/Engeler, § 1833 Rn. 40.
[226] Lüderitz, Rn. 1124; Staudinger/Engler, § 1833 Rn. 40.
[227] Nerlich/Römermann/Abeltshauser, § 60 Rn. 16; FK-InsO/Hössl, § 60 Rn. 13; HK-InsO/Eickmann, § 60 Rn. 5.
[228] Ausführlich: Hess/Obermüller, Rn. 832; Nerlich/Römermann/Wittkowski, § 92 Rn. 5 ff.

Anspruchsgrundlagen für eine persönliche Haftung des Insolvenzverwalters kommen § 823 BGB, die ausdrückliche vertragliche Haftungsübernahme durch den Verwalter sowie eine Haftung aus culpa in contrahendo in Betracht.[229]
Für das Verschulden Dritter trifft § 60 Abs. 2 InsO eine Sonderregelung hinsichtlich des Einsatzes von Angestellten des Schuldners. Danach hat der Verwalter, soweit er für die Erfüllung seiner Pflichten Angestellte des Schuldners im Rahmen ihrer bisherigen Tätigkeiten einsetzen muss, und diese Angestellten nicht offensichtlich ungeeignet sind, ein Verschulden dieser Personen nicht nach § 278 BGB zu vertreten, sondern ist nur für deren Überwachung und für Entscheidungen von besonderer Bedeutung verantwortlich. Setzt der Verwalter eigenes Personal zur Erfüllung der spezifischen ihm obliegenden Pflichten ein, so hat er das Verschulden des Personals wie eigenes Verschulden zu vertreten.[230] Bei der Hinzuziehung von Selbständigen zur Lösung von Sonderaufgaben, welche eine spezielle Sachkenntnis erfordern, z.B. Steuerberater oder Verwertungsunternehmen, haftet der Verwalter auch nur für das Auswahlverschulden,[231] da er diese, wie die in § 60 Abs. 2 InsO genannten Angestellten, nicht als Gehilfen einsetzt.[232] Bei der Beschränkung des Wortlauts von § 60 Abs. 2 InsO auf Angestellte handelt es sich daher möglicherweise um ein Redaktionsversehen.[233]
Die Ansprüche aus §§ 60, 61 InsO unterliegen gem. § 62 InsO der dreijährigen Verjährungsfrist. Zweck dieser kurzen Verjährungsfrist ist es, den Insolvenzverwalter davor zu bewahren, dass er noch lange Zeit nach Abschluss des Insolvenzverfahrens mit Haftungsansprüchen überzogen werden kann.[234]

D. Vergleich der Haftung

Die Haftung des Testamentsvollstreckers nach § 2219 BGB ist der Haftung des Vormunds nach § 1833 BGB sowie der Haftung des Insolvenzverwalters nach § 60 Abs. 1 InsO vergleichbar,[235] da in jedem Fall eine schuldhafte Pflichtverletzung der Verwalter vorausgesetzt wird.
Auch beim Einsatz Dritter entspricht sich die Haftung der Amtsträger. Bei zulässiger Hinzuziehung Dritter für Aufgaben, die besondere Kenntnisse erfordern, haften die Amtsträger für das Auswahl- und Überwachungsverschulden, bei

[229] FK-InsO/Hössl, § 60 Rn. 7; Nerlich/Römermann/Abeltshauser, § 60 Rn. 50; HK-Eickmann, § 60 Rn. 21 m.w.N.
[230] Hess/Obermüller, Rn. 826; Wellensiek, KSI, Rn. 94; FK-InsO/Hössl, § 60 Rn. 52 f.: Grundsatz der sich aus § 278 BGB ergibt.
[231] HK-InsO/Eickmann, § 60 Rn. 16; Wellensieck, KSI Rn. 94.
[232] Wellensieck, KSO, Rn. 94.
[233] Wellensieck, KSO, Rn. 94.
[234] FK-InsO/Hössl, § 62 Rn. 2.
[235] Vgl. auch Hess/Obermüller, Rn. 808.

unberechtigter Hinzuziehung von Dritten für jeden dadurch verursachten Schaden. Für den Einsatz von Gehilfen haften die Verwalter nach § 278 BGB. Die Ansprüche aus § 2219 BGB und § 1833 BGB unterliegen der 30-jährigen Verjährungsfrist,[236] wohingegen die Ansprüche gegen den Insolvenzverwalter gem. § 62 InsO einer dreijährigen Verjährungsfrist unterliegen.[237] Die InsO gewährt damit dem Insolvenzverwalter größeren Schutz als dem Testamentsvollstrecker. Der Unterschied beruht darauf, dass sich bei letzterem die maßgeblichen Verhältnisse mitunter erst lange Zeit nach der Anspruchsentstehung klären lassen.[238] Somit steht beim Testamentsvollstrecker das Vermögensinteresse der Erben bzw. Vermächtnisnehmer im Vordergrund. Als weitere Anspruchsgrundlagen für eine persönliche Haftung der Verwalter kommen insbesondere die §§ 823 ff. BGB in Betracht.[239]

§ 8 Staatliche Aufsicht über die Amtsträger ?

Das Vormundschaftsgericht berät den Vormund und führt nach § 1837 Abs. 2 S. 1 1. HS. BGB über die gesamte Tätigkeit des Vormunds und des Gegenvormunds Aufsicht. Es hat gem. § 1837 Abs. 2 S. 1 2. HS. BGB gegen Pflichtwidrigkeiten mit Ge- und Verboten einzuschreiten. Sowohl die Personen- als auch die Vermögenssorge unterliegen damit der vormundschaftsgerichtlichen Aufsicht. Nach § 1837 Abs. 3 S. 1 BGB kann das Gericht den Vormund zur Befolgung seiner Anordnungen durch die Festsetzung von Zwangsgeld anhalten. Außerdem kann es dem Vormund aufgeben, eine Versicherung gegen Schäden, die er dem Mündel zufügen kann, abzuschließen, § 1837 Abs. 3 S.2 BGB. Bei Gefährdung des Kindeswohls kann das Vormundschaftsgericht auch Maßnahmen nach § 1837 Abs. 4 i.V.m. §§ 1666, 1666 a und § 1696 BGB treffen und somit dem Vormund die Personen- oder Vermögenssorge ganz oder teilweise entziehen. Schließlich kann das Vormundschaftsgericht den Vormund auch entlassen, wenn die Fortführung des Amtes, insbesondere wegen pflichtwidrigen Verhaltens des Vormundes, das Interesse des Mündels gefährden würde oder wenn in der Person des Vormunds einer der im § 1781 BGB bezeichneten Gründe vorliegt, § 1886 BGB.

Nach § 58 Abs. 1 InsO steht der Insolvenzverwalter unter der Aufsicht des Insolvenzgerichts. Das Gericht kann jederzeit einzelne Auskünfte oder einen Bericht über den Sachstand und die Geschäftsführung von ihm verlangen. § 58 Abs. 2 InsO gibt dem Insolvenzgericht auch die Möglichkeit gegen den Ver-

---

[236] Zur Verjährung vgl. Erster Teil § 7 A., B.

[237] Zur Verjährung beim Insolvenzverwalter: Erster Teil § 7 C.

[238] BT-Drucks 14/6040, S. 106.

[239] Ausführlich zu den weiteren Anspruchsgrundlagen siehe Erster Teil § 7 A., B., C.

walter nach vorheriger Androhung ein Zwangsgeld festzusetzen, falls dieser seine Pflichten nicht erfüllt.
Der Testamentsvolltrecker untersteht im Gegensatz zum Vormund und Insolvenzverwalter keiner staatlichen Aufsicht und Kontrolle. Dies beruht darauf, dass die Wahrnehmung der Vormundschaft eine staatliche Aufgabe ist und im öffentlichen Interesse liegt.[240] Auch das Insolvenzverfahren findet im öffentlichen Interesse statt, da es den sozialen Frieden sichern soll.[241] Im Unterschied dazu wird die Testamentsvollstreckung allein im Privatinteresse durchgeführt[242] und unterliegt infolgedessen keiner staatlichen Aufsicht.

§ 9 Zusammenfassung

Die Rechtsstellung des Testamentsvollstrecker gleicht der des Insolvenzverwalters. Beide sind Inhaber eines privaten Amtes und werden kraft eigenen Rechts, im eigenen Namen tätig.[243] Sie müssen von den Beteiligten weitgehend unabhängig sein und deren Interessen berücksichtigen. Sie vertreten nicht die Interessen einer bestimmten Person.[244] Der Vormund ist hingegen gesetzlicher Vertreter des Mündels[245] und hat deshalb allein dessen Interessen wahrzunehmen. Auch er wird privatrechtlich tätig.[246]
Das Amt des Vormunds und des Insolvenzverwalters wird, im Gegensatz zu dem des Testamentsvollstreckers, durch das öffentliche Recht überlagert.[247] So wird der Vormund und Insolvenzverwalter z.B. regelmäßig durch das Gericht bestellt, ausgewählt[248] und beaufsichtigt.[249] Das Gericht darf nur geeignete Personen als Vormund und Insolvenzverwalter bestellen.[250] Hingegen ist der Erblasser hierzu nicht verpflichtet,[251] doch liegt die Ernennung einer solchen Person auch in seinem Interesse. Eine Pflicht zur Amtsübernahme besteht nur beim Vormund. Der Bestellungsurkunde kommt allein beim Testamentvoll-

---

[240] Ausführlich zum Zweck der Vormundschaft: Erster Teil § 1 B.
[241] Ausführlich zum Zweck der Insolvenzverwaltung: Erster Teil § 1 C.
[242] Ausführlich zum Zweck der Testamentsvollstreckung: Erster Teil § 1 A.
[243] Zum Zweck der Institute vgl. Erster Teil § 1 A., C.
[244] Zur Rechtsstellung des Testamentsvollstreckers und Insolvezverwalters siehe Erster Teil § 1 A., C., § 3 C.
[245] Zur Rechtsstellung des Vormunds vgl. Erster Teil § 1 B., § 6 B.II.3.
[246] Zur Rechtsstellung des Vormunds siehe Erster Teil § 1 B.
[247] Ausführlich zur Rechtsstellung des Vormunds und Insolvenzverwalters vgl. Erster Teil § 1 B., C.
[248] Ausführlich zur Bestellung des Vormunds und Insolvenzverwalters vgl. Erster Teil § 2 B, C.
[249] Zur Aufsicht siehe Erster Teil § 8.
[250] Zur Auswahl des Vormunds und Insolvenzverwalters vgl. Erster Teil § 3 B., C.
[251] Zur Auswahl des Testamentsvollstreckers siehe Erster Teil § 3 A.

strecker Rechtsscheinschutz zu.[252] Damit wird dem Schutz des Rechtsverkehrs hier Vorrang vor den Interessen der Erben gegeben. Umgekehrt ist dies beim Vormund und Insolvenzverwalter. Dort genießen der Mündel, die Gläubiger sowie der Hauptschuldner größeren Schutz.[253] In allen Fällen beginnt das Amt mit der Amtsübernahme und endet mit der Erreichung des Verwaltungszwecks oder dem Eintritt der Amtsunfähigkeit.[254]

Die Testamentsvollstreckung und Insolvenzverwaltung haben ausschließlich eine Vermögensverwaltung zum Gegenstand,[255] wohingegen die Vormundschaft auch eine Personensorge umfassen kann.[256] Die Vermögensanlage des Vormunds muss grundsätzlich besonders sicher sein und kann sich nur ausnahmsweise an der Wirtschaftlichkeit orientieren.[257] Der Testamentsvollstrecker muss den Nachlass hingegen stets nach wirtschaftlichen Gesichtspunkten verwalten.[258] Im Unterschied zur Testamentsvollstreckung unterliegt die Verwaltung durch den Vormund auch zahlreichen Genehmigungsvorbehalten durch das Gericht oder den Gegenvormund.[259] Die Verwaltung durch den Insolvenzverwalter ist abhängig vom Verfahrensziel einer Abwicklungs-, Verwaltungs- oder beaufsichtigenden Testamentsvollstreckung vergleichbar.[260] Die Haftung der Verwalter für eigenes Verschulden und das Verschulden Dritter entspricht sich.[261]

Die Unterschiede zwischen dem Amt des Testamentsvollstreckers einerseits und dem des Vormunds und Insolvenzverwalters andererseits, beruhen darauf, dass bei den letztgenannten Instituten ein öffentliches Interesse am Schutz der Beteiligten besteht[262] und der Staat dieses mittels zahlreicher Vorschriften verwirklicht. So dient die Vormundschaft dem Schutze Fürsorgebedürftiger[263] und die Insolvenzverwaltung dem Schutz des Hauptschuldners vor seinen Gläubigern und der schwachen Gläubiger vor den starken.[264] Im Gegensatz dazu besteht an der Testamentsvollstreckung nur das private Interesse des Erblassers am Schutz

---

[252] Ausführlich zum Rechtsscheinsschutz siehe Erster Teil § 4.

[253] Zur Wirkung der Bestellungsurkunde beim Vormund und Insolvenzverwalter vgl. Erster Teil § 4 B., C.

[254] Zur Amtsdauer vgl. Erster Teil § 5.

[255] Zu den Aufgaben des Testamentsvollstreckers und Insolvenzverwalters vgl. Erster Teil § 6 A.; C.

[256] Ausführlich zu den Aufgaben des Vormunds: Erster Teil § 6 B.I., II.

[257] Zur Vermögensanlage: Erster Teil § 6 B.II.1.

[258] Zur Verwaltung des Testamentsvollstreckers vgl. Erster Teil § 6 A.II.1.

[259] Ausführlich zu den Genehmigungsvorbehalten siehe Erster Teil § 6 B.II.1.

[260] Ausführlich hierzu: Vergleich der Aufgaben, Erster Teil § 6 D.

[261] Zum Vergleich der Haftung: Erster Teil § 7 D.

[262] Zum Schutzzweck der Institute vgl. Erster Teil § 1 B., C.

[263] Zum Schutzzweck der Vormundschaft siehe Erster Teil § 1 B.

[264] Zum Schutzzweck des Insolvenzverfahrens: Erster Teil § 1 C.

des Nachlasses und der Erben.[265] Folglich wird diese weitgehend der Privatautonomie überlassen und die gesetzliche Regelungsdichte ist geringer als bei den beiden anderen Verwaltern.

[265] Ausführlich zum Zweck der Testamentsvollstreckung vgl. Erster Teil § 1 A.

Zweiter Teil: Der Vergütungsanspruch des Testamentsvollstreckers, Vormunds und Insolvenzverwalters

§ 1 Bestimmung der Testamentsvollstreckervergütung durch den Erblasser

Der Testamentsvollstrecker kann gem. § 2221 BGB für die Führung seines Amtes eine angemessene Vergütung verlangen, sofern nicht der Erblasser ein anderes bestimmt hat. Maßgeblich ist damit zunächst der testamentarische Wille des Erblassers. Die Festlegung der Vergütung ist eine wesentliche Ausgestaltung des Amtes und muss somit ebenso wie die Anordnung der Testamentsvollstreckung im Rahmen einer Verfügung von Todes wegen in der vorgeschriebenen Form erfolgen.[266] Gleiches gilt für den Ausschluss der Vergütung.[267] Überschreitet die vom Erblasser bestimmte Vergütung eine angemessene Höhe, so ist der Anspruch auf den überschießenden Betrag als ein durch Amtsannahme bedingtes Vermächtnis zu sehen.[268] Erscheint dem Testamentsvollstrecker die vom Erblasser bestimmte Vergütung als zu gering bemessen, oder hat sie der Erblasser gänzlich ausgeschlossen, kann er gem. § 2202 BGB das Amt des Testamentsvollstreckers ablehnen. Hat der Testamentsvollstrecker das Amt bereits angenommen, kann er nach § 2226 BGB das Amt jederzeit kündigen. Dies kommt z.B. dann in Betracht, wenn später eine für den Testamentsvollstrecker ungünstige Vergütungsbestimmung gefunden wird. Endet das Amt des Testamentsvollstreckers unerwartet früher als vom Erblasser vorgesehen, so ist die Vergütung herabzusetzen, wenn anzunehmen ist, dass der Erblasser bei Kenntnis der kürzeren Tätigkeit, die Vergütung niedriger festgesetzt hätte.[269] Die Vergütung ist dann dem mutmaßlichen Willen des Erblassers entsprechend herabzusetzen.[270] In manchen Fällen kann auch § 628 BGB einen Anhalt gewähren.[271]

---

[266] BayOLG Rpfleger 1980, 152; Soergel/Damrau, § 2221 Rn. 2; Bengel/Reimann/Eckelskemper, X. Rn. 3; zur Bezugnahme auf Tabellen im notariellen Testament vgl. Reithmann, ZEV 2001, 385 ff.

[267] Palandt/Edenhofer, § 2221 Rn. 1; MüKo/Brandner, § 2221 Rn. 16; Soergel/Damrau, § 2221 Rn. 3.

[268] MüKo/Brandner, § 2221 Rn. 4; Kipp/Coing, § 73 IV.2.; Haegele/Winkler, Rn. 626; Palandt/ Edenhofer, § 2221 Rn. 1; Reimann, Rn. 669.

[269] Staudinger/Reimann, § 2221 Rn. 4; Soergel/Damrau, § 2221 Rn. 2; MüKo/Brandner, § 2221 Rn. 17; BGH DRiZ 1966, 395, 398.

[270] BGH DRiZ 1966, 395, 398; MüKo/Brander, § 2221 Rn. 17.

[271] Staudinger/Reimann, § 2221 Rn. 4.

§ 2 Vergütungsvereinbarungen

A. Vergütungsvereinbarungen beim Testamentsvollstrecker

Der Testamentsvollstrecker hat die Möglichkeit, die Vergütung durch Vereinbarung mit dem (oder sämtlichen) Erben und den sonstigen Nachlassbeteiligten festzulegen und dabei von den Bestimmungen des Erblassers abzuweichen.[272] Der Erbe allein kann eine solche Vereinbarung nicht mit Wirkung für die anderen Nachlassbeteiligten, wie z.B. Vermächtnisnehmer und sonstige Nachlassgläubiger treffen, wenn dadurch deren Rechte gefährdet werden.[273] Hält sich die Vereinbarung nämlich nicht in den Grenzen einer ordnungsgemäßen Vermögensverwaltung, können die Erben den Nachlassgläubigern u.U. nach § 1978 BGB haften.[274] Im Falle des § 2222 BGB ist die Vereinbarung mit dem Nacherben, im Falles des § 2223 BGB mit dem Vermächtnisnehmer zu schließen.[275] Die Beteiligten können neben der vom Erblasser festgesetzten Vergütung auch eine weitere Vergütung vereinbaren.[276] Durch eine Vereinbarung wird darüber hinaus ein Streit um die Angemessenheit der Vergütung vermieden.

B. Vergütungsvereinbarungen beim Vormund und Insolvenzverwalter ?

Beim Vormund ist die Festsetzung der Vergütung dem Gericht vorbehalten (vgl. §§ 1836 ff. BGB).[277] Nach Ansicht von Bauer[278] kann aber auch eine privatrechtliche Vergütungsvereinbarung zwischen den Beteiligten geschlossen werden, wobei wegen des darin liegenden Insichgeschäfts (§§ 1795 Abs. 2, 181 BGB) ein weiterer Vormund bestellt werden muss. Letztlich darf der Rechtspfleger die Entnahme der Vergütung jedoch nur gestatten, wenn gegen die Vereinbarung keine Bedenken bestehen.[279] Damit ist wie beim Testamentsvollstrecker eine Vergütungsvereinbarung möglich. Die des Vormunds steht aber aufgrund des Schutzgedankens des Vormundschaftsrechts unter dem Vorbehalt gerichtlicher Nachprüfung. Vergütungsvereinbarungen sind hingegen im Rahmen der Insolvenzverwaltung nicht zulässig, um die unabhängige Stellung des Insolvenzverwalters nicht zu gefährden.[280] Daher ist hier

---

[272] Staudinger/Reimann, § 2221 Rn. 5; MüKo/Brandner, § 2221 Rn. 6; Haegele/Winkler Rn. 574.

[273] Staudinger/Reimann, § 2221 Rn. 5.

[274] MüKo/Brander, § 2221 Rn. 6; Haegele/Winkler Rn. 574.

[275] Erman/Schmidt, § 2221 Rn. 2.

[276] Staudinger/Reimann, § 2221 BGB Rn. 5; Haegele/Winkler Rn. 574; RG JW 1936, 3388.

[277] Ausführlich hierzu: Zweiter Teil § 5 B.II., E.II.

[278] HK-BUK/Bauer, §§ 1835-1836a Rn. 16 ff. für den Betreuer.

[279] HK-BUK/Bauer, §§ 1835-1836a Rn. 18 für den Betreuer.

[280] Haarmeyer/Wutzke/Förster, InsVV, Vor § 1 Rn. 43; Eickmann, Vergütungsrecht, Vor § 1 Rn. 49 ff.; Nerlich/Römermann/Delhaes, § 63 Rn. 8 jeweils m.w.N.

die Vergütungsfestsetzung dem Gericht vorbehalten.[281] Die Unabhängigkeit des Testamentsvollstreckers wird bei Vergütungsvereinbarungen hingegen gewahrt, indem die Vereinbarung mit allen am Nachlass Beteiligten zu schließen ist und so keine Interessen bevorzugt werden können.

§ 3 Vergütungstatbestand der angemessenen Vergütung

Hat der Erblasser nichts anderes bestimmt und liegt keine Vereinbarung zwischen dem Testamentsvollstrecker und den Erben über die Vergütung vor, so kann der Testamentsvollstrecker gem. § 2221 BGB eine „angemessene Vergütung" verlangen. Bestimmungen über die Höhe einer angemessenen Vergütung trifft das Gesetz dabei nicht. Gesetzliche Gebührenordnungen für Testamentsvollstrecker, ähnlich denen der Rechtsanwälte, Notare, Steuerberater oder Wirtschaftsprüfer, bestehen nicht. § 1 Abs. 2 BRAGO stellt klar, dass ein als Testamentsvollstrecker tätiger Rechtsanwalt seine Vollstreckertätigkeit nicht nach der BRAGO abrechnen kann. Offen bleibt damit aber, nach welchen Kriterien eine angemessene Vergütung zu bestimmen ist.

A. Bemessungskriterien beim Testamentsvollstrecker

Der Begriff der „angemessenen Vergütung" ist ein unbestimmter Rechtsbegriff, d.h. ein offener, auslegungsbedürftiger und -fähiger Begriff.[282] Insoweit wird auch von „wertausfüllungsbedürftigen Rechtsbegriffen"[283] und „Generalklauseln"[284] gesprochen. Zweck solcher unbestimmten Rechtsbegriffe ist es, eine möglichst große Zahl regelungsbedürftiger Fälle zu erfassen.[285] Diese Begriffe sind gewollte, nicht planwidrige Gesetzeslücken.[286] Eine Folge der Verwendung unbestimmter Rechtsbegriffe durch den Gesetzgeber ist, dass die Ausfüllung des Begriffs dem Rechtsanwender überlassen wird.[287] Sie ermöglicht für bestimmte Fallgruppen eine flexible richterliche Entscheidung, durch die die jeweiligen ökonomischen, gesellschaftlichen und politischen Entwicklungen berücksichtigt werden können.[288] Um die Bemessungskriterien für eine angemessene Vergütung zu ermitteln, muss der Begriff der „angemessenen Vergütung" i.S.v. § 2221

[281] Ausführlich hierzu: Zweiter Teil § 5 B.III., E.III.
[282] Rüthers, Rn. 689.
[283] Zippelius, JB d. RSoz., 482, 484; Vogel, S. 144.
[284] Bydlinski, S. 582; Rüthers, Rn. 836; Röhl, § 28 V.; Vogel S. 144.
[285] Rüthers, Rn. 177
[286] Rüthers, Rn. 836; Röhl, § 28 V.: Die Unbestimmtheit ist beabsichtigt oder liegt jedenfalls offen zu Tage.
[287] Rüthers, Rn. 689; Bydlinski, S. 583; Röhl, § 28 V.
[288] Rüthers, Rn. 836; Zippelius, § 9 II.b.; Bydlinski S. 584.

BGB ausgelegt werden. Anerkannt in Rechtsprechung und Literatur sind die Auslegung nach dem Wortlaut, der Systematik und der Entstehungsgeschichte.[289] Ziel der Auslegung ist der Normzweck, der mit den genannten Auslegungskriterien ermittelt werden soll.[290]

Die Auslegung nach dem Wortlaut, sog. „grammatische Auslegung“,[291] meint die Ermittlung des Sprachsinns oder Sprachgebrauchs des Gesetzes.[292] Unter einer Vergütung versteht man im allgemeinen Sprachgebrauch die Gegenleistung für eine erbrachte Leistung, die dafür aufgewandte Mühe und Zeitversäumnis. Als „Angemessenheit“ wird ein „Zustand des Passend- oder Gemäßseins einer Sache im Verhältnis zu einer anderen“ angesehen.[293] Die Vergütung nach § 2221 BGB muss also dem Wert der Tätigkeit entsprechen. Dieser wird durch die Fähigkeiten des Testamentsvollstreckers, den Umfang und die Schwierigkeit der Tätigkeit, den Erfolg sowie das Haftungsrisiko bestimmt. Ferner kann der Testamentsvollstrecker für seine Tätigkeit „eine“ angemessene Vergütung verlangen, § 2221 BGB. Aus dem Wortlaut ergibt sich also, dass es auf die Angemessenheit der Gesamtvergütung für seine gesamte Tätigkeit ankommt.[294]

Die systematische Auslegung[295] bedient sich bestimmter, herkömmlicherweise anerkannter anderer Text- und Erkenntnisquellen, außerhalb des auszulegenden Gesetzestextes, insbesondere des Zusammenhangs des Textes mit anderen Gesetzestexten und Rechts(grund)sätzen.[296] Aus dem Gesetzeskontext kann man weitgehend entnehmen, worin die zu vergütende Tätigkeit des Testamentsvollstreckers besteht[297] und dass er für Pflichtverletzungen im Rahmen dieser Tätigkeit haftet.[298] Die Vergütung muss somit die jeweilige Art der Testamentsvollstreckung und die entsprechenden Haftungsrisiken angemessen vergüten. Zudem wirken die Grundrechte über unbestimmte Rechtsbegriffe und Generalklauseln auf die Rechtsverhältnisse des Privatrechts ein.[299] In Betracht kommt hier das Recht auf Gleichbehandlung nach Art. 3 Abs. 1 GG, dessen Anwendung dazu führt, dass gleiche Vollstreckungstätigkeiten gleich zu vergüten sind.

---

[289] Hierzu ausführlich: Röhl, § 76 I.-III.VI.; Bydlinski, S. 436 ff.; Vogel, S. 112 ff. m.w.N.

[290] Müller, Rn. 25; Rüthers, Rn. 725 ff.; die teleologische Auslegung wird z.T. auch als eigenständige Auslegungsmethode angesehen, vgl. statt aller: Bydlinski, S. 436.

[291] Hierzu ausführlich: Rüthers, Rn. 731; Bydlinski, S. 437 ff.; Röhl, § 76 I.

[292] Vogel, S. 114; Bydlinski, S. 439.

[293] Grimm, Deutsches Wörterbuch, 2. Band; ähnlich Wahrig, Dt. Wörterbuch.

[294] Vgl. auch MüKo/Brandner, § 2221 Rn. 11; Tiling, ZEV 1998, 331, 334.

[295] Hierzu ausführlich: Röhl, § 76 VI.; Rüthers, Rn. 744 ff.; Bydlinski, S. 442 ff. m.w.N.

[296] Vogel, S. 119; Röhl, § 76 VI.

[297] Vgl. Aufgaben des Testamentsvollstreckers: Erster Teil § 6 A.

[298] Zur Haftung des Testamentsvollstreckers vgl. Erster Teil § 7 A.

[299] Rüthers Rn. 223, sog. „Drittwirkung der Grundrechte“.

Bei der historischen Auslegung[300] ist die Entstehungsgeschichte der Norm zu untersuchen. In den Motiven[301] wird dem Testamentsvollstrecker eine angemessene Vergütung für seine Geschäftsbesorgung zugebilligt, da dies dem Gedanken, auf dem § 586 beruht und der Billigkeit entspreche. Nach § 586 des Entwurfs zum Bürgerlichen Gesetzbuch kann sich der Auftraggeber verpflichten, „für die Ausführung des Auftrags dem Beauftragen eine Vergütung zu gewähren. Eine Vergütung ist als stillschweigend vereinbart anzusehen, wenn die Ausführung des Auftrags nach den Umständen nur gegen eine Vergütung zu erwarten war.“ In den Motiven zu § 586[302] wird ausgeführt, dass in diesem Falle dem Beauftragten in gleicher Weise wie dem Dienstverpflichteten eine Vergütung zugestanden werden muss. Die Motive ergeben folglich, dass die Gewährung einer Vergütung als billig anzusehen ist und sich die Vergütung an der eines Dienstvertrages orientieren muss. Wenn die Übernahme des Amtes nur gegen eine Vergütung erwartet werden kann, soll die Vergütung überdies ein Anreiz zur Amtsübernahme sein. Den Protokollen[303] lässt sich jedoch kein Hinweis auf die Konkretisierung der Angemessenheit entnehmen.

Die Rechtsprechung hat ebenfalls Kriterien ermittelt, denen sich die Literatur[304] weitgehend angeschlossen hat, und die den durch Auslegung gefundenen Kriterien entsprechen. Der BGH geht bei der Bemessung einer angemessenen Vergütung in langjähriger Rechtsprechung von folgenden Grundsätzen aus:[305]

> „Maßgebend für die Vergütung ist der Pflichtenkreis, der dem Testamentsvollstrecker im Rahmen der Verfügung von Todes wegen nach dem Gesetz obliegt, der Umfang seiner Verantwortung und die von ihm geleistete Arbeit, wobei die Schwierigkeit der gelösten Aufgaben, die Dauer der Abwicklung oder Verwaltung, die Verwertung besonderer Kenntnisse und Erfahrungen wie auch die Bewährung einer sich im Erfolg auswirkenden Geschicklichkeit zu berücksichtigen sind.“

Zusammenfassend kann man sagen, dass der Umfang und Wert des Nachlasses, die Besonderheiten der sich daraus ergebenden Tätigkeiten und Geschäfte, die Verantwortung, die Dauer der Testamentsvollstreckung, die Einbringung besonderer Fähigkeiten des Testamentsvollstreckers, die Zahl und das Alter der Beteiligten sowie der Erfolg der Tätigkeit als Bemessungskriterien anerkannt sind.[306] Im Wert und Umfang des Nachlasses kommt im Regelfall das Ausmaß

---

[300] Hierzu ausführlich: Röhl, § 76 II.; Rüthers, Rn. 780 ff.; Bydlinski, S. 449 ff.
[301] Mugdan, Materialien, V. Band, S. 129.
[302] Motive, II. Band, S. 528.
[303] Abgedruckt bei Mugdan, Materialien, V. Band, S. 688.
[304] Haegele/Winkler, Rn. 573; Palandt/Edenhofer, § 2221 Rn. 4; MüKo/Brandner, § 2221 Rn. 8; Soergel/Damrau, § 2221 Rn. 7; Bengel/Reimann/Eckelskemper, X. Rn. 5.
[305] BGH NJW 1967, 2400; BGH NJW 1963, 487; BGH WM 1972, 101.
[306] Bengel/Reimann/Eckelskemper, X. Rn. 5; Haegele/Winkler, Rn. 573; Belde JurBüro 1969, 682; Tschigale, JurBüro 1965, 90, 91.

der Arbeit und Verantwortung zum Ausdruck.[307] Auch ist das Haftungsrisiko nach § 2219 BGB bei einem hohen Nachlasswert größer als bei einem kleinen.[308] Die Beteiligung minderjähriger oder sonst geschäftsunfähiger oder beschränkt geschäftsfähiger Personen bedeutet einen besonderen Aufwand, da nicht nur mit dem Betroffenen – sofern er die erforderliche Einsichtsfähigkeit besitzt - sondern auch mit dem Sorgeberechtigten, Betreuer oder Vormundschaftsgericht gesprochen werden muss.[309] Ferner ist die Ortsüblichkeit ein zu beachtendes Kriterium, weil für die Vergütung weder landes- noch bundesrechtliche Regelungen bestehen.[310]

B. Bemessungskriterien beim Vormund

I. Bemessungskriterien beim ehrenamtlichen Vormund

Das Gesetz unterscheidet hinsichtlich der Vergütung gem. § 1836 BGB zwischen dem ehrenamtlichen Vormund und dem Berufsvormund. Ob die Voraussetzungen der Berufsmäßigkeit vorliegen, beurteilt sich nach dem Umfang der Tätigkeit und ist durch das Vormundschaftsgericht nach § 1836 Abs. 1 BGB festzustellen. Der ehrenamtliche Vormund, und damit der nach § 1836 Abs. 1 S. 1, 2 BGB gesetzlich vorgesehene Regelfall, hat grundsätzlich keinen Anspruch auf eine Vergütung, §§ 1836 Abs. 1 S. 1, Abs. 3 BGB. Dies hat seinen Grund darin, dass die Regelungen der §§ 1835 ff. BGB sich an der Einzelvormundschaft orientieren und der Mündel im Großteil der Fälle nur ein geringes oder gar kein Vermögen hat, dessen Verwaltung keine Mühe erfordert.[311]
Der ehrenamtliche Vormund erhält aber nach § 1836 Abs. 3 BGB eine angemessene Vergütung, soweit der Umfang oder die Schwierigkeit der Geschäfte dies rechtfertigen. Dies gilt nicht, wenn der Mündel mittellos ist. Die angemessene Vergütung wird nicht nach starren Regeln oder bestimmten Prozentsätzen festgesetzt.[312] Es gibt keinen Regelrahmen, Mindest- oder Höchstbetrag.[313] Vielmehr sind nur individuelle Billigkeitserwägungen maßgeblich.[314] Durch den Verzicht auf jede nähere Festlegung erhält das Gericht einen maximalen Spiel-

---

307 KG NJW 1974, 752; Haegele/Winkler, Rn. 573.
308 Haegele/Winkler, Rn. 573.
309 Bengel/Reimann/Eckelskemper, X Rn. 47; Haegele/Winkler, Rn. 573.
310 Tschigale, JurBüro 1965, 89, 91; Belde, JurBüro 1969, 682.
311 Staudinger /Engler, § 1836 Rn. 8.
312 BayObLG FamRZ 1998, 1052; 1053; BayOLGZ 1993, 325, 330; Palandt/Edenhofer, § 1836 Rn. 26; Staudinger/Engler, § 1836 Rn. 30 ff., Soergel/Zimmermann, § 1836 Rn. 36.
313 BayObLG FamRZ 1998, 1052; 1053; OLG Hamm OLGZ 71, 307, 308; Palandt/Diederichsen, § 1836 Rn. 26; Staudinger/Engler, § 1836 Rn. 30 ff., Soergel/Zimmermann, § 1836 Rn. 36.
314 RGZ 149, 172, 177; BayObLG FamRZ 1998, 1052, 1053; Soergel/Zimmermann, § 1836 Rn. 36; MüKo/Schwab, § 1836 Rn. 16; Palandt/Diederichsen, § 1836 Rn. 27.

raum für die abwägende Berücksichtigung der im Einzelfall maßgeblichen Gesichtspunkte.[315] Die Vergütung wird vorrangig durch die Leistungen des Vormunds bestimmt.[316] Zu berücksichtigen sind Umfang und Schwierigkeit der Geschäfte.[317] Einer besonderen Qualifikation wird - anders als bei berufsmäßigen Vormündern – keine entscheidende Bedeutung beigemessen,[318] da das Gesetz diese nicht nennt.[319] Das Vermögen ist kein eigenständiges Kriterium, sondern kann die Höhe der Vergütung nur über Umfang und Schwierigkeit der Geschäfte beeinflussen.[320] Außerdem hat der ehrenamtliche Vormund aus der Vergütung keine Bürokosten oder seinen Lebensunterhalt zu erwirtschaften.[321] Auch der Zeitaufwand spielt eine wesentliche Rolle,[322] doch scheidet auch eine Bemessung der Vergütung nach Stundensätzen grundsätzlich aus.[323] Zu berücksichtigen ist ferner der Grad der Verantwortung[324] und der Erfolg der Tätigkeit.[325] Die Mehrwertsteuer ist dann zu berücksichtigen, wenn der Vormund diese zu entrichten hat.[326] Der Meinungsstand hierzu gibt letztlich keine klare Orientierungshilfe.

II. Bemessungskriterien beim Berufsvormund

Der Berufsvormund hat einen gesetzlichen Vergütungsanspruch nach § 1836 Abs. 1 S. 2 BGB. Diese Regelung ist eine Folge des BVerfG-Urteils vom 29.04.1980,[327] wonach es eine unzulässige Einschränkung der Berufsausübung nach Art. 12 Abs. 1 GG darstellt, wenn der Staat für Aufgaben, deren Wahrnehmung im öffentlichen Interesse liegt, Bürger beruflich in Anspruch nimmt

[315] Staudinger/Reimann, § 1836 Rn. 30.
[316] MüKo/Schwab, § 1836 Rn. 16; Palandt/Diederichsen, § 1836 Rn. 27; BayObLG Rpfleger 1987, 67; BayOLGZ 1986, 448; BayObLG FamRZ 1998, 1052.
[317] BT-Drucks. 13/7158, 27; Staudinger/Reimann, § 1836 Rn. 31; Palandt/Diederichsen, § 1836 Rn. 26; ähnlich Soergel/Zimmermann, § 1836 Rn. 36, 37.
[318] BT-Drucks. 13 /7158, 27; Palandt/Diederichsen, § 1836 Rn. 27.
[319] Staudinger/Engler, § 1836 Rn. 31.
[320] BT-Drucks. 13/7158, 27.
[321] Palandt/Diederichsen, § 1836 Rn. 27.
[322] BayObLG FamRZ 1998, 1052, 1053; BayOLGZ 1986, 448, 450; Soergel/Zimmermann, § 1836 Rn. 36; Palandt/Diederichsen, § 1836 Rn. 26.
[323] BayObLG FamRZ 1998, 1052, 1053; Palandt/Diederichsen, § 1836 Rn. 26; a.A. Soergel/Zimmermann, § 1836 Rn. 36, siehe hierzu auch Stundensatz des Vormunds: Zweiter Teil § 4 A.II.2.
[324] BayOLGZ 1986, 448, 450; BayObLG FamRZ 1998, 1052; BayObLG FamRZ 1996, 1166, 1167, BayObLG FamRZ 1995, 1378.
[325] BayObLG FamRZ 1998, 1052; BayOLGZ 1986, 448, 450; OLG Köln Rpfleger 1975, 92, 93; Palandt/Diederichsen, § 1836 Rn. 27; Soergel/Zimmermann, § 1836 Rn. 37.
[326] BayObLG FamRZ 1998, 1052, 1053; Staudinger/Engler, § 1836 Rn. 34; Palandt/Diederichsen, § 1836 Rn. 27; ausführlich zur Umsatzsteuer vgl. Vierter Teil § 2 B.
[327] BVerfGE 54, 251, 271; Staudinger/Engler, § 1836 Rn. 4; BT-Drucks. 13/7158 S. 12.

und ihnen eine angemessene Entschädigung vorenthält. Zudem würde es gegen das Gleichbehandlungsgebot verstoßen, wenn stark belastete Vormünder ohne sachliche Gründe mit denjenigen Vormündern gleichbehandelt würden, die entsprechend dem gesetzlichen Leitbild nicht mehr als zwei Vormundschaften führen.[328] Daher gebührt einem solchermaßen belasteten Vormund ein weitergehender finanzieller Ausgleich als im Normalfall.[329] Im Gegensatz zu einem ehrenamtlichen Vormund hat der Berufsvormund aus der Vergütung auch seine Bürokosten und seinen Lebensunterhalt zu erwirtschaften.[330] Daher muss ihm über den Ersatz seiner Kosten hinaus ein angemessenes Honorar verbleiben.[331] In der Vergütung des Berufsvormunds sind auch die Kosten einer Versicherung bereits mit abgegolten.[332]

Die Bemessungskriterien für die Vergütung des Berufsvormunds sind gem. § 1836 Abs. 2 S. 1 BGB festgelegt. Danach bestimmt sich die Vergütungshöhe nach den für die Führung der Vormundschaft nutzbaren Fachkenntnissen des Vormunds sowie nach dem Umfang und der Schwierigkeit der vormundschaftlichen Geschäfte. Ob der Vormund seine Tätigkeit berufsmäßig ausübt, wird gem. § 1836 Abs. 1 S. 3, 4 BGB vom Vormundschaftsgericht festgestellt, „wenn dem Vormund in einem solchen Umfang Vormundschaften übertragen sind, dass er sie nur im Rahmen seiner Berufsausübung führen kann, oder wenn zu erwarten ist, dass dem Vormund in absehbarer Zeit Vormundschaften in diesem Umfang übertragen sein werden. Die Voraussetzungen des Satzes 3 1. Alternative liegen im Regelfall vor, wenn der Vormund

a.) mehr als zehn Vormundschaften führt oder

b.) die für die Führung der Vormundschaft erforderliche Zeit voraussichtlich 20 Wochenstunden nicht unterschreitet."

Mit Abs. 1 S. 3 1. Alternative wird insbesondere die Führung der Vormundschaft durch Rechtsanwälte oder Steuerberater erfasst.[333] § 1836 Abs. 1 S. 4 BGB führt lediglich Regelbeispiele auf, so dass man gegebenenfalls aufgrund anderer Kriterien oder einer Gesamtbetrachtung der Tätigkeit, z.B. auch bei einer einzigen Vormundschaft, zur Feststellung der Berufsmäßigkeit gelangen kann.[334] Da es kein Zulassungsverfahren für den Beruf des Vormunds gibt, liegt der Bezeichnung als Berufsvormund kein gefestigtes Berufsbild mit einer vor-

---

[328] BVerfGE 54, 251, 271.

[329] BVerfGE 54, 251, 271.

[330] Palandt/Diederichsen, § 1836 Rn. 27; zum Ersatz der Bürokosten vgl. ausführlich Zweiter Teil § 4 A.II.2.

[331] Palandt/Diederichsen, § 1836 Rn. 27; Soergel/Zimmermann, § 1836 Rn. 24; OLG Karlsruhe FamRZ 1998, 689, 690; BayObLG FamRZ 1996, 1168, 1169, beide Urteile zum Berufsbetreuer.

[332] Palandt/Diederichsen, § 1835 Rn. 5; ausführlich zum Ersatz für Versicherungen vgl. Dritter Teil § 4 B.

[333] Staudinger/Engler, § 1836 Rn. 48.

[334] Soergel/Zimmermann, § 1836 Rn. 15; Palandt/Diederichsen, § 1836 Rn. 5

gegebenen Ausbildung und Qualifikation zu Grunde, so dass die Berufsmäßigkeit anhand obiger formaler Kriterien festgestellt werden muss.[335]

1. Nutzbare Fachkenntnisse

Unter Fachkenntnissen i.S.d. § 1836 Abs. 2 S. 2 BGB sind Fähigkeiten zu verstehen, die über das jedermann zu Gebote stehende Wissen hinausgehen und regelmäßig nicht durch bloße Lebenserfahrung erworben werden,[336] also insbesondere juristische, steuerliche, wirtschaftliche, medizinische o.ä. Kenntnisse.[337] Nutzbar heißt, dass sie sich für die Führung einer Vormundschaft generell oder bezüglich eines bestimmten Aufgabenkreises als hilfreich erweisen.[338] Auf die konkrete Erforderlichkeit der Fachkenntnisse im Fall kommt es also nicht an. Das Kriterium der nutzbaren Fachkenntnisse ist bereits bei der Auswahl des Vormunds im Rahmen der „Geeignetheit" zu prüfen, so dass sich die Prüfung, mit welchem Nutzen die Fachkenntnisse im konkreten Fall zum Einsatz gekommen sind, erübrigt.[339] Auch bei der Vergütung für Vormünder mittelloser Mündel bemisst sich die Vergütung u.a. nach den für die Führung der Vormundschaft nutzbaren Kenntnissen, § 1836 a BGB, § 1 Abs. 1 BVormVG. Dem Vormund des mittellosen Mündels kommt nach § 1 Abs. 2 BVormVG im Gegensatz zum Vormund des bemittelten Mündels die gesetzliche Vermutung zugute, dass seine Kenntnisse für die konkrete Vormundschaft nutzbar sind, sofern nicht das Gericht aus besonderen Gründen bei der Bestellung des Vormunds etwas anderes bestimmt. Der Vormund kann sich außerdem darauf verlassen, entsprechend seiner Qualifikation vergütet zu werden, so dass gegebenenfalls auch die Staatskasse das Risiko einer Überqualifikation des Vormunds und insoweit falschen Auswahl des Vormunds trägt.[340] Dies ergibt sich daraus, dass das Vormundschaftsgericht nur einen „geeigneten" Vormund bestellen darf und der Vormund grundsätzlich zur Amtsübernahme verpflichtet ist.[341]

2. Umfang und Schwierigkeit der Geschäfte

Nach § 1836 Abs. 1 BGB müssen Umfang und Schwierigkeit der Geschäfte in die Vergütungshöhe einfließen. Die Tätigkeit ist dabei nicht in einzelne Ge-

[335] Palandt/Diederichsen, § 1836 Rn. 2.
[336] BT-Drucks. 13/7158, 14.
[337] Palandt/Diederichsen § 1836 Rn. 9; MüKo/Schwab, § 1836 Rn. 30 zu § 1836 Abs. 2 S. 3 BGB a.F.
[338] BT-Drucks. 13/7158 S. 14: Palandt/Diederichsen, § 1836 Rn. 9.
[339] Palandt/Edenhofer, § 1836 Rn. 14; ähnlich Soergel/Zimmerman, § 1836 Rn. 6.
[340] Palandt/Edenhofer, § 1836 Rn. 11; BT-Drucks 13/7158, 15.
[341] BT-Drucks. 13/7158, 15.

schäfte zu zerlegen, da eine Gesamtbetrachtung maßgeblich ist.[342] Das Kriterium der Schwierigkeit hat dadurch an Bedeutung verloren, dass ihm im Einzelfall schon mit der Auswahl eines geeigneten Vormunds Rechnung getragen wurde.[343] Daher kann nur noch besonderen Schwierigkeiten des Einzelfalls zusätzliche Bedeutung beigemessen werden.[344]
Dem Umfang der Geschäfte wird dadurch Rechnung getragen, dass die Vergütung nach der vom Berufsvormund für die vormundschaftlichen Geschäfte aufgewandten Zeit bemessen wird.[345] Das Vermögen selbst stellt beim Berufsvormund allerdings kein unmittelbares Bemessungskriterium mehr dar,[346] da die Vormundschaft über bemittelte und unbemittelte Mündel nach den gleichen Kriterien vergütet werden soll.[347]

C. Bemessungskriterien beim Insolvenzverwalter

Der Insolvenzverwalter hat gem. § 63 InsO Anspruch auf eine Vergütung für seine Geschäftsführung. Zwar spricht die Vorschrift nicht von einer „angemessenen“ Vergütung, doch ist anerkannt, dass eine solche verlangt werden kann.[348] Dieser Anspruch wurde zuletzt durch die neue InsVV vom 19.8.1998 konkretisiert. In die Allgemeine Begründung für die neue InsVV[349] hat vor allem das Argument Eingang gefunden, dass die Übernahme einer Funktion im Insolvenzverfahren nur dann erwartet werden könne, wenn eine Vergütung in Aussicht steht, die der Schwierigkeit und dem häufig großen Haftungsrisiko entspreche. Andererseits müsse sich die Belastung der Insolvenzmasse in Grenzen halten, damit die Verfahren durchführbar bleiben und die Befriedigungsaussichten der Gläubiger nicht unzumutbar gemindert werden. Das Kriterium der Angemessenheit soll folglich einen Ausgleich zwischen den verschiedenen Interessen schaffen. Ferner ist der Umfang der Tätigkeit zu berücksichtigen.[350] Die Vergü-

---

[342] RGZ 149, 172, 180; MüKo/Schwab, § 1836 Rn. 11; Palandt/Diederichsen, § 1836 Rn. 12.
[343] BT-Drucks 13/7158, 26; Palandt/Diederichsen, § 1836 Rn. 13; Staudinger/Engler, § 1836 Rn. 67.
[344] BT-Drucks 13/7158, 26; Palandt/Diederichsen, § 1836 Rn. 13.
[345] BT-Drucks 13/7158, 26; Staudinger/Engler, § 1836 Rn. 66; Palandt/Diederichsen, § 1836 Rn. 8; Soergel/Zimmermann, § 1836 Rn. 21.
[346] BT-Drucks 13/7158, 26; Soergel/Zimmermann, § 1836 Rn. 22; Palandt/Diederichsen, § 1836 Rn. 8.
[347] BT-DR 13/7158, 26.
[348] BGH ZIP 1992, 120, 122 spricht unter Verweis auf BVerfGE 54, 251, 271 von einer „angemessenen Entschädigung“; Haarmeyer/Wutzke/Förster, Vor § 1 Rn. 20; Eickmann, Vor § 1 Rn. 1 m.w.N.
[349] Abgedruckt in: Haarmeyer/Wutzke/Förster, InsVV, S. 32.
[350] FK-InsO/Hössl, § 63 Rn. 4; zur Bestimmung des Umfangs und der Schwierigkeit des Verfahrens vgl. Typenvergleich im Insolvenzverfahren, Zweiter Teil § 3 F.V.

tung muss außerdem die persönlichen Bedürfnisse des Verwalters decken.[351] Nach § 4 Abs. 1 InsVV enthält die Vergütung bereits die allgemeinen Geschäftskosten, so dass diese bei der Bemessung zu beachten sind. Zu diesen Kosten gehört der Büroaufwand des Verwalters einschließlich der Gehälter seiner Angestellten. Gem. § 4 Abs. 3 S. 1 InsVV sind in der Vergütung grundsätzlich die Kosten einer Haftpflichtversicherung enthalten und infolgedessen zu berücksichtigen.

D. Vergleich der Bemessungskriterien

Der ehrenamtliche Vormund, und damit der nach § 1836 Abs. 1 S. 1, 2 BGB gesetzlich vorgesehene Regelfall, hat im Gegensatz zum Testamentsvollstrecker und Insolvenzverwalter grundsätzlich keinen Anspruch auf eine Vergütung. Der Unterschied beruht darauf, dass sich die Regelungen der §§ 1835 ff. BGB an der Einzelvormundschaft orientieren und der Mündel im Großteil der Fälle nur ein geringes oder gar kein Vermögen hat, dessen Verwaltung keine Mühe erfordert.[352] Die Testamentsvollstrecker und Insolvenzverwalter haben hingegen in jedem Fall Vermögen zu verwalten[353] und sind nicht wie der Vormund zur Amtsübernahme verpflichtet.[354] Ihre Tätigkeit betrifft meist größere Vermögen und ist daher regelmäßig umfangreich. Die Vergütung soll hier, anders als beim Vormund auch ein Anreiz zur Amtsübernahme sein.[355] Soweit der ehrenamtliche Vormund ausnahmsweise nach § 1836 Abs. 3 BGB eine Vergütung erhält,[356] entsprechen die Bemessungskriterien weitgehend denen des Berufsvormunds, des Testamentsvollstreckers und Insolvenzverwalters.[357] Der Berufsvormund hat nach § 1836 Abs. 1 S. 2 BGB einen gesetzlichen Vergütungsanspruch, da seine Tätigkeit wie die des Testamentsvollstreckers und Insolvenzverwalters regelmäßig sehr umfangreich ist, und er die Vormundschaft(-en) nur im Rahmen seines Berufes wahrnehmen kann.
Sowohl beim Berufsvormund[358], Insolvenzverwalter[359] als auch Testamentsvollstrecker[360] sind nutzbare Fachkenntnisse zu berücksichtigen. So schafft man

351 BGH ZIP 1992, 120, 122; Haarmeyer/Wutzke/Förster, Vor § 1 Rn. 23.; ähnlich Kuhn/Uhlenbruck, § 85 Rn. 4 c.
352 Staudinger/Engler, § 1836 Rn. 8.
353 Zu den Aufgaben des Testamentsvollstreckers: Erster Teil § 6 A.
354 Zur Übernahmepflicht vgl. Erster Teil § 5 A., B., C.
355 Zu diesem Bemessungskriterium beim Testamentsvollstrecker: Zweiter Teil § 3 A.
356 Zu den Bemessungskriterien beim ehrenamtlichen Vormund: Zweiter Teil § 3 B.
357 Zu den Bemessungskriterien: Zweiter Teil § 3 A., B.,C.
358 Zu den nutzbaren Fachkenntnissen: Zweiter Teil § 3 B.II.1.
359 Diese Kenntnisse sind bei der Auswahl eines „geeigneten" Insolvenzverwalters zu berücksichtigen; zur Auswahl des Insolvenzverwalters siehe Erster Teil § 3 C.
360 Vgl. hiezu Zweiter Teil § 3 A., wobei insoweit von der „Einbringung besonderer Fähigkeiten" gesprochen wird.

zum einen für entsprechend qualifizierte Personen einen Anreiz zur Amtsübernahme, da sie entsprechend ihrer Qualifikation bezahlt werden, zum anderen müssen die Vergütungsschuldner nicht das Risiko eines „überqualifizierten" Verwalters tragen, da dieser für eine einfache Tätigkeit keine überhöhte Vergütung erhält.
Außerdem ist bei allen Verwaltern der Umfang der Tätigkeit ein Bemessungskriterium.[361] Über den Umfang wird auch das Vermögen berücksichtigt, weil ein großes Vermögen in der Regel mehr Verwaltungsaufwand als ein kleines erfordert. Das Vermögen selbst ist beim Vormund allerdings nur ein mittelbares Kriterium für die Bemessung der Vergütung, da die Vormundschaft über bemittelte und mittellose Mündel nach den gleichen Kriterien vergütet werden soll.[362] Anders ist dies beim Testamentsvollstrecker und Insolvenzverwalter, da diese allein mit der Vermögenssorge befasst sind.[363] Folglich spielt eine Gleichbehandlung wie im Falle der Vormundschaft keine Rolle. Das Vermögen kann bei ihrer Vergütung daher nicht nur mittelbar, d.h. über den Umfang der Tätigkeit, sondern auch unmittelbar in Form von Prozentsätzen des Vermögens berücksichtigt werden.
Auch die Schwierigkeit fließt bei allen Verwaltern in die Vergütungshöhe ein, wobei sie beim Vormund und Insolvenzverwalter im Rahmen der Vergütungsbemessung nur eingeschränkte Bedeutung hat, da sie bereits bei der Auswahl eines „geeigneten" Verwalters berücksichtigt werden muss.[364] Der Erblasser ist hingegen nicht verpflichtet, einen fachlich geeigneten Testamentsvollstrecker zu ernennen,[365] so dass die Schwierigkeit bei der Vergütungsbemessung regelmäßig eine eigenständige Bedeutung hat. Ferner ist das Haftungsrisiko und die Verantwortung bei allen Verwaltern ein Bemessungskriterium.[366]
Wie beim Vormund ist es auch beim Testamentsvollstrecker sinnvoll, zwischen berufsmäßiger und nicht berufsmäßiger Tätigkeit zu unterscheiden, da nur im Falle der berufsmäßigen Ausübung des Amtes die allgemeinen Bürokosten und die Notwendigkeit, den Lebensunterhalt zu erwirtschaften bei der Bestimmung der Vergütung zu berücksichtigen sind.[367] Sowohl beim Testamentsvollstrecker als auch beim Vormund gibt es kein gefestigtes Berufsbild.[368] Es bietet sich daher an, die Unterscheidung zwischen berufsmäßiger und nicht berufsmäßiger

---

[361] Zu diesem Kriterium: Zweiter Teil § 3 A., B.,C.
[362] Vgl. zum Vermögen als Kriterium beim Vormund: Zweiter Teil § 3 B.II.
[363] Vgl. zu den Aufgaben der Verwalter: Erster Teil § 6 A., C.
[364] Zur Auswahl der Verwalter: Erster Teil § 3 B.; C.
[365] Zur Auswahl des Testamentsvollstreckers: Erster Teil § 3 A.
[366] Zum Haftungsrisiko vgl. Zweiter Teil § 3 A., B., C.
[367] Ebenso für die Berücksichtigung der Berufsmäßigkeit: Zimmermann, ZEV 2001, 334, 335; zur Berücksichtigung dieser Kosten und des Lebensunterhalts: Zweiter Teil § 3 B.II; Dritter Teil § 1 B.; § 4 B.
[368] Zur Berufsmäßigkeit der Vormundschaft: Zweiter Teil § 3 B.II.

Tätigkeit beim Testamentsvollstrecker entsprechend § 1836 Abs. 1 S 3, 4 BGB vorzunehmen, so dass insbesondere der Umfang und das Gesamtbild der Tätigkeit als Merkmale der Berufsmäßigkeit geprüft werden müssen.

E. Zusammenfassung der Bemessungskriterien

Die Auslegung und der Vergleich der Konkretisierung des Begriffs der „angemessenen Vergütung“ beim Vormund und Insolvenzverwalter hat ergeben, dass der Umfang und Wert des Nachlasses, die Schwierigkeit der sich daraus ergebenden Tätigkeiten und Geschäfte, die Verantwortung, die Dauer der Testamentsvollstreckung, die Einbringung besonderer Fähigkeiten des Testamentsvollstreckers, die Zahl und das Alter der Beteiligten sowie der Erfolg der Tätigkeit als Bemessungskriterien zu berücksichtigen sind. Außerdem muss zwischen berufsmäßiger und nicht berufsmäßiger Testamentsvollstreckung entsprechend § 1836 Abs. 1 BGB unterschieden werden, da nur der berufsmäßige Testamentsvollstrecker allgemeine Bürokosten zu tragen hat und seinen Lebensunterhalt erwirtschaften muss.[369] Ferner soll die Vergütung einen Anreiz zur Amtsübernahme bieten. Schließlich müssen gleiche Vollstreckungstätigkeiten auch gleich vergütet werden. Diese Kriterien vermögen aber für sich allein nicht zu klären, wie hoch die konkrete Vergütung im Einzelfall ist. Zu untersuchen ist daher, ob dies im Wege der richterlichen Rechtsfortbildung durch den sog. „Typen- oder Fallvergleich“ möglich ist.

F. Typenvergleich und Vergütungstatbestände

I. Der Typenvergleich als Instrument der Lückenfüllung

Die oben angewandten Auslegungskriterien gehen vom Gesetz aus. Nun führt diese Vorgehensweise bei der Konkretisierung des Begriffs der „angemessenen Vergütung“ nicht viel weiter. Dies beruht darauf, dass abstrakte Begriffe mit zunehmender Abstraktionshöhe immer inhaltsleerer werden[370] und infolgedessen eine Wertung erfordern. Hierbei ist dann oft nicht mehr deutlich, wie der Begriff im konkreten Fall dem Sinn des Gesetzes entsprechend auszufüllen ist. Für den Richter gilt aber das Rechtsverweigerungsverbot, so dass er versuchen muss, auch solche Fälle in das System der Gesamtrechtsordnung einzubinden.[371] Bei unbestimmten Rechtsbegriffen wird daher dazu übergegangen, nicht vom Gesetz, sondern vom Fall her zu denken, da „das Denken vom Gesetz her wegen dessen Inhaltsarmut versagt“.[372] Vogel[373] weist zutreffend darauf hin, dass jede

[369] Für die Berücksichtigung der Berufsmäßigkeit auch Zimmermann, ZEV 2001, 334, 335.
[370] Larenz/Canaris, S. 285.
[371] Zum Rechtsverweigerungsverbot: Rüthers, Rn. 930 und Rn. 823.
[372] Vogel, S. 144.

Auslegungsfrage auch vom Falldenken her gestellt und formuliert werden kann. Als Beispiel führt er hierzu an, dass die Frage, ob ein Bleistift, mit dem der Täter dem Opfer ins Gesicht sticht, ein gefährliches Werkzeug ist, als Auslegungsfrage gem. § 224 StGB gestellt oder fallbezogen gefragt werden kann, ob die Unterschiede zwischen einem so verwendeten Bleistift und einer Waffe, wie einem Messer, rechtlich bedeutsam sind oder nicht.

Wie aus dem Beispiel ersichtlich wird, setzt das fallbezogene Denken bei einem „Fallvergleich“[374] an, bei dem untersucht wird, ob Typen oder Fälle unter dem Gesichtspunkt des Gesetzeszwecks rechtlich gleich zu bewerten sind. Das macht deutlich, dass das Gleichbehandlungsgebot das tragende Prinzip des Typenvergleichs ist.[375] Der Typenvergleich kann jedoch nicht nur auf der Tatbestandsseite, sondern auch auf der Rechtsfolgenseite vorgenommen werden.[376] Daher ist er in gleicher Weise bei der Konkretisierung der „angemessenen Vergütung“ anwendbar.

Grundlage des Vergleichs ist ein sog. „Ganzheits- oder Gestalttypus“.[377] Diesen Typus beschreibt eine mehr oder minder große Zahl von Eigenschaften, charakteristischen Zügen in ihrer Gesamtheit, ohne dass sie in jedem Fall vollständig vorzuliegen brauchen. Um die Merkmale eines Typus zu ermitteln, muss ein Fall herangezogen werden, der eindeutig der fraglichen Norm zuzuordnen ist.[378] Dies können auch mehrere Fälle sein. Diesen typischen Fällen auf der Tatbestandseite sind typische Rechtsfolgen zuzuordnen. Die so herausgearbeiteten Typen dienen dann als Vergleichsmaßstab bzw. als Vergleichsbasis für die Anwendung oder Nichtanwendung der Rechtsfolgen.[379] An die Typenbildung schließt sich ein abwägender Vergleich des konkreten Sachverhalts mit den ermittelten Typen an. Ziel ist dabei die Gleichbehandlung wesentlich gleicher Fälle,[380] wobei die Gleichbehandlung unter dem Gesichtspunkt des Gesetzeszwecks zu erfolgen hat.[381] Ein Fall ist also dann einem Typus zuzuordnen, wenn er alle oder fast alle Merkmale eines Typus aufweist und ihm nach Sinn und Zweck der Vorschrift vergleichbar ist.[382]

---

373 Vogel, S. 144; ähnlich Zippelius, § 12 I.

374 Ausführlich hierzu: Vogel, S. 145 ff.; Rüthers, Rn. 930 ff.; Zippelius, § 12 spricht vom „typisierenden Fallvergleich“; Bydlinski, S. 543 ff., von einem „Typenvergleich“.

375 Rüthers, Rn. 930; ähnlich Zippelius, JB d. RSoz., S. 486.

376 Zippelius, § 12 III.

377 Zum Ganzheits- und Gestalttypus: Larenz/Canaris, S. 291 m.w.N.

378 Vogel, S. 145 f.; Bydlinski, S. 548 spricht „typischen Fällen“.

379 Allgemein zur Vergleichsbasis: Vogel, S. 145; Zippelius, § 12 I.b.; Bydlinski, S. 548.

380 Zippelius, § 12 I.a), b).; ähnlich Bydlinski, S. 548.

381 Zippelius, § 12 II.

382 Ähnlich Zippelius, § 12 II; Bydlinski, S. 548.

II. Der Typenvergleich als juristische Methode

Die juristische Methodenlehre hat die Hauptaufgabe, den Rechtsanwendern bewusst zu machen, wann sie Gesetze anwenden, wann sie Gesetze fortbilden und wann sie Gesetze korrigieren.[383] Deshalb sind Gesetzesauslegung, Lückenausfüllung und richterliche Gesetzesberichtigung so genau wie möglich zu trennen.[384] Fraglich ist nun, ob die Typenbildung methodisch gesehen noch als Gesetzesauslegung oder schon als richterliche Normsetzung anzusehen ist. Grundlage dieser Diskussion sind zwei Problembereiche: Die Zulässigkeit der richterlichen Normsetzung und die Grenze zwischen Auslegung und Normsetzung. Die Zulässigkeit der richterlichen Normsetzung im Bereich von Lücken ist allgemein anerkannt.[385] Das Rechtsverweigerungsgebot verpflichtet die Gerichte nämlich, die ihnen zur Entscheidung vorgelegten Rechtsfälle auch dann zu entscheiden, wenn eine einschlägige, den Sachverhalt regelnde Gesetzesnorm nicht besteht.[386]

Die Grenze zwischen Auslegung und Lückenergänzung wird durch den möglichen Wortsinn der gesetzlichen Norm gezogen.[387] Innerhalb des möglichen Wortsinns handelt es sich noch um Auslegung, wo diese Grenze überschritten wird, handelt es sich um die Ausfüllung von Gesetzeslücken.[388] Rüthers[389] ordnet die Typenbildung als „richterliche Normsetzung" und nicht als „typologische Rechtsfindung" ein. Liege eine Lücke im Gesetz vor, so müsse der Richter an Stelle des Gesetzgebers eine Wertung treffen, da es bei Fehlen einer gesetzlichen Wertung nichts auszulegen gebe.[390] Daher seien die Begriffe Typus und Typenreihe in einer auf Rationalität bedachten Rechtsmethode nur als Darstellungs- und Ordnungsbegriffe verwendbar.[391] Unter der Prämisse dieser Begrifflichkeit sieht auch er die Schaffung von Typenreihen als sinnvolle richterliche Normsetzung an.[392]

Larenz/Canaris[393] vertreten hingegen die Ansicht, dass Gesetzesauslegung und richterliche Rechtsfortbildung nicht als wesensverschieden angesehen werden dürfen, sondern nur als voneinander verschiedene Stufen desselben gedanklichen Verfahrens. Daher könne einerseits schon die einfache Auslegung des Gesetzes durch den Richter eine Rechtsfortbildung darstellen, andererseits bediene

[383] Rüthers, Rn. 831.
[384] Rüthers, Rn. 831.
[385] BVerfGE 34, 269, 287 ff.; Rüthers, Rn. 823; Röhl, § 68 II.
[386] Röhl, § 68 II.; Rüthers, Rn. 823.
[387] Zippelius, § 12 I.
[388] Zippelius, § 12 I.
[389] Rüthers, Rn. 930, 933.
[390] Rüthers, Rn. 825.
[391] Rüthers, Rn. 934.
[392] Rüthers, Rn. 930.
[393] Larenz/Canaris, S. 187 ff.

sich richterliche Rechtsfortbildung über die Grenzen der Auslegung hinaus immer noch im weiteren Sinne „interpretativer“ Methoden. Bei der Rechtsfortbildung seien außerdem weitgehend dieselben Kriterien, die bei der Auslegung angewandt werden, von maßgebender Bedeutung. Somit könne sich „die Auslegung gleichsam bruchlos in der offenen Rechtsfortbildung fortsetzen“.
Rüthers widerspricht sich, indem er den unbestimmten Rechtsbegriff zunächst als offen und auslegungsfähig beschreibt,[394] aber dessen Konkretisierung als Normsetzung durch den Rechtsanwender beurteilt. Ihm ist jedoch insoweit zuzustimmen, als der Rechtsanwender im Falle von Gesetzeslücken den präzisen Inhalt und Umfang der Norm selbst festlegt. Dabei hat er aber die gesetzliche Wertung, d.h. die durch Auslegung ermittelten abstrakten Kriterien, zu berücksichtigen. Insoweit werden im Rahmen der Normsetzung die Elemente der Auslegung wirksam. Insofern können, wie Larenz/Canaris zutreffend feststellen, Auslegung und Normsetzung mitunter gewissermaßen bruchlos ineinander übergehen. Der Typenvergleich bedient sich quasi der Normsetzung als Mittel zur Auslegung der Norm.

III. Der Typenvergleich bei der Testamentsvollstreckervergütung

Um den Wert der Vollstreckungstätigkeit zu ermitteln, müssen die durch Auslegung gefundenen Bemessungskriterien berücksichtigt werden. Daher ist auf der Tatbestandseite die Bildung von Typen für die Vollstreckungstätigkeit (Kriterium der Schwierigkeit), die Qualifikation des Testamentsvollstreckers (Kriterium der nutzbaren Fachkenntnisse), den zeitlichen Umfang sowie die Ausübungsmodalität (nicht-/bzw. Berufsmäßigkeit) vorzunehmen. Davon ausgehend ist eine entsprechende Vergütung zu bestimmen. Insbesondere Reimann[395] ist ebenfalls der Ansicht, dass nach der Art der Testamentsvollstreckung und den Durchführungsmodalitäten zu differenzieren sei, und er kommt zu dem Ergebnis, dass eine angemessene Vergütung „aus der Typizität des Falles“ zu ermitteln sei. Liege eine typische Fallgestaltung vor, so könne die Angemessenheit der entsprechenden Vergütung vermutet werden.[396]
Das Gesetz sieht als Regelfall die Abwicklungsvollstreckung und als Ausnahmefall die Verwaltungsvollstreckung vor.[397] Die anderen Arten der Testamentsvollstreckung können als beschränkte Formen dieser Grundtypen angesehen werden. Im Rahmen der jeweiligen Testamentsvollstreckung werden mitunter auch verschiedene Arbeits- und Zeitabschnitte abgegolten, so dass mehrere Gebührentatbestände angewendet werden. Diese Gebührentatbestände stellen typische Fallgestaltungen oder Teile davon dar. Anerkannte Gebührentatbestände

[394] Rüthers, Rn. 689
[395] Staudinger/Reimann, § 2221 Rn. 44 f.
[396] Staudinger/Reimann, § 2221 Rn. 45.
[397] Zu den Arten der Testamentsvollstreckung: Erster Teil § 6 A.I.1.

sind die Konstituierungs- und Verwaltungsgebühr.[398] Darüber hinaus wird auch von einer Regel-[399] oder Vollstreckungsgebühr[400] bzw. einem Vergütungsgrundbetrag[401] gesprochen. Teile der Literatur erkennen ferner noch eine Auseinandersetzungsgebühr an.[402] Die Definition dieser Gebührentatbestände ist nicht immer einheitlich, so dass es auch zu Überschneidungen der Tatbestände kommen kann. Daher ist zunächst eine Darstellung dieser Tatbestände erforderlich.

1. Gebührentatbestände beim Testamentsvollstrecker

a. Konstituierungsgebühr

Unter Konstituierung des Nachlasses versteht man die Ermittlung und Inbesitznahme des Nachlasses durch den Testamentsvollstrecker (§ 2205 BGB), die Aufstellung des Verzeichnisses der seiner Verwaltung unterliegenden Aktiva und Passiva (§ 2215 BGB), die Regelung der vom Erblasser herrührenden Schulden, die Bezahlung der Kosten der Beerdigung und des Grabsteins und die Regelung der Erbschaftsteuer.[403] Die Konstituierung gilt als beendet, wenn der Testamentsvollstrecker diese Arbeiten für den Nachlass erledigt und dadurch die Grundlage für die weitere laufende Verwaltung oder die Auseinandersetzung des Nachlasses geschaffen hat.[404] Die Auseinandersetzung des Nachlasses gehört nicht mehr zur Konstituierung.[405]
Z.T. wird vertreten, dass die Konstituierungsgebühr eine Sondergebühr sei, die neben der Vergütung aus § 2221 BGB verlangt werden könne.[406] Diese Ansicht ist abzulehnen, da die Konstituierungsgebühr lediglich ein Bestandteil der Gesamtvergütung nach § 2221 BGB ist.[407] Vielmehr spricht § 2221 BGB von

---

[398] Tiling, ZEV 1998, 331, 333; Glaser, MDR 1983, 93; Haegele/Winkler, Rn. 571; MüKo/Brandner, § 2221 Rn. 13, 14.
[399] Tiling, ZEV 1998, 331, 333.
[400] Klingelhöffer, ZEV 1994, 118, 119.
[401] Dt. Notarverein, ZEV 2000, 181, 182.
[402] MüKo/Brandner, § 2221 BGB Rn. 12.
[403] Haegele/Winkler, Rn. 577; Glaser, MDR 1983, 93; Palandt/Edenhofer, § 2221 Rn. 7; BayObLG BB 1973, 114, 115.
[404] RG, JW 1936, 3388; 3389; BayObLG, BB 1973, 114, 115; Bengel/Reimann/Eckelskemper, X. Rn. 9; Soergel/Damrau, § 2221 Rn. 12; Haegele/Winkler, Rn. 577; Glaser, MDR 1983, 93.
[405] Palandt/Edenhofer, § 2221 Rn. 7; MüKo/Brandner, § 2221 Rn. 11.
[406] Palandt/Edenhofer, 52. Auflage, § 2221 Rn.5; Glaser MDR 1983, 93; Haegele/Winkler, Rn. 579.
[407] BayObLG BB 1973, 114, 115; Haegele/Winkler, Rn. 575 insoweit widerprüchlich, vgl auch Regelgebühr, Zweiter Teil § 3 F.III.1.d.; MüKo/Brandner, § 2221 Rn. 13; Tiling, ZEV 1998, 331, 334.

„einer" Vergütung und nicht von mehreren Vergütungen. Vertreten wird auch, dass der Testamentsvollstrecker eine Konstituierungsgebühr nur dann verlangen kann, wenn er diese entweder mit den Erben vereinbart hat oder wenn er zu Beginn der Testamentsvollstreckung eine besonders arbeitsreiche und verantwortungsvolle Tätigkeit entfalten musste.[408] Eine Konstituierungsgebühr könne z.B. dann entfallen, wenn der langjährige Steuerberater oder Wirtschaftsprüfer zum Testamentsvollstrecker ernannt werde, da dieser den Nachlass genau kenne und die Konstituierung deshalb ohne Probleme möglich sei.[409] Gleiches soll bei einer normal verlaufenden Abwicklungsvollstreckung gelten, bei der die Nachlasserfassung keine Mühe bedeute.[410] Eine Konstituierungsgebühr sei hingegen anzuerkennen, wenn sie die Grundlage für eine länger andauernde Verwaltungsvollstreckung bildet.[411] Richtigerweise fällt diese Gebühr jedoch unabhängig vom Schwierigkeitsgrad der Konstituierung an. Dieser ist vielmehr bei der Gebührenhöhe zu berücksichtigen. Aus diesem Gedanken heraus gewähren Rechtsprechung und Literatur Zuschläge für besonders aufwendige Konstituierungen.
Für die Konstituierung spricht Eckelskemper daher Zuschläge zu, wenn der Nachlass ungeordnet ist bzw. die Unterlagen unvollständig sind,[412] wenn der Nachlass ungewöhnlich vielgestaltig ist und sich infolgedessen bei der tatsächlichen Erfassung oder Bewertung der Nachlassgegenstände Probleme ergeben[413] oder falls das Vermögen oder die Schulden des Erblassers bei sehr vielen Banken angelegt sind.[414] Auch die Neue Rheinische Tabelle gewährt für eine besonders aufwendige Grundtätigkeit einen Zuschlag, vorausgesetzt die Konstituierung ist aufwendiger als im Normalfall.[415]

b. Verwaltungsgebühr

Eine Verwaltungsgebühr kommt unstreitig dann in Betracht, wenn sich an die Konstituierung eine längere Verwaltung anschließt,[416] wie z.B. bei einer Unternehmensfortführung oder bei minderjährigen Erben, oder wenn die Verwaltung besonders umfangreich und zeitraubend ist.[417] Es kann sich hierbei um eine Ver-

---

[408] BayObLG BB 1973, 114; 115; OLG Köln ZEV 1994, 118, 119; Palandt/Diederichsen, § 2221 Rn. 7; Tiling, ZEV 1998, 331, 333; Möhring/Beisswingert/Klingelhöffer, S. 221; Glaser, MDR 1983, 93.
[409] Haegele/Winkler, Rn. 579; BayObLG BB 1979, 114.
[410] MüKo/Brandner, § 2221 Rn. 13.
[411] MüKo/Brandner, § 2221 Rn. 13; Palandt/Edenhofer, § 2221 Rn. 7
[412] Bengel/Reimann/Eckelskemper, X. Rn. 45.
[413] Bengel/Reimann/Eckelskemper, X. Rn. 46.
[414] Bengel/Reimann/Eckelskemper, X. Rn. 49
[415] Dt. Notarverein, ZEV 2000, 181, 182; zum Normalfall vgl. Regelgebühr. Zweiter Teil § 3 F.III.1.d.
[416] MüKo/Brandner, § 2221 Rn. 11; Palandt/Edenhofer, § 2221 Rn. 8;
[417] Palandt/Edenhofer, § 2221 Rn. 8; Haegele/Winkler, Rn. 595.

waltungs- oder Dauervollstreckung i.S.v. § 2209 BGB oder um eine aufgeschobene Nachlassauseinandersetzung im Rahmen einer Abwicklungsvollstreckung handeln.

c. Auseinandersetzungsgebühr

Teile der Literatur und der Rechtsprechung erkennen darüber hinaus eine Auseinandersetzungsgebühr an.[418] Unter einer Auseinandersetzung versteht man die Liquidation der Erbengemeinschaft, d.h. die Abwicklung aller Rechtsbeziehungen der Gesamthand im Innen- und Außenverhältnis, also die Befriedigung der Nachlassgläubiger, Erledigung aller Rechtsgeschäfte der Gesamthand mit Dritten, auch mit Miterben, Ausgleichung von Vorempfängen sowie Teilung des verbleibenden Restes unter den Miterben.[419] Die Auseinandersetzungsgebühr soll dann entstehen, wenn auf die Konstituierung und eine lange Verwaltung noch eine Auseinandersetzung folgt, die dann selbst anspruchsvoll und mit besonderen Schwierigkeiten verbunden ist[420] und wenn Arbeitsergebnisse, die bereits durch frühere Gebühren vergütet wurden, nicht mehr verwertet werden können.[421] Richtigerweise ist eine erfolgte Auseinandersetzung immer zu vergüten, da die gesamte Tätigkeit vergütet werden muss. Die Vergütung der Auseinandersetzung kann nicht allein von ihrem Schwierigkeitsgrad abhängen. Dieser beeinflusst lediglich die Vergütungshöhe. Folglich ist die Vergütung gegebenenfalls zu erhöhen. So gewährt z.B. die Neue Rheinische Tabelle einen Zuschlag, wenn der Nachlass auseinander zu setzen ist[422] oder Vermächtnisse zu erfüllen sind.[423]

d. Regelvergütung

Häufig wird auch von einer „Regelvergütung" gesprochen.[424] Irreführend wird die Regelvergütung auch als Konstituierungsgebühr[425] oder Vollstreckungsgebühr[426] bezeichnet. Bei Haegele/Winkler wird nicht klar, ob die Konstituierungs-

---

[418] MüKo/Brandner, § 2221 Rn. 12; Palandt/Edenhofer, § 2221 Rn. 9, OLG Köln, ZEV 1994, 118, 120.
[419] Brox, Rn. 488.
[420] OLG Köln, FamRZ, 1994, 328.
[421] Bengel/Reimann/Eckelskemper, X. Rn. 52; Palandt/Edenhofer, § 2221 Rn. 9.
[422] Ebenso Bengel/Reimann/Eckleskemper, X. Rn. 50.
[423] Dt. Notarverein, ZEV 2000, 181, 182.
[424] Tiling, ZEV 1998, 331, 333; Klingelhöffer, ZEV 1998, 120, 121; OLG Köln, ZEV 1998, 118, 119; Erman/Schmidt, § 2221 Rn. 7; Palandt/Edenhofer, § 2221 Rn. 4; MüKo/Brandner, § 2221 Rn. 11 spricht von einer „Normalvergütung", die Neue Rheinische Tabelle, ZEV 2000, 181, 182 von einem „Vergütungsgrundbetrag".
[425] Soergel/Damrau, § 2221 Rn. 9.
[426] Klingelhöffer, Anm. zu OLG Köln, ZEV 1994, 118, 119.

gebühr nur die Konstituierung an sich[427] oder die gesamte Abwicklung erfasst.[428] Die Regelvergütung wird nach den Vergütungstabellen bemessen.[429] Diese Tabellen beruhen alle auf der Rheinischen Tabelle von 1925, deren Sätze für „normale Verhältnisse und glatte Abwicklung“ gelten.[430] Die Regelvergütung fällt damit für die normale Abwicklungsvollstreckung gem. § 2203 BGB an[431] und erfasst die Konstituierung, eine kurzweilige Verwaltung und Auseinandersetzung.[432]

Unklar bleibt dabei aber, wann „normale Verhältnisse“ und eine „glatte Abwicklung“ anzunehmen sind, d.h. welchen Umfang und Schwierigkeitsgrad ein solcher Regelfall hat. Keine besonderen Schwierigkeiten liegen nach Ansicht Eckelskempers[433] vor, wenn es z.B. kein Auslandsvermögen gibt, der Nachlass nicht besonders vielgestaltig ist, die Zahl der Beteiligten beschränkt und der Nachlass einigermaßen geordnet ist. Die Neue Rheinische Tabelle definiert einen Normalfall als einen Nachlass, der sich aus Bargeld, Wertpapierdepot oder Renditeimmobilie zusammensetzt und der z.B. durch bloßes Einholen von Kontoauszügen, Grundbucheinsichten und Sichtung von Mietverträgen konstituiert ist.[434] Damit ist weitgehend klar, wann keine besonderen Schwierigkeiten vorliegen. Eckelskemper[435] versucht einen typisch bürgerlichen Nachlass zudem quantitativ zu beschreiben: Der Erblasser habe danach eine Immobilie, einige Wertpapiere, Guthaben bei zwei oder drei Banken und/oder Sparkassen, vielleicht werde auch noch eine Versicherungssumme fällig, die (ausnahmsweise) noch in den Nachlass fällt. Zudem sei ein Auto vorhanden, meist veralteter Hausrat, es gebe noch einige wenige wertvolle Stücke wie etwa Teppiche und es seien keine oder nur geringe Restschulden vorhanden. Diese Definition wird jedoch nicht auf statistische Daten gestützt. Eine Erbschaftsstudie der BBE-Unternehmensberatung zeigt, dass sich das durchschnittliche Erbschaftsvolumen je nach Region stark unterscheidet. Es betrug pro Erbfall im Jahre 1999 rund

---

427 Haegele/Winkler, Rn. 577.

428 Haegele/Winkler, Rn. 580 im Zusammenhang mit dem Anwendungsbereich der Alten Rheinischen Tabelle.

429 Erman/Schmidt, § 2221 Rn. 7; Palandt/Edenhofer, § 2221 Rn. 4, 10; OLG Köln, ZEV 1994, 118, 119; zum Anwendungsbereich der Tabellen vgl. Zweiter Teil § 4 A.I.3.a.

430 Zum Anwendungsbereich der Alten Rheinischen Tabelle vgl. Zweiter Teil § 4 A.I.3.a.

431 Tiling, ZEV 1998, 331, 333; Erman/Schmidt, § 2221 Rn. 7; Palandt/Edenhofer, § 2221 Rn. 4; MüKo/Brandner, § 2221 Rn. 11.

432 Erman/Schmidt, § 2221 Rn. 7; Tiling, ZEV 1998, 331, 333; ähnlich Dt. Notarverein, ZEV 2000, 181, 182; Bengel/Reimann/Eckelskemper, X. Rn. 20; zum Umfang der Abwicklungsvollstreckung ausführlich vgl. Erster Teil § 6 A.I.1.

433 Bengel/Reimann/Eckelskemper, X. Rn.43 f.

434 Dt. Notarverein, ZEV 2000, S. 181, 182.

435 Bengel/Reimann/Eckelskemper, X. Rn. 44.

305.000 DM.[436] Dieser Durchschnittswert setzte sich jedoch aus hohen Werten in Westdeutschland (357.419 DM) und niedrigen Werten in Ostdeutschland (91.117 DM) zusammen.[437] Der Durchschnittswert besitzt also nur geringe Aussagekraft für den Wert eines „typisch bürgerlichen" Nachlasses und ist daher nicht als Grundlage für die Bildung eines Normalfalls geeignet. Folglich ist die Definition Eckelskempers nicht tragfähig. Zudem gibt es bisher keine Daten über die Anzahl der im Nachlass vorhandenen Vermögenspositionen, wie z.B. Anzahl der Mietwohnungen oder Bankkonten, und der am Nachlass beteiligten Personen, wie z.B. Anzahl der Erben oder Vermächtnisnehmer. Gerade dies ist aber in der Regel ein Indiz für den Umfang der Tätigkeit. Es bleibt damit der Wertung des Einzelnen überlassen, was er - insbesondere in Bezug auf den Umfang - für eine „normale" Abwicklungsvollstreckung hält oder nicht. Diese Unbestimmtheit des Gebührentatbestandes ist aber der Rechtssicherheit abträglich. Einem Gebührentatbestand kann nur dann eine bestimmte Vergütung zugeordnet werden, wenn klar ist, für welche Tätigkeit die Gebühr anfällt. Der Tatbestand der Regelvergütung ist daher in der von der Literatur und Praxis bisher definierten Art abzulehnen. Die Regelgebühr ist somit schlicht als Kumulation der Konstituierungs- und Auseinandersetzungsgebühr zu verstehen und erfasst jede Abwicklungsvollstreckung unabhängig von deren Umfang und Schwierigkeit.

e. Zu- und Abschläge zur bzw. von der Regelgebühr

Sofern man an der herkömmlichen Definition der Regelvergütung festhält, wird die Vergütung bei Abweichungen vom Normalfall gegebenenfalls gemindert oder erhöht.[438] So ist die Regelvergütung bei vorzeitiger Beendigung des Amtes infolge Kündigung (§ 2226 BGB) oder Entlassung (§ 2227 BGB) oder bei Anordnung einer Nachlassverwaltung entsprechend zu mindern (vgl. auch § 628 BGB);[439] dies gilt ebenfalls für eine testamentarisch festgelegte Vergütung.[440] Ein Abschlag kann auch bei einer besonders schnellen Abwicklung infolge der einfachen Zusammensetzung des Nachlasses gerechtfertigt sein.[441] Falls der Testamentsvollstrecker gegen Vergütung Aufgaben auf einen Dritten überträgt, die er in zumutbarer Weise selbst hätte erledigen können, mindert sich sein Ver-

[436] Erbschaften, S. 185 Quelle: Statistisches Bundesamt, BBE-Berechnungen, Stand 1999 geschätzt.
[437] Erbschaften, S. 185.
[438] Zur Erhöhung vgl. auch Konstituierungs- und Auseinandersetzungsgebühr, Zweiter Teil § 3 F.III.1.a., c.
[439] Palandt/Edenhofer, § 2221 Rn. 5.
[440] BGH bei Keßler DRiZ 1966, 395, 398; vgl. hierzu auch Zweiter Teil § 1.
[441] Haegele/Winkler, Rn. 608; Palandt/Edenhofer, § 2221 Rn. 5.

gütungsanspruch im Umfang der dadurch verursachten Kosten.[442] Auch für eine Nacherbentestamentsvollstreckung oder bloß beaufsichtigende Testamentsvollstreckung erhält der Testamentsvollstrecker nach der Neuen Rheinischen Tabelle[443] wegen der dann geringeren Belastung anstelle des vollen Grundbetrages nur einen Teil der Regelgebühr. Hat der Testamentsvollstrecker nur Vermächtnisse zu erfüllen, so erhält er als Vergütungsgrundbetrag nur den Wert, der sich nach dem Wert der Vermächtnisgegenstände bemisst.[444]

Eine komplexe Nachlassverwaltung rechtfertigt nach der Neuen Rheinischen Tabelle einen Zuschlag.[445] Der Zuschlag wird für alle aus der Zusammensetzung des Nachlasses resultierenden Schwierigkeiten der Verwaltung gewährt. Eckelskemper differenziert die Tatbestände die sich aus einer komplexen Nachlassverwaltung ergeben noch weiter, je nachdem, worauf der besondere Aufwand beruht. Ein Sonderfall liege danach vor, wenn Alter oder Gesundheit der vom Erblasser Bedachten oder sonst am Nachlass Beteiligten vom Normalfall abweichen,[446] oder wenn der Erblasser eine Vielzahl von Personen bedacht habe, wobei dann häufig Name (Heirat) und Anschriften nicht mehr stimmen würden.[447] Nach der Neuen Rheinische Tabelle ist auch für aufwendige und schwierige Gestaltungsaufgaben im Vollzug der Testamentsvollstreckung, die über die bloße Abwicklungsvollstreckung hinausgehen (z.B. Umschuldung, „Versilbern des Nachlasses", Umstrukturierung etc.) ein Zuschlag zu gewähren.[448] Ein Zuschlag ist ebenfalls gerechtfertigt, wenn der Testamentsvollstrecker einen Streit zwischen den Erben und/oder Vermächtnisnehmern schlichten soll.[449] Schließlich kann der Testamentsvollstrecker gem. der Neuen Rheinischen Tabelle einen Zuschlag für die Erledigung von Steuerangelegenheiten fordern.[450] Dieser Zuschlag bezieht sich aber im Gegensatz zu dem Zuschlag für die besonders aufwendige Grundtätigkeit nicht auf die durch den Erbfall entstehenden inländischen Steuern (Erbschaftsteuer), sondern auf davor entstandene oder danach entstehende Steuern oder ausländische Steuerangelegenheiten. Falls sich die Steuerangelegenheit nur auf einzelne Nachlassgegenstände beziehe, ermittele sich der Zuschlag nach deren Wert aus dem für den Gesamtnachlass einschlägigen Prozentsatz. Auch dieser Erhöhungstatbestand ist dem Grunde nach anzuerkennen.

---

[442] Palandt/Edenhofer, § 2221 Rn. 5; BGH BB 1967, 184; vgl. ausführlich hierzu Dritter Teil § 4 A.II.
[443] Dt. Notarverein, ZEV 2000, 181, 182.
[444] Dt. Notarverein, ZEV 2000, 181, 182.
[445] Dt. Notarverein, ZEV 2000, 181, 182.
[446] Bengel/Reimann/Eckelskemper, X. Rn. 47, zur Begründung des besonderen Aufwands ausführlich: Zweiter Teil § 3 A.
[447] Bengel/Reimann/Eckelskemper, X. Rn. 48.
[448] Dt. Notarverein, ZEV 2000, 181, 182.
[449] Bengel/Reimann/Eckelskemper, X. Rn. 53.
[450] Dt. Notarverein, ZEV 2000, 181, 182.

Zudem fordert von Morgen[451] für den Fall einer Erbteilsvollstreckung eine angemessene Erhöhung der Vergütung. Von Morgen begründet dies damit, dass die Tätigkeit des Testamentsvollstreckers vom Umfang und der Schwierigkeit her hier genauso groß sein könne, wie bei einer Vollstreckung über den gesamten Nachlass, da der Testamentsvollstrecker sich auch für die von ihm vertretene Quote mit allen Fragen des Nachlasses auseinandersetzen müsse. Sofern diese Erschwerungsgründe vorliegen, ist ein solcher Zuschlag als berechtigt anzusehen, da ein größerer Arbeitsumfang sich in einer höheren Vergütung niederschlagen muss.

2. Verhältnis der Gebührentatbestände zueinander

Gem. § 2221 kann der Testamentsvollstrecker für seine Tätigkeit „eine" angemessene Vergütung verlangen. Aus dem Wortlaut ergibt sich also, dass es sich um eine Gesamtvergütung für seine gesamte Tätigkeit handelt.[452] Diese Gesamtvergütung kann sich u.U. aus den verschiedenen oben dargestellten Gebühren zusammensetzen. Nach Haegele/Winkler[453] gibt es allerdings keinen Grundsatz des Inhalts, dass die Testamentsvollstreckervergütung stets oder auch nur im Regelfall in einer Summierung von Kerngebühren für Schwerpunkttätigkeiten (Konstituierung, Auseinandersetzung) untereinander und (oder) von jährlichen Gebühren für die laufende Verwaltung bestehen müsse; die Bemessung der Vergütung insgesamt in einem einzigen Betrag sei durchaus möglich. Werde aber der - bei umfangreichen Tätigkeiten meist zweckmäßige - Weg mehrerer Teilbewertungen gewählt, dann müssten auch alle wesentlichen Teile der Gesamttätigkeit einzeln berücksichtigt werden.[454] Da aber jeder einzelne Arbeitsabschnitt für sich angemessen zu vergüten ist, ist im Grundsatz von einer einfachen Summierung der verschiedenen Gebühren auszugehen, soweit sich deren Tatbestände nicht überschneiden. Falls auf die Konstituierung eine längere Verwaltungsphase und spätere Auseinandersetzung folgt und somit mehrere Gebühren nacheinander anfallen, will Eckelskemper einen Abschlag von 15 % auf die Gesamtvergütung machen, um lediglich die Konstituierungsarbeiten abzugelten,[455] wobei er mit der Gesamtvergütung wohl die Regelvergütung („Tabellenvergütung für den Normalfall") meint. Dem ist im Grundsatz zuzustimmen, da die Verwaltung in einem solchen Fall bereits durch die Verwaltungsgebühr abgegolten wird.

---

[451] Von Morgen, ZEV 1997, 116, 118 und ZEV 1996, 170 Fn. 7

[452] Tiling, ZEV 1998, 331, 333; zur Gesamtvergütung vgl. Zweiter Teil § 3.A.; von einer Gesamtvergütung geht auch Bengel/Reimann/Eckelskemper aus, X. Rn. 51.

[453] Haegele/Winkler, Rn. 594; BGH DNotZ 1964, 168, 174.

[454] Haegele/Winkler, Rn. 594.

[455] Bengel/Reimann/Eckelskemper, X. Rn.51.

IV. Typenvergleich und Vergütungstatbestände beim Vormund ?

Bei der Bestimmung der Vergütung des ehrenamtlichen Vormunds (§ 1836 Abs. 3 BGB) wird zwar vorrangig auf seine Leistungen und den geschätzten Zeitaufwand abgestellt[456], doch wurde bisher keine Typisierung dieser Faktoren vorgenommen. Eine Bemessung nach Stundensätzen oder anhand des Mündelvermögens scheide grundsätzlich aus.[457] Im Rahmen der Vergütungsbestimmungen für den Berufsvormund (§§ 1836 Abs. 2 BGB und § 1836 a BGB i.V.m. § 1 BVormVG) werden Typen entsprechend den nutzbaren Fachkenntnissen des Vormunds sowie der Schwierigkeit der Geschäfte gebildet; der Umfang der Geschäfte wird durch die Stundenzahl typisiert.[458] Bei der Auswahl des Vormunds wird zunächst die Schwierigkeit der Vormundschaft mit der Qualifikation des Vormunds verglichen, da ein geeigneter Vormund zu bestellen ist.[459] So lassen sich die nutzbaren Fachkenntnisse ermitteln.[460] Dann wird die Qualifikation des Vormunds mit einer Berufsgruppe verglichen. Der Vormund erhält dann einen Stundensatz, der den in dieser oder einer ähnlichen Berufsgruppe anerkannten Honoraren vergleichbar ist.[461] Ausdrücklich differenziert § 1 Abs. 1 BVormVG die Vergütung nach den für die Vormundschaft nutzbaren Kenntnissen und gibt für typische Qualifikationen typische Stundensätze vor. Für eine Herausarbeitung von „Falltypen“ oder „Tätigkeitskatalogen“ gebe es jedoch angesichts der Vielgestaltigkeit konkret geführter Vormundschaften keine hinreichend tragfähigen Ansatzpunkte.[462] Dem kann in dieser Allgemeinheit jedoch nicht gefolgt werden, da sich zumindest die Personen- von der Vermögenssorge unterscheiden lässt und damit zwei Tätigkeitstypen vorliegen.

Jochum/Pohl[463] legen hingegen der Bestimmung der Nachlasspflegervergütung eine „durchschnittliche“ Nachlasspflegschaft zu Grunde, wobei diese 4 bis 12 Monate dauern könne. Angesichts der Tatsache, dass es einen erheblichen Unterschied macht, ob man 4 oder 12 Monate tätig ist, scheint die Bildung eines Normalfalls mit diesen Angaben eher eine zweifelhafte Hilfe zur Vergütungsbemessung zu sein. Ziel des Typenvergleichs ist es schließlich, für die gleiche Tätigkeit die gleiche Vergütung zuzusprechen. Von der gleichen Tätigkeit kann

---

456 Palandt/Diederichsen, § 1836 Rn. 27 m.w.N.

457 Palandt/Diederichsen, § 1836 Rn. 26; BayObLG FamRZ 1998, 1052; ausführlich hierzu Zweiter Teil § 3 B.I.

458 Ähnlich Soergel/Zimmermann, § 1836 Rn. 46.

459 Zur Auswahl des Vormunds vgl. Erster Teil § 3 B.; zum Kriterium der Schwierigkeit vgl. Zweiter Teil § 3 B.II.2.

460 Zu den nutzbaren Fachkenntnissen vgl. Zweiter Teil § 3 B.II.1.

461 Palandt/Diederichsen, § 1836 Rn. 18; ausführlich zur Bestimmung des Stundensatzes vgl. Zweiter Teil § 4 A.II.2.

462 BT-Drucks 13 /7158, 16.

463 Jochum/Pohl, Rn. 664 für die Anwendung der sog. „Berliner Tabelle“.

hier in quantitativer Hinsicht nicht gesprochen werden. Ein Typenvergleich ist folglich nicht durchführbar.

V. Typenvergleich und Vergütungstatbestände beim Insolvenzverwalter ?

Die InsVV bedient sich zur Vergütungsbestimmung des Typenvergleichs.[464] Die Regelsätze des § 2 InsVV beziehen sich auf ein sog. „Normalverfahren", dessen charakteristischen Merkmale sich aus rechtstatsächlichen und statistischen Erhebungen sowie aus tendenziellen Entwicklungen der Praxis ergeben, wobei die tatsächlichen Elemente durch die qualitative Beschreibung der Verwaltertätigkeit in der InsO ergänzt wird.[465] Es liegen also qualitative und – im Gegensatz zur Testamentsvollstreckung - statistisch ermittelte, quantitative Merkmale vor. So ist z.B. eine Verfahrensdauer von bis zu zwei Jahren oder der Einzug von bis zu 100 Forderungen als normal anzusehen.[466] Mit diesem Normalfall wird das konkrete Verfahren verglichen und bei Vergleichbarkeit die Regelgebühr zuerkannt (vgl. § 2 InsVV). Weicht das konkrete Verfahren in quantitativer oder qualitativer Hinsicht vom Normalverfahren ab, so sind gemäß den Tatbeständen des § 3 InsVV entsprechende Zu- oder Abschläge zur Regelvergütung zu gewähren.

VI. Vergleich der Typenbildung

Bei der Vormundschaft gibt es im Gegensatz zur Testamentsvollstreckung keine „Falltypen" oder „Tätigkeitskataloge". Für deren Herausarbeitung gebe es angesichts der Vielgestaltigkeit konkret geführter Vormundschaften keine hinreichend tragfähigen Ansatzpunkte.[467] Dem kann nicht generell gefolgt werden, da sich zumindest die Personen- von der Vermögenssorge als Tätigkeitstyp unterscheiden lässt. Bei der Testamentsvollstreckung werden hingegen für typische Tätigkeiten entsprechende Gebührentatbestände wie die Regel- und Verwaltungsgebühr gebildet.[468] Jedoch lässt sich allein bei Insolvenzverfahren ein „Normalfall" bilden, da dieser im Gegensatz zur Testamentsvollstreckung und Vormundschaft bzw. Nachlasspflegschaft nicht nur qualitativ sondern aufgrund statistischer Daten auch in quantitativer Hinsicht beschrieben werden kann.[469] Da beim Testamentsvollstrecker ein solcher Normalfall quantitativ nicht be-

---

[464] Haarmeyer/Wutzke/Förster, InsVV Rn. 44 ff. insbesondere Rn. 47; Eickmann, § 3 Rn. 6.

[465] Eickmann, § 2 Rn.1, § 3 Rn.12; Haarmeyer/Wutzke/Förster, InsVV, Vor § 1 Rn. 44 ff., § 2 Rn. 9 ff. jeweils m.w.N.

[466] Haarmeyer/Wutzke/Förster, InsVV, § 2 Rn. 22.

[467] Zur Vormundschaft siehe BT-Drucks 13 /7158, 16.

[468] Zum Typenvergleich bei der Testamentsvollstreckervergütung § 3 F.III.

[469] Zur „normalen" Abwicklungsvollstreckung vgl. Zweiter Teil § 3 F.III.1.d., zur „durchschnittlichen" Nachlasspflegschaft vgl. Zweiter Teil § 3 F.IV.

schrieben werden kann,[470] ist die Höhe der Vergütung wie beim Vormund zu bestimmen, indem die Tätigkeit nach ihrem Schwierigkeitsgrad und die Fachkenntnisse nach ihrer Nutzbarkeit typisiert werden.[471] Der Umfang der Tätigkeit ist dabei mittels einer Zeiteinheit, in der Regel Stunden oder Monate, zu typisieren. In einem zweiten Schritt ist die Tätigkeit des Testamentsvollstreckers mit der einer Berufsgruppe zu vergleichen. Die Testamentsvollstreckervergütung bestimmt sich dann nach den berufsüblichen Honoraren.

§ 4 Ermittlung der Vergütungshöhe

A. Vergütungstabellen

Auf Grundlage des jeweiligen Gebührentatbestandes ist eine entsprechende Vergütung zu ermitteln. Bei der Bestimmung der Vergütungshöhe sind die durch Auslegung ermittelten Bemessungskriterien zu berücksichtigen.[472] Die Literatur hat für die konkrete Ermittlung der Testamentsvollstreckervergütung Lösungen in Form von Richtlinien und Tabellen erarbeitet,[473] die von der Rechtsprechung weitgehend anerkannt werden. Danach berechnen sich die Vergütungen regelmäßig als Prozentsatz des Vermögens oder im Falle von Verwaltungsvollstreckungen u.U. auch als Prozentsatz des Nachlassertrages. Auch für den Vormund wurden die Vergütungen mitunter nach Prozentsätzen des Vermögens ermittelt.[474] Die Vergütung des Insolvenzverwalters wird nach Prozentsätzen der Insolvenzmasse, den sog. Regelsätzen des § 2 InsVV berechnet.[475]

I. Vergütungstabellen für den Testamentsvollstrecker?

1. Nachlasswert als Bemessungsgrundlage

Der BGH[476] sieht die Anwendung von Tabellen und Richtlinien ebenfalls als zulässig an und geht bei der Bestimmung der Vergütung von folgenden Grundsätzen aus:
„Die Berechnung der Vergütung nach Bruchteilen des Nachlasswertes ist möglich und im Grundsatz der Rechtssicherheit und dem Rechtsfrieden

[470] Zur Regelgebühr siehe Zweiter Teil § 3 F.III.1.d.
[471] Zur Typisierung beim Vormund siehe Zweiter Teil § 3 F.IV.
[472] Vgl. Zusammenfassung der Bemessungskriterien, Zweiter Teil § 3 E.
[473] Vgl. ausführlich Zweiter Teil § 4 A.I.
[474] Soergel/Zimmermann, § 1836 Rn. 27 m.w.N.; ausführlich zur Kritik der Bemessung nach Prozentsätzen: Zweiter Teil § 4 A.II.1.
[475] Ausführlich hierzu: Zweiter Teil § 4 A.III.
[476] BGH NJW 1967, 2400.

förderlich. Solche von Körperschaften oder Berufsvereinigungen aufgestellten Richtsätze wie [...] dürfen jedoch nicht schematisch ohne Rücksicht auf die Vielgestaltigkeit der Verhältnisse angewandt, die Besonderheiten des Einzelfalls dürfen nicht außer acht gelassen werden. Die Richtsätze geben in der Regel nur einen Anhalt für die Fälle, in denen der Testamentsvollstrecker die üblichen Aufgaben einer Nachlassabwicklung erfüllt, seine Aufgaben und seine Tätigkeit dem im Gesetz vorausgesetzten Pflichtenkreis eines Testamentsvollstreckers entsprechen. Erhebliche Abweichungen rechtfertigen eine Anpassung der Richtsätze. Ihrer Natur nach kann die Vergütung nur im Rahmen eines Ermessensspielraums bestimmt werden."

Hieraus folgt, dass die Berechnung nach Bruchteilen des Nachlasswertes „eine" mögliche Art der Berechnung der Vergütung ist. Aus der Bestimmung, dass der Testamentsvollstrecker eine angemessene Vergütung fordern kann, ist ein Differenzierungsgebot zu entnehmen, mit der Folge, dass die Bemessungsgrundlage sich nach dem konkreten Aufgabenbereich des Testamentsvollstreckers zu richten hat.[477] Hieraus wird gefolgert, dass vom Bruttowert (auch „Aktivvermögen" genannt) des Nachlasses auszugehen ist, wenn der Testamentsvollstrecker den gesamten Nachlass zu verwalten hat.[478] Der Bruttowert umfasst auch die Verbindlichkeiten. Diese sind in die Bemessungsgrundlage mit einzubeziehen, da gerade die Schuldenregulierung oft mit einem erheblichen Zeit- und Arbeitsaufwand verbunden ist. Der Testamentsvollstrecker könnte sonst im Falle eines verschuldeten Nachlasses trotz hoher Arbeitsbelastung nur eine geringe oder gar keine Vergütung fordern. Nach einer früher vertretenen Ansicht,[479] war hingegen der Nettowert des Nachlasses maßgeblich. Dies ist jedoch abzulehnen, da nur eine Vergütung der gesamten Tätigkeit, also auch der Schuldenregulierung angemessen ist. Anders ist dies hingegen, wenn der Testamentsvollstrecker nicht mit der Schuldenregulierung befasst ist. Dann ist der Nettowert des Nachlasses heranzuziehen.[480] Hat die Testamentsvollstreckung lediglich einen Erbteil zum Gegenstand, ist vom Bruttowert dieses Erbteils als Bemessungsgrundlage auszugehen.[481] Gleiches gilt, falls der Testamentsvollstrecker nur Vermächtnisse zu erfüllen hat.[482]

Bei der Bewertung des Nachlasses ist der Verkehrswert maßgeblich, so dass steuerliche Bewertungsansätze (Einheitswert, Stuttgarter Verfahren) unbeacht-

---

477 BGH DNotZ 1964, 168, 173; Bengel/Reimann/Eckelskemper, X. Rn. 6.

478 H.M.: BGH NJW 1967, 2400, 2402; Palandt/Edenhofer, § 2221 Rn. 10; Haegele/Winkler, Rn. 592; Staudinger/Reimann, § 2221 Rn. 34; Dt. Notarverein, ZEV 2000, 181, 182.

479 OLG Hamburg HRR 1933 Nr.1766 zitiert nach Staudinger/Reimann, § 2221 Rn.34; missverständlich: Ermann, BGB, 6. Aufl. 1975, § 2221 Rn. 2.

480 BGH NJW 1967, 2400, 2402; Neue Rheinische Tabelle, ZEV 2000, 181, 182; Haegele/Winkler, Rn. 594; Palandt/Edenhofer, § 2221 Rn. 10; Staudinger/Reimann, § 2221 Rn. 34.

481 Von Morgen, ZEV 1997, 117.

482 Dt. Notarverein, ZEV 2000, 181, 182

lich sind.[483] Dabei ist aber zu berücksichtigen, dass vom Erblasser testamentarisch vorgenommene Bewertungen des Nachlasses Vorrang vor dem Verkehrswert haben.[484] Die Heranziehung des Verkehrswertes für die Bemessung der Vergütung ist deshalb richtig, weil sich die Haftung des Testamentsvollstreckers im Falle einer Pflichtverletzung auch auf den Verkehrswert bezieht. Es empfiehlt es sich überdies für den Testamentsvollstrecker, sein Haftungsrisiko auf Kosten des Nachlasses zu versichern.[485]

2. Bewertungszeitpunkt

Bei der Ermittlung der Bemessungsgrundlage ist außerdem der Zeitpunkt entscheidend, an dem der Nachlass oder Nachlassteil bewertet wird, da der Wert sich im Laufe der Zeit verändern kann. Damit ändern sich die Bemessungskriterien, insbesondere das des Arbeitsumfanges und des Haftungsrisikos. Somit kann für jeden Gebührentatbestand ein anderer Bewertungszeitpunkt maßgeblich sein.

Für die Konstituierungs- und Regelgebühr ist der Wert des Nachlasses im Zeitpunkt des Erbfalls ohne Rücksicht auf spätere Wertminderungen heranzuziehen.[486] Dies ist deshalb gerechtfertigt, weil sich die Tätigkeit des Testamentsvollstreckers auf die Erfassung und rechtliche Einordnung des gesamten Nachlasses erstreckt. Hierbei sind auch Gesellschaftsbeteiligungen zu berücksichtigen – unabhängig davon, ob sie einer Abwicklungs- oder Verwaltungsvollstreckung unterliegen – da der Testamentsvollstrecker sich in jedem Fall intensiv mit ihnen beschäftigen muss.[487] Dies gilt auch dann, wenn der Testamentsvollstrecker die Beteiligung nicht verwalten kann, da er sich bei der Konstituierung immer mit den rechtlichen und tatsächlichen Problemen auseinandersetzen muss. Entsprechend sind auch nach § 2217 BGB freizugebende Gegenstände in die Nachlassbewertung mit einzubeziehen, da diese Gegenstände ebenfalls bei der Konstituierung des Nachlasses mit erfasst werden müssen und somit auch eine auf diese Gegenstände bezogene Mühe erforderlich war.[488]

---

[483] Staudinger/Reimann, § 2221 Rn. 35; Haegele/Winkler, Rn. 592; Soergel/Damrau, § 2221 Rn. 10; ausführlich zur Unternehmensbewertung: Piltz, Die Unternehmensbewertung in der Rechtsprechung.

[484] Staudinger/Reimann, § 2221 Rn. 35; Haegele/Winkler, Rn. 592; Soergel/Damrau, § 2221 Rn. 10.

[485] Zu den Versicherungesfragen ausführlich Dritter Teil § 4 A.

[486] H.M.: Staudinger/Reimann, § 2221 Rn. 31; MüKo/Brandner, § 2221 Rn. 8 jeweils m.w.N.

[487] Soergel/Damrau, § 2221 Rn. 10; MüKo/Brandner, § 2221 Rn. 8; Haegele/Winkler, Rn. 576.

[488] MüKo/Brander, § 2221 Rn. 8 m.w.N.

Folgt die Auseinandersetzung erst lange Zeit nach der Konstituierung, so kann für die Auseinandersetzungsvergütung wiederum ein anderer Nachlasswert als für die Konstituierung oder Verwaltung maßgeblich sein, da sich der Nachlasswert im Laufe der Verwaltung erhöhen oder vermindern kann.[489] Stichtag für die Bewertung ist in diesem Fall der Zeitpunkt der Auseinandersetzung,[490] da sich die Tätigkeit ausschließlich auf dieses Vermögen bezieht. Die beaufsichtigende und die Nacherbentestamentsvollstreckung werden nur von der Neuen Rheinischen Tabelle erörtert.[491] Diese spricht für beide Fälle einen Bruchteil der Grund- bzw. Regelvergütung zu, so dass man davon ausgehen muss, dass hier ebenso wie bei der Regelvergütung der Nachlasswert zu Beginn der Testamentsvollstreckung heranzuziehen ist. Es wird jedoch nicht berücksichtigt, dass diese Vollstreckungsarten sich auch über einen längeren Zeitraum erstrecken kann und sich während dessen der Nachlasswert und damit die Bemessungskriterien ändern können, so dass auf diese Weise keine angemessene Vergütung bestimmt werden kann.[492] Für die ebenfalls nur von der Neuen Rheinischen Tabelle[493] geregelten Vermächtnisvollstreckung gilt Entsprechendes.

3. Die Rheinische Tabelle aus dem Jahre 1925

Über lange Zeit richtungsweisend und bis zur Veröffentlichung der Neuen Rheinischen Tabelle die wohl bedeutendste Tabelle, war die des Vereins für das Notariat in Rheinpreußen (sog. „Rheinische Tabelle“) aus dem Jahre 1925. Nach dieser Tabelle berechnet sich die Vergütung wie folgt:[494]
„Es wird empfohlen, als Gebühr für die Tätigkeit des Notars als Testamentsvollstrecker im Regelfall wie folgt zu berechnen:

1. bei einem Nachlasswert bis zu 20.000,00 RM Bruttowert	4 %
2. darüber hinaus bis zu 100.000,00 RM Bruttowert	3 %
3. darüber hinaus bis zu 1.000.000,00 RM Bruttowert	2 %
4. darüber hinaus	1 %

Diese Sätze gelten für normale Verhältnisse und glatte Abwicklung. Folgt dagegen eine längere Verwaltungstätigkeit, z.B. beim Vorhandensein von Minderjährigen, oder verursacht die Verwaltung eine besonders umfangreiche und

[489] Vgl. auch Staudinger/Reimann, § 2221 Rn. 33; BGH DNotZ 1964, 174; KG NJW 1974, 752.
[490] Bengel/Reimann/Eckelskemper, X. Rn. 12.
[491] Dt. Notarverein, ZEV 2000, 181, 182.
[492] Zum Problem des Bewertungszeitpunkts bei der Verwaltungsgebühr ausführlich: Zweiter Teil § 4 C.I.2.
[493] Dt. Notarverein, ZEV 2000, 181, 182.
[494] Zitiert nach Plaßmann, JW 1935, 1831.

zeitraubende Tätigkeit, so kann eine höhere Gebühr als angemessen erachtet werden, auch eine laufende, nach dem Jahresbetrag der Einkünfte zu berechnende Gebühr gerechtfertigt sein."
Die Tabelle ist dahingehend aufzufassen, dass die jeweiligen Prozentsätze von dem Mehrwert zu berechnen sind, so dass bei einem Nachlass von 500.000 RM Bruttowert als Gebühr zu berechnen sind: 4 % von 20.000,00 RM, 3 % von 80.000,00 RM und 2 % von 400.000,00 RM.[495] Für RM ist heute DM zu lesen.[496] Der BGH[497] hat die Tabellenwerte als Anhalt für die Vergütungsberechnung im Falle einer üblichen Testamentsvollstreckung bezeichnet, wobei er jedoch einschränkt, dass jede Schematisierung zu unterbleiben habe und stets auf die Besonderheiten des Einzelfalls abzustellen sei. Erhebliche Abweichungen rechtfertigten somit auch eine Anpassung der Richtsätze.

a. Geltungsbereich der Tabelle

Streitig ist, ob sich die Tabelle nur auf die Konstituierung und bzw. oder auch auf die folgenden Arbeits- und Zeitphasen bezieht. Mitunter wird vertreten, dass durch die Tabelle allein die Konstituierung abgegolten sei und daneben noch die Vergütung nach § 2221 BGB verlangt werden könne.[498] Glaser[499] scheint die Tabelle zunächst als Grundlage zur Berechnung der „Verwaltungsgebühr" des Testamentsvollstreckers heranzuziehen, da er die Rheinische Tabelle als Unterpunkt der Verwaltungsgebühr behandelt. Sie gelte die gesamte Testamentsvollstreckung ab. Andererseits schlägt er für eine mehrjährige Verwaltung eine andere Art der Vergütungsbestimmung vor.[500] Infolgedessen bezeichnet Glaser die Regelvergütung irreführend als Verwaltungsgebühr. Er bezieht damit – wenn auch missverständlich – die Rheinische Tabelle wohl auf eine Abwicklungsvollstreckung. Haegele/Winkler[501] äußern sich ebenfalls missverständlich zum Anwendungsbereich der Tabelle. Zum einen sprechen sie von Richtsätzen für die Konstituierung des Nachlasses, zum anderen sollen diese für normale Verhältnisse und normale Abwicklung gelten. Letztlich wird damit nicht ganz klar, ob die Tabelle nur die Konstituierung oder die ganze Abwicklungsvollstreckung abgilt. Nach Plaßmann[502] kommt neben den abgestuften Prozentsätzen des

---

495 Plaßmann, JW 1935, 1831.
496 Staudinger/Reimann, § 2221 BGB, Rn. 37, Reimann, Rn. 705, Haegele/Winkler, Rn. 580.
497 BGH NJW 1967, 2400; dem BGH folgend: OLG Köln NJW-RR 1994, 269.
498 Palandt/Edenhofer, 52.Auflage, § 2221 Rn. 5; BayObLG 72, 379, Edenhofer hat diese Auffassung in den Folgeauflagen aber revidiert § 2221 Rn. 7; Haegele/Winkler, Rn. 579; ausführlich zum Verhältnis der Gebühren: Konstituierungsgebühr, Zweiter Teil § 3 F.III.1.a.
499 Glaser, DB 1979, 877; MDR 83, 93 ff.
500 Glaser, MDR 1983, 93, 95.
501 Haegele/Winkler, Rn. 580; vgl. hierzu auch Regelgebühr, Zweiter Teil § 3 F.III.1.d.
502 Plaßmann, JW 1935, 1831.

Rheinpreußischen Notarvereins eine weitere Gebühr der Verwaltung nicht in Betracht. Wie sich aus der Tabelle selbst ergibt, gelten die Prozentsätze für „normale Verhältnisse und normale Abwicklung". Infolgedessen wird mit den Tabellenwerten die sog. „Regelvergütung" abgegolten. Es wird also eine normale Konstituierung mit einer kurzen, die Auseinandersetzung vorbereitenden Verwaltung sowie eine normale Auseinandersetzung vergütet.[503] Dies folgt auch daraus, dass für eine längere Verwaltung eine höhere Gebühr als angemessen gelten kann oder auch aus dem Jahresbetrag der Einkünfte berechnet werden kann. Für eine solche Verwaltung wird aber gerade kein Bezug auf die Tabelle genommen. Plassmann ist damit insoweit zuzustimmen, als die Tabelle nur die kurze Verwaltungsphase abgilt, die der Vorbereitung der Auseinandersetzung dient (§ 2205 BGB). Auch der Ansicht Reimanns,[504] dass aus den drei Phasenwerten der Konstituierung, Verwaltung und Auseinandersetzung ein Mittelwert zu bilden sei, kann nicht gefolgt werden, da die Tabellenwerte die gesamte Abwicklungsvollstreckung erfassen und sich aus der Tabelle keine Anhaltspunkte für die Bildung eines Mittelwertes ergeben.

b. Erhöhung der Tabellenwerte ?

Angesichts des Alters der Rheinischen Tabelle und der veränderten Zeitverhältnisse wird eine Erhöhung der Prozentsätze diskutiert. Teile der Rechtsprechung[505] lehnen eine Erhöhung grundsätzlich ab. Begründet wird dies damit, dass die nominale Wertsteigerung zu einer höheren Bewertung der Nachlässe als in frühren Jahren führe, so dass die prozentuale Bemessung der Vergütung auch einen entsprechend höheren Betrag als früher ergebe. Dies gelte zumindest dann, wenn der Nachlass im wesentlichen aus Aktien oder Grundstücken bestehe. Eine Erhöhung der Tabellenwerte komme schließlich nur dort in Betracht, wo die Bemessung nach dem Regelsatz wegen des Umfangs oder der Dauer der Tätigkeit oder auf Grund des Bestandes oder der Zusammensetzung des Nachlasses zu einem unangemessenen Ergebnis führen würde.
In der Literatur[506] werden die Tabellenwerte aber aufgrund der geänderten Verhältnisse überwiegend als zu niedrig angesehen. Dabei wird insbesondere darauf verwiesen, dass die Entwicklung der letzten Jahre auf wirtschaftlichen, steuerlichen und rechtlichen Gebieten dem Testamentsvollstrecker heute im allgemeinen erheblich mehr Schwierigkeiten bereite als im Jahre 1925. Zudem wird geltend gemacht, dass die höheren Nachlasswerte schließlich eine größere Verant-

---

[503] So auch Staudinger/Reimann, § 2221 Rn. 39; Bengel/Reimann/Eckelskemper, X. Rn. 20; Soergel/Damrau, § 2221 Rn. 9; OLG Köln ZEV 1994, 118, 119.
[504] Staudinger/Reimann, § 2221 Rn. 39 und 31 ff.
[505] BGH NJW 1967, 2400, 2402; OLG Köln NJW-RR 1994, 269.
[506] Bengel/Reimann/Eckelskemper, X. Rn. 24, 43; Gerold/Schmidt/Madert, BRAGO, § 1 Rn. 25; Möhring/Beisswingert/Klingelhöffer, S.223 f.; Haegele/Winkler, Rn. 581.

wortung und Haftungsgefahr für den Testamentsvollstrecker mit sich brächten.[507] Vielfach seien Werte maßgebend, die vom Erblasser testamentarisch festgelegt wurden, die aber unter den heute erzielbaren Höchstwerten liegen würden.[508] Darüber führt Weirich[509] an, dass sich durch die Geldentwertung zwar die nominalen Nachlasswerte erhöht hätten, dadurch aber die Degressionsstufen schneller erreicht würden. Somit würde nur ein teilweiser Ausgleich für die Geldentwertung erreicht. Überwiegend werden die Tabellensätze daher nur als Mindestsätze angesehen.[510] Z.T. werden infolgedessen Zuschläge zu den Tabellensätzen von 25 %[511] bis zu 40-50 %[512] gewährt oder gar neue Tabellen vorgeschlagen.

4. Tabelle nach Tschigale

Tschigale geht von der Angemessenheit der Rheinischen Tabelle im Jahre 1925 aus und erhöht die Prozentsätze der Rheinischen Tabelle durchgehend um 25 %.[513] Er begründet dies mit der Weiterentwicklung der wirtschaftlichen Preis- und Lohnverhältnisse. Danach ergibt sich für den Regelfall folgende Tabelle:

Bis 20.000 DM Nachlassbruttowert	5,00 %
Darüber hinaus bis 100.000 DM Nachlassbruttowert	3,75 %
Darüber hinaus bis 1 Million DM Nachlassbruttowert	2,50 %
Darüber hinaus	1,25 %

5. Weirich`sche Tabelle

Eine weitere Tabelle wurde von Weirich entwickelt.[514] Seiner Ansicht nach sind die Regelsätze der Rheinischen Tabelle wegen des in den letzten Jahren eingetretenen starken Geldwertschwunds nicht mehr angemessen. Seit dem Jahr 1925 habe sich der Lebenshaltungskostenindex, gerechnet vom Basisjahr 1913/14 von 141,8 Punkten auf 593,8 Punkte im Jahr 1986, d.h. um 318,8 % erhöht. Er räumt allerdings gleichzeitig ein, dass sich infolge der Inflation auch die nominalen

507 Haegele/Winkler Rn. 584; Gerold/Schmidt/Madert, § 1 Rn. 25.
508 Haegele/Winkler, Rn. 584.
509 Weirich, Rn. 487.
510 Tschigale, JurBüro, 1965, 89, 94; Glaser, NJW 1962, 1998, 1999
511 Esch/Baumann/Schulze zur Wiesche, Rn. 606; Tschigale, JurBüro 1965, 90, 93; Belde, JurBüro 1969, 682, 684.
512 Haegele/Winkler, Rn. 581.
513 Tschigale, JurBüro, 1965, 89 ff.; so auch Göttlich/Mümmler, BRAGO S. 1520; Esch/Baumann/Schulze zur Wiesche Rn. 606.
514 Weirich, Rn. 487, mit Quellenverweis für den Lebenshaltungskostenindex: Statistisches Bundesamt.

Nachlasswerte erhöht haben. Dies führe aber nur teilweise zu einem Ausgleich bei den Vergütungen, da die Degressionsstufen der Tabellen früher erreicht würden. Eine Erhöhung der Vergütungsbeträge um bestimmte Quoten ergibt seiner Meinung nach bei niedrigen Beträgen einen gewissen Ausgleich, bei hohen Nachlasswerten sei die Steigerung aber überproportional. Andererseits führe die bloße Anhebung der Prozentsätze bei niedrigen Werten zu einer überproportionalen und bei Nachlasswerten zwischen 2 und 4 Millionen DM zu einer die Inflation nicht ausgleichenden Erhöhung. Eine sachgerechte Anpassung der Rheinischen Tabelle müsse also lediglich den bis heute eingetretenen Geldwertschwund ausgleichen, d.h. die Stufenwerte müssen um den Steigerungssatz des Lebenshaltungskostenindexes (318 %, abgerundet 300 %) angehoben werden. Danach ergibt sich folgende Tabelle:

Bei einem Nachlasswert bis zu	80.000 DM	4 %
Für einen Mehrbetrag bis	400.000 DM	3 %
Für einen weiteren Mehrbetrag bis	4.000.000 DM	2 %
Für Werte darüber hinaus		1 %

Schließlich räumt Weirich ein, dass im Rahmen dieser Tabelle die Zunahme rechtlicher Probleme bei der Testamentsvollstreckung unberücksichtigt bleiben.

6. Tabelle nach Eckelskemper

Eckelskemper schließt sich dem Vorschlag Weirichs, die Tabellenwerte entsprechend dem Geldwertschwund anzupassen, an.[515] Jedoch ändert er dessen Tabelle etwas ab, da sich die Lebenshaltungskosten seit 1925 rund verfünffacht hätten und die Tabelle eine längere Zeit gelten solle, aber währungsrechtlich nicht ohne weiteres indiziert werden könne. Daher schreibt er „glatte Zahlen".

Bei einem Nachlasswert bis zu	100.000 DM	4 %
Für einen Mehrbetrag bis zu	500.000 DM	3 %
Für einen weiteren Mehrbetrag bis zu	5.000.000 DM	2 %
Für Werte darüber hinaus		1 %

Eckelskemper[516] betont dabei, dass diese Tabelle die gestiegenen Lohnkosten nur unzulänglich auffange und deshalb bei arbeitsintensiveren Testamentsvollstreckungen höhere Vergütungen gerechtfertigt seien.

515 Bengel/Reimann/Eckelskemper, X. Rn. 43.
516 Bengel/Reimann/Eckelskemper, X. Rn. 43.

7. Berliner Praxis

Die sog. „Berliner Praxis“[517] geht bei niedrigen Nachlasswerten von etwas höheren Prozentsätzen aus, da sonst bei kleinen Nachlässen die Vergütung nicht der Müheverwaltung entspreche. Die Tabelle setzt folgende Prozentsätze fest:

Bis zu einem Bruttonachlasswert von	5.000 DM	10 %
Darüber bis	20.000 DM	6 %
Darüber bis	50.000 DM	4 %
Darüber bis	100.000 DM	3 %
Darüber		wie Möhring[518]

8. Möhring`sche Tabelle von 1992

Nach der Auffassung von Möhring/Beisswingert/Klingelhöffer[519] stellt die alte Rheinische Tabelle keine geeignete Berechnungsgrundlage mehr dar, selbst wenn man die Prozentsätze oder Beträge nach oben korrigiert. Dies folge zum einen daraus, dass die vorgeschlagenen Korrekturen so groß seien, dass man letztlich nur noch von einer formalen nicht aber materiellen Anwendung der Tabelle sprechen könne. Zudem sei es eine rechtliche Rarität, die Tätigkeit des Testamentsvollstreckers – die meist im Rahmen eines Berufes ausgeübt werde – nach Tabellensätzen zu vergüten, die über 65 Jahre [heute schon über 75 Jahre] alt sind. Der Lebenshaltungskostenindex sei bis 1992 um etwa das Fünffache angestiegen und die Werte von Grundstücken und Investitionsgütern seinen nicht mehr vergleichbar. Überdies sei eine rechtliche Komplizierung jeder Vermögensverwaltung eingetreten. Dem Testamentsvollstrecker würden mitunter erhebliche Kenntnisse im Grundstücks-, Miet-, Gesellschafts- oder Steuerrecht abverlangt. Aufgrund all dieser Gründe hat Möhring eine neue Tabelle entwickelt.[520]

- Die Möhring`sche Tabelle beginnt die Nachlasstaffelung bei 10.000 DM Aktivnachlass und staffelt sich bis einschließlich 20.000 DM Aktivnachlass in 1.000-DM-Schritten. Pro Schritt wird die Vergütung beginnend bei 750 DM linear um 75 DM erhöht.
- Von 20.000 DM Aktivnachlass bis einschließlich 50.000 DM Aktivnachlass erfolgt eine Staffelung in 2.000-DM-Schritten. Die Vergütung erhöht sich pro 2000-DM-Schritt beginnend bei 1.500 DM linear um jeweils 108 DM.

517 Zitiert nach: Gerold/Schmidt/Madert, § 1 Rn. 25.
518 Möhring`sche Tabelle abgedruckt bei Möhring/Beisswingert/Klingelhöffer, S. 224 ff. und Zweiter Teil § 4 A.I.8.
519 Möhring/Beisswingert/Klingelhöffer, S. 223 ff.
520 Abgedruckt bei Möhring/Beisswingert/Klingelhöffer, S. 224 ff.

- Von 55.000 DM bis einschließlich 100.000 DM Aktivnachlass erfolgt eine Staffelung in 5.000-DM-Schritten. Dabei erhöht sich die Vergütung pro Schritt beginnend bei 3.390 DM linear um 270 DM.
- Von 110.000 DM bis 2.000.000 DM Aktivnachlass erfolgt eine Abstufung in 10.000-DM-Schritten. Im Bereich von 110.000 DM bis 1.000.000 DM Aktivnachlass erhöht sich die Vergütung beginnend bei 6.180 DM linear pro Schritt um jeweils 360 DM. Bei einem Aktivnachlass von 1.010.000 DM bis 2.000.000 DM erhöht sich die Vergütung beginnend bei 38.400 DM linear pro 10.000 DM-Schritt um weitere 180 DM.

Das System der Möhring`schen Tabelle sieht also für bestimmte Stufen des Aktivnachlasses einen linearen Zuwachs der Vergütung vor. Zunächst steigt die Vergütung um 75 DM, dann jeweils um 108 DM, 270 DM, 360 DM und schließlich degressiv um jeweils 180 DM. Für Aktivnachlässe über 2 Millionen DM wird aus dem über 2 Millionen DM liegenden Wert 1 % berechnet und zur Vergütung aus 2 Millionen DM Aktivnachlass addiert. Um die Vergütungen der Möhring`schen Tabelle mit denen der Rheinischen Tabelle vergleichen zu können, werden nun für die Degressionsstufen der Rheinischen Tabelle die Vergütungen beider Tabellen in Prozentzahlen ausgedrückt und der prozentuale Unterschied der Vergütungen berechnet.

Aktivnachlass	Rh. Tabelle	Möhring	%-Unterschied
20.000 DM	4 %	7,5 %	88
100.000 DM	3,2 %	5,82 %	82
1.000.000 DM	2,12 %	3,82 %	80
2.000.000 DM	1,56 %	2,81 %	80
10.000.000 DM	1,11 %	1,36 %	23
100.000.000 DM	1,01 %	1,04 %	3

Wie sich aus der Gegenüberstellung der Tabellenwerte ergibt, erhält der Testamentsvollstrecker nach der Tabelle von Möhring bis etwa 2 Millionen DM eine um ca. 80 % höhere Vergütung als nach der Rheinischen Tabelle. Die Erhöhung der Tabellenwerte durch Möhring entspricht bei kleineren Vermögen also nahezu einer Verdoppelung. Auch bei Vermögen über 2 Millionen DM liegen die Vergütungen nach Möhring noch deutlich über denen der Rheinischen Tabelle.
Schließlich weist auch Möhring darauf hin, dass bei Berücksichtigung aller Verhältnisse Abweichungen von den Richtwerten nach oben und unten geboten sein können. Die Tabelle gelte grundsätzlich die gesamte Tätigkeit des Testamentsvollstreckers ab.[521] Allerdings seien die Sätze entsprechend auf die Konstituierungsgebühr anwendbar, wobei, wenn der Konstituierung eine weitere Tätigkeit folgt, die gesondert vergütet wird, die Konstituierungsgebühr eher den Regelbe-

521 Möhring/Beisswingert/Klingelhöffer, S. 229.

trag ausmache oder darunter liege, wohingegen bei einer Abwicklung ohne Konstituierung die Gebühr eher nach oben tendiere.[522] Somit ist die Möhring`sche Tabelle sowohl anwendbar für die Vergütung der gesamten Tätigkeit im Normalfall als auch für die Vergütung der Konstituierung. Überdies gewähren Möhring/Beisswingert/Klingelhöffer dem Testamentsvollstrecker für die Auseinandersetzung und die Erfüllung von Vermächtnissen neben der Konstituierungsgebühr eine weitere Gebühr.[523] Die Rechtsprechung hält die Berechnung der Vergütung nach dieser Tabelle auch für zulässig bzw. für „nicht offensichtlich unangemessen".[524]

9. Neue Rheinische Tabelle

Auch der Deutsche Notarverein hat sich der Meinung angeschlossen, dass die „alte" Rheinische Tabelle nicht mehr zur Ermittlung einer angemessenen Vergütung brauchbar ist.[525] Neben der Änderung der wirtschaftlichen Verhältnisse sowie der Zunahme der Komplizierung der Lebenssachverhalte wird darauf hingewiesen, dass Sinn und Zweck der Testamentsvollstreckung (Schutz für schwache und überforderte Erben, Streitvermeidung und Vermögenserhaltung) eine höhere Vergütung rechtfertige. Dies ergebe sich vor allem aus dem Vergleich mit den Kosten anwaltlicher Beratung und eines gerichtlichen Verfahrens, wobei sich eine Parallele zur Insolvenzverwaltervergütung aufdränge. Außerdem werde die Vergütung heute durch die Einkommen- und gegebenenfalls Umsatzsteuer höher belastet.

Der Vergütungsgrundbetrag deckt nach dieser Tabelle die einfache Testamentsvollstreckung, also eine glatte Abwicklung bei normalen Verhältnissen, ab und entspricht damit der Regelgebühr.[526] Dieser Grundbetrag errechnet sich – vorbehaltlich einer u.U. durch die Preisentwicklung vorzunehmenden Anpassung – wie folgt:

bis	250.000 Euro	[= 490.196 DM][527]	4,0 %
bis	500.000 Euro	[= 980.392 DM]	3,0 %
bis	2.500.000 Euro	[= 4.901.961 DM]	2,5 %
bis	5.000.000 Euro	[= 9.803.921 DM]	2,0 %
über	5.000.000 Euro		1,5 %

mindestens aber der höchste Betrag der Vorstufe.

[522] Möhring/Beisswingert/Klingelhöffer, S. 229.

[523] Möhring/Beisswingert/Klingelhöffer, S. 229 wobei sie auf S. 221 eine Auseinandersetzungsgebühr mißverständlich ablehnen.

[524] OLG Köln NJW-RR 1987, 1415.

[525] Ausführlich zur Neuen Rheinischen Tabelle: Dt. Notarverein, ZEV 2000, 181 ff.

[526] Ausführlich hierzu: Regelgebühr Zweiter Teil § 3 F.III.1.d.

[527] Nach der VO (EG) Nr. 2866/98 vom 31.12.1998 (AblEG Nr. L 359, 1) entsprechen 1,95583 DM = 1 Euro.

Zu beachten ist dabei, dass die Sätze für den gesamten Betrag der jeweiligen Wertstufe gelten.[528] Die Vergütung ist also nicht durch Addition der Beträge aus den verschiedenen Wertstufen zu berechnen. So beträgt z.B. die Vergütung aus 500.000 Euro 3 % und nicht bis 250.000 Euro 4 % und darüber hinaus für die restlichen 250.000 Euro 3 %. Es sind gegenüber der Alten Rheinischen Tabelle also nicht nur die Nachlasswerte angehoben worden, sondern ab Nachlasswerten über 20.000 DM auch die entsprechenden Vergütungen.

10. Stellungnahme zur Erhöhungsdiskussion

a. Teuerungsrate

Die Steigerung des Lebenshaltungskostenindexes ist bei einer Weiterentwicklung der Rheinischen Tabelle zu berücksichtigen, da sie dazu führt, dass die Degressionsstufen früher erreicht werden und darüber hinaus die Höhe des Reallohns beeinflusst. Der Lebenshaltungskostenindex beinhaltet u.a. die Entwicklung der Wohnungsmieten[529] und damit indirekt der Immobilienpreise sowie dauerhafte Waren für den Privathaushalt. Gewerbeimmobilien oder gewerbliche Investitionsgüter werden dabei nicht erfasst. Der Lebenshaltungskostenindex bietet somit lediglich für Privathaushalte einen Anhaltspunkt. Es kann aber wohl davon ausgegangen werden, dass die Preise für gewerbliche Immobilien und Waren sich zumindest ähnlich entwickelt haben. Maßgeblich für die Anpassung der Tabelle von 1925 ist zum einen die Entwicklung der realen Vergütungen und zum anderen, wie Weirich und Eckelskemper zutreffend festgestellt haben, die Entwicklung der Lebenshaltungskosten.
Infolge der Steigerung der Lebenshaltungskosten werden die Degressionsstufen der Tabellen heute früher erreicht. Für die Verwaltung desselben Nachlasses würde damit heute eine geringere Vergütung als früher gewährt werden. Um die Vergütung der Steigerung der Lebenshaltungskosten anzupassen, müssen die Degressionsstufen entsprechend erhöht werden.[530] Der Rechtsprechung[531] ist daher insofern zu widersprechen, als sie darauf hinweist, dass die Grundstückspreise stärker als die Lebenshaltungskosten gestiegen seien und folglich die alte

[528] Vgl. hierzu auch das Beispiel in der Tabelle: Die Vergütung aus 260.000,- Euro beträgt grundsätzlich 3 % und nicht bis 250.000,- Euro 4 % und für den Mehrbetrag 3 %, Dt. Notarverein, ZEV 1998, 181, 182.
[529] Vgl. z.B. Statistisches Bundesamt, Fachserie 17, Reihe 7, 2000, Gliederung S. 3.
[530] Eckelskemper (in: Bengel/Reimann/Eckelskemper, X. Rn. 31) zieht für die Begründung einer Erhöhung auch den Preisindex für Wohngebäude insgesamt heran. Dieser Index beschreibt jedoch nur die Entwicklung der Preise für Bauleistungen am Bauwerk (vgl. z.B. Statistisches Jahrbuch 1998, S. 624) und nicht die Entwicklung der Immobilienpreise selbst. Eine Statistik für letzteres existiert, soweit ersichtlich, für die BRD nicht.
[531] BGH NJW 1967, 2400, 2402; OLG Köln NJW-RR 1994, 269, 270.

Rheinische Tabelle noch Anwendung finden könne, wenn der Nachlass im wesentlichen aus Immobilien bestehe. Außerdem beinhaltet der Lebenshaltungskostenindex über die Wohnungsmieten zumindest die Entwicklung von Wohnimmobilien. Die Preisentwicklung wird daher ähnlich verlaufen.
Zum anderen ist kein Grund ersichtlich, den Testamentsvollstrecker nicht an den seit 1925 erfolgten Reallohnsteigerungen teilhaben zu lassen. Infolgedessen müssen die Prozentsätze der Tabelle der Reallohnssteigerung seit 1925 angepasst werden. Bisher gab es keine einheitliche Bemessung und Entwicklung der Testamentsvollstreckervergütungen, so dass bezüglich der Reallohnsteigerung auf die Entwicklung der Arbeitnehmerlöhne zurückgegriffen werden muss. Eckelskemper weist in diesem Zusammenhang zutreffend darauf hin, dass zwar einerseits die Arbeitnehmer im Laufe der Zeit am Produktivitätsfortschritt teilhaben sollten, andererseits aber für die Testamentsvollstreckergebühr kein solcher Nachholbedarf wie für die normalen Arbeitnehmergehälter bestand.[532] Die Entwicklung der Arbeitnehmergehälter kann somit nur als grober Anhaltspunkt dienen. Löhne und Gehälter sowie Preise haben sich von 1925-1985 wie folgt entwickelt (1925=100):[533]

- Jahr	1925[534]	1955	1985
- Preisindex für die Lebenshaltung	100	151,6	418,3
- Reallohnentwicklung[535]	100	161	371

Zu beachten ist dabei, dass gesamtdeutsche Verbraucherpreisindizes nicht auf Preisbasisjahre 1985 oder älter umgerechnet werden können,[536] so dass die Preisentwicklung bezogen auf das Basisjahr 1925 nur bis 1985 darstellbar ist. Die Werte können somit nur als Mindestwerte für die Fortentwicklung der Tabelle angesehen werden.
Aus der obigen Tabelle ergibt sich, dass die Lebenshaltungskosten von 1915 bis 1955 nur um 51,6 % gestiegen sind, während sie von 1925 bis 1985 um 318,3 % gestiegen sind. Der reale Lohn ist von 1925 bis 1955 um 61 % gestiegen und von 1925 bis 1985 um 271 %. Hieraus folgt, dass die Veränderungen der Preise und Löhne bis 1955 bereits so gravierend waren, dass der BGH sie 1967[537] hätte berücksichtigen müssen. Erst recht müssten diese Veränderungen heute bei der Anwendung der Rheinischen Tabelle berücksichtigt werden. Die Degressionsstufen der Rheinischen Tabelle müssen entsprechend der Steigerung der Le-

---

532 Bengel/Reimann/Eckelskemper, X. Rn. 34, 36.
533 Statistisches Bundesamt,Von den zwanziger zu den achtziger Jahren, S. 38.
534 Reichsgebiet.
535 Bezogen auf die Nettolohn- und Gehaltssumme je durchschnittlich beschäftigtem Arbeitnehmer.
536 Statistisches Bundesamt, Preise, Fachserie 17, Reihe 7, 1999, S. 10.
537 BGH NJW 1967, 2400, 2402.

benshaltungskosten um mindestens rund 320 % und die Prozentsätze entsprechend der Reallohnsteigerung um rund 270 % erhöht werden. Danach ergibt sich folgende Tabelle (die Prozentzahlen werden auf eine halbe oder ganze Nachkommastelle gerundet):

1. bei einem Nachlasswert bis zu	42.948,52 €	[= 84.000 DM][538]	11,0 %
2. darüber hinaus bis zu	214.742,59 €	[= 420.000 DM]	8,0 %
3. darüber hinaus bis zu	2.147.425,90 €	[= 4.200.000 DM]	5,5 %
4. darüber hinaus			2,5 %

Sämtliche Vergütungstabellen für Testamentsvollstrecker liegen mit ihren Werten weit unter dieser konsequenten Weiterentwicklung der Alten Rheinischen Tabelle. Eckelskemper[539] führt als weiteres Argument für eine Erhöhung der Rheinischen Tabelle an, dass im Falle der Testamentsvollstreckung durch einen Rechtsanwalt, Steuerberater o.ä., erhebliche Kosten für ein funktionierendes Büro – insbesondere für das Personal – anfallen würden. Dabei sei ebenfalls zu beachten, dass die Bruttolöhne sowie die Lohnnebenkosten seit 1925 gestiegen seien und für die Tabellensätze von 1925 keine qualifizierten Testamentsvollstrecker mehr zu finden seien. Dem ist zuzustimmen, soweit es sich bei dem Testamentsvollstrecker um einen Testamentsvollstrecker handelt, der sein Amt entsprechend § 1836 Abs. 1 BGB berufsmäßig führt.[540] Ein solcher wird nicht bereit sein, eine Testamentsvollstreckung zu übernehmen, wenn die Vergütung nicht seine für die Testamentsvollstreckung nutzbaren Fachkenntnisse abgilt.[541]

b. Steuerbelastung

Auch ist die gestiegene Umsatzsteuerbelastung hinsichtlich der Testamentsvollstreckervergütung zu beachten, sofern man, wie bislang allgemein anerkannt, die Umsatzsteuer als Teil der Vergütung sieht.[542] Die Umsatzsteuer betrug 1925 1 %, 1967 10 % und schließlich im Jahr 2000 16 % und mindert die Vergütung heute damit weitaus mehr als 1925. Die von Eckelskemper[543] und dem Deutschen Notarverein[544] ins Feld geführte Erhöhung der Einkommensteuer kann nicht als Erhöhungsargument dienen, da diese Steuer vom zu versteuernden

[538] Nach der VO (EG) Nr. 2866/98 vom 31.12.1998 (AblEG Nr. L 359, 1) entsprechen 1,95583 DM = 1 Euro.
[539] Bengel/Reimann/Eckelskemper, X. Rn. 37.
[540] Zur entsprechenden Anwendung von § 1836 Abs. 1 BGB vgl. Zweiter Teil § 3 D.
[541] Zu den Bemessungskriterien beim Testamentsvollstrecker vgl. Zweiter Teil § 3 A., E.
[542] So auch Bengel/Reimann/Eckleskemper, X. Rn. 39; Dt. Notarverein, ZEV 2000, 181; ausführlich zu den Fragen der Umsatzsteuer: Vierter Teil § 1 A., § 2 A., § 6.
[543] Vgl. hierzu Zweiter Teil § 4 A.I.6.
[544] Vgl. hierzu Zweiter Teil § 4 A.I.9.

Einkommen abhängt und daher individuell verschieden ist. Folglich mindert sie nicht – wie die Umsatzsteuer als konstante und generelle Größe die Testamentsvollstreckervergütung.

c. Rechtliche Komplizierung

Ein Erhöhungsgrund stellt ferner die Zunahme der rechtlichen Komplizierung der Abwicklung von Testamentsvollstreckungen dar.[545] In weiten Bereichen, die von der Testamentsvollstreckung betroffen werden, wurden in den letzten Jahren und Jahrzehnten gesetzliche Änderungen vorgenommen und neue Regelungen geschaffen. In dem Bemühen um Einzelfallgerechtigkeit ist eine unvermeidliche Komplizierung und Fülle von Rechtsvorschriften entstanden. Beispielhaft seien hier das Mietrecht, Arbeits- und Steuerrecht genannt. Hinzu kommt eine entsprechende Zunahme der Rechtsprechung. Somit haben sich die Gesetzeslage und Rechtsprechung sowohl qualitativ als auch quantitativ stark verändert. Der infolgedessen gestiegene Schwierigkeitsgrad und Umfang einer Testamentsvollstreckung sind bei der Bemessung der Vergütung zu berücksichtigen, so dass auch aus diesem Grunde eine Erhöhung der Prozentsätze angemessen erscheint.

d. Anreiz für qualifizierte Personen

Die erhöhte Schwierigkeit und der größere Umfang der Testamentsvollstreckung führen dazu, dass insbesondere bei größeren Vermögen entsprechend qualifizierte und befähigte Personen zum Testamentsvollstrecker ernannt werden. Die Erhöhung der Vergütung ist daher notwendig, um diesen Personen einen Anreiz zur Amtsübernahme zu geben.[546] Dies ist darüber hinaus einer engagierten Amtsführung dienlich. Die Vergütung muss also auch den Bemühungen und der Qualifikation des Testamentsvollstreckers entsprechen. Die Amtsführung durch qualifizierte Personen ist schließlich nicht nur im Interesse der Erben und des Erblassers, sondern auch der Allgemeinheit, da der Volkswirtschaft sonst wirtschaftliche Werte verloren gehen können.[547] Außerdem muss versucht werden, der letztwilligen Verfügung des Erblassers zum Erfolg zu verhelfen. Dies ist in der Regel nur möglich, wenn die Amtsübernahme durch eine angemessene Vergütung attraktiv ausgestaltet ist.

---

[545] So auch Bengel/Reimann/Eckelskemper, X. Rn. 41; Möhring/Beisswingert/Klingelhöffer, S. 223.

[546] Ähnlich Bengel/Reimann/Eckelskemper, X. Rn. 37.; vgl. auch Bemessungskriterien beim Testamentsvollstrecker: Zweiter Teil § 3 A., E.

[547] Bengel/Reimann/Eckelskemper, X. Rn. 37.

e. Ergebnis der Erhöhungsdiskussion

Sowohl die Erhöhung der Degressionsstufen als auch die der Prozentsätze ist gerechtfertigt, da seit 1925 neben den Lebenshaltungskosten und Reallöhnen auch die Umsatzsteuer sowie die Zahl der tatsächlichen und rechtlichen Probleme beträchtlich gestiegen sind. Außerdem muss für qualifizierte Personen ein Anreiz zur Amtsübernahme gegeben werden. Der Argumentation des Deutschen Notarvereins, dass die Testamentsvollstreckervergütung auch im Vergleich zu den Kosten eines gerichtlichen Verfahrens und anwaltlicher Beratung zu sehen ist, ist ebenfalls zuzustimmen.[548] Gerade diese Streitigkeiten soll die Testamentsvollstreckung schließlich u.a. vermeiden.

11. Gegenüberstellung der verschiedenen Tabellenwerte

Um die verschiedenen Tabellen vergleichen zu können, werden die Vergütungen für bestimmte Bemessungsgrundlagen tabellarisch gegenübergestellt (siehe S. 86). Auf eine Darstellung der Berliner Praxis wurde verzichtet, da diese nur bis 100.000 DM eigene Prozentsätze vorgibt und im übrigen auf die Möhring`sche Tabelle verweist.[549] Der Testamentsvollstrecker bekommt danach bei einem Nachlass von 100.000 DM 5600 DM Vergütung, was 5,6 % des Nachlasses entspricht.
Wie sich aus der Tabelle ergibt, schwanken die Prozentsätze für Testamentsvollstrecker bei Vermögen bis 100.000 DM zwischen 3,2 % und 5,8 %. Von einer einheitlichen Vergütungspraxis kann also keineswegs gesprochen werden. Insbesondere die Möhring`sche Tabelle gewährt dem Testamentsvollstrecker bei kleineren Vermögen deutlich höhere Vergütungen als die anderen Tabellen. Im Bereich der größeren Vermögen führt die Neue Rheinische Tabelle zu den höchsten Vergütungen. Aufgrund der großen Unterschiede der Vergütungen stellt sich für den Rechtsanwender die Frage, welche Tabelle anzuwenden ist. Testamentsvollstrecker und Vergütungsschuldner werden im Zweifel die ihnen jeweils günstigste Tabelle für anwendbar halten. Infolgedessen ist die Wahl der Tabelle für den Testamentsvollstrecker mit einem erheblichen Prozess- und Kostenrisiko behaftet.

---

[548] Dt. Notarverein, ZEV 2000, 181 ff.
[549] Zur Berliner Tabelle vgl. Zweiter Teil § 4 A.I.7.

Vermögen	Rh. Tab.	Tschigale	Weirich	Eckelsk.	Möhring	N. Rh. Tab.	Ø Vergütung
100.000	3.200 = 3,2 %	4.000 = 4,0 %	3.800 = 3,8 %	4.000 = 4,0 %	5.820 = 5,8 %	4.000 4,0%	4.133 = 4,1 %
500.000	11.200 = 2,2 %	14.000 = 2,8 %	14.800 = 3,0 %	16.000 = 3,2 %	20.220 = 4,0 %	20.000 = 4,0 %	16.000 = 3,2 %
1.000.000	21.200 = 2,2 %	26.500 = 2,7 %	24.800 = 2,5 %	26.000 = 2,6 %	38.220 3,8 %	29.400 = 2,9 %	27.833 = 2,8 %
5.000.000	61.200 = 1,2 %	76.500 = 1,5 %	82.000 = 1,6 %	90.016 = 1,8 %	86.220 1,7 %	122.500 = 2,5 %	85.833 = 1,7 %
10.000.000	111.200 = 1,1 %	139.000 = 1,4 %	132.000 = 1,3 %	140.016 = 1,4 %	136.200 = 1,4 %	196.000 = 2,0 %	143.333 = 1,4 %
100.000.000	1.011.200 = 1,0 %	1.264.000 = 1,2 %	1.032.000 = 1,0 %	1.040.016 = 1,0 %	1.036.220 = 1,0 %	1.500.000 1,5 %	1.116.667 = 1,1 %

Rh. Tab. = Rheinische Tabelle von 1925
Eckelsk. = Tabelle nach Eckelskemper
N. Rh. Tab. = Neue Rheinische Tabelle
Ø Vergütung = Durchschnitt der Tabellenvergütungen
Vermögen und Vergütungen in DM
Die Prozentangaben drücken die Vergütung in Prozent der Bemessungsgrundlage aus.

12. Höhe der Zu- und Abschläge

Die Regelgebühr soll eine normale Abwicklungsvollstreckung[550] abgelten. Bei Abweichungen vom Normalfall kann die Vergütung gegebenenfalls zu mindern sein.[551] Bestimmte Regeln für die Minderung wurden bisher nicht aufgestellt. Fest steht lediglich, dass sich die Regelvergütung bei vorzeitiger Beendigung des Amtes infolge einer Kündigung gem. § 2226 BGB, Entlassung nach § 2227 BGB oder bei Anordnung einer Nachlassverwaltung entsprechend mindert (vgl. auch § 628 BGB).[552] Ein Abschlag kann auch bei einer besonders schnellen Abwicklung infolge der einfachen Zusammensetzung des Nachlasses gerechtfertigt sein.[553] Falls der Testamentsvollstrecker gegen Vergütung Aufgaben auf einen Dritten überträgt, die er in zumutbarer Weise selbst hätte erledigen können, mindert sich sein Vergütungsanspruch.[554] Ebenso ist die Entlastung des Testamentsvollstreckers durch die Hinzuziehung externer Sachverständiger bei der Bemessung von Zuschlägen angemessen zu berücksichtigen.[555] Für eine Nacherbentestamentsvollstreckung oder bloß beaufsichtigende Testamentsvollstreckung erhält der Testamentsvollstrecker nach der Neuen Rheinischen Tabelle[556] wegen der dann geringeren Belastung anstelle des vollen Grundbetrages nur 2/10 bis 5/10 des Grundbetrages. Hat der Testamentsvollstrecker nur Vermächtnisse zu erfüllen, so wird ihm als Vergütungsgrundbetrag nur der Betrag gewährt, der sich nach dem Wert der Vermächtnisgegenstände bemisst.[557]
Schließlich werden für besonders umfangreiche Konstituierungen, Verwaltungen und Auseinandersetzungen sowohl von der Rechtsprechung als auch der Literatur Zuschläge zur Regelgebühr gewährt.[558] Die Neue Rheinische Tabelle gewährt Zuschläge von 2/10 bis 10/10 der Regelvergütung, wobei sich die Zuschläge mangels besonderer Anhaltspunkte am Mittelwert der Spanne orientieren.[559] Der konkrete Schwierigkeitsgrad der Tätigkeit lässt sich in der Regel nur schwer in Zehnteln messen, so dass häufig keine präzisen Anhaltspunkte für eine Vergütungsbestimmung vorliegen werden. Wenn schon nicht klar ist, wie

---

550 Zur Kritik der Definition des Normalfalls vgl. Zweiter Teil § 3 E.III.1.d.
551 Vgl. hierzu Regelgebühr, Zweiter Teil § 3 E.III.1.d.
552 Palandt/Edenhofer, § 2221 Rn. 5; Haegele/Winkler, Rn. 608; zur Kürzung der testamentarisch festgelegten Vergütung vgl. Zweiter Teil § 1.
553 Haegele/Winkler, Rn. 608; Palandt/Edenhofer, § 2221 Rn. 5.
554 Haegele/Winkler, Rn. 608; Palandt/Edenhofer, § 2221 Rn. 5; BGH BB 1967, 184, 186 wo es sich allerdings um die Vergütung für die Vermögensverwaltung durch einen Rechtsanwalt handelte; ausführlich zur Hinzuziehung Dritter: Dritter Teil § 4 A.II.
555 Dt. Notarverein, ZEV 2000, 181, 182.
556 Dt.Notarverein, ZEV 2000, 181, 182.
557 Dt. Notarverein, ZEV 2000, 181, 182.
558 Vgl. hierzu Gebührentatbestände, Zweiter Teil § 3 E.III.1.
559 Dt. Notarverein, ZEV 2000, 181, 182.

der Normalfall quantitativ aussieht,[560] kann eben auch nicht festgestellt werden, wann der Einzelfall z.B. um 2/10 umfangreicher ist als dieser und einen entsprechenden Zuschlag rechtfertigt. Die Vergütungsbestimmung ist folglich ungenau und nicht nachvollziehbar. Entsprechendes gilt, sofern Bruchteile oder Prozentsätze anderer Tabellen zur Vergütungsbestimmung herangezogen werden. Eckelskemper berechnet die Zuschläge im Gegensatz zur Neuen Rheinischen Tabelle für die jeweilige Fallgruppe in unterschiedlicher Art und Weise.[561] Tschigale[562] erhöht die Regelsätze seiner Tabelle für schwierige Fälle schematisch um 20 %. Eine schematische Erhöhung ist aber abzulehnen, da dies dem Einzelfall nicht gerecht wird und die Vergütung so nicht entsprechend der Schwierigkeit und dem Umfang des Einzelfalles entsprechend erhöht werden kann.[563]

a. Konstituierungs- und Auseinandersetzungsgebühr

Eine unproblematische Konstituierung, der eine längere Verwaltungsphase folgt, vergütet Eckelskemper[564] mit 85 % der Tabellenvergütung. Dieser Wert scheint nicht unangemessen hoch, doch kann von dieser pauschalen Prozentzahl kein konkreter Bezug zum Wert der Tätigkeit hergestellt werden. Eckelskemper bestimmt überdies, je nachdem aus welchem Grund eine Konstituierung besonders aufwendig ist, verschiedene Zuschläge. Wenn der Nachlass ungeordnet ist bzw. die Unterlagen unvollständig sind, will Eckelskemper,[565] soweit sich das Fehlen der Unterlagen nur in einem gesteigerten bürokratischen Aufwand niederschlägt, die Normalvergütung nach Stundensätzen erhöhen. Er lässt dabei aber offen, wonach sich die Stundensätze zu richten haben.
Bei einem ungewöhnlich vielgestaltigen Nachlass ist nach Eckelskemper[566] eine zusätzliche Tabellenvergütung bezogen auf den problematischen Teil zu gewähren. Falls das Vermögen oder die Schulden des Erblassers bei sehr vielen Banken angelegt sind, empfiehlt Eckelskemper[567] pro Bank eine pauschale Vergütung von 250 DM. Dies ist abzulehnen, da durch die Pauschale kein konkreter Bezug zur Tätigkeit des Testamentsvollstreckers hergestellt werden kann. Eine besonders aufwendige Grundtätigkeit gilt die Neue Rheinische Tabelle[568] hingegen in jedem Fall mit einem Zuschlag von 2/10 bis 10/10 des Vergütungsgrund-

---

[560] Vgl. zum „Normalfall“: Zweiter Teil § 3 E.III.1.d.
[561] Bengel/Reimann/Eckelskemper, X. Rn. 45 ff. und ausführlich Zweiter Teil § 4 A.12.a.-c.
[562] Tschigale, JurBüro 1965, 89 ff.; zustimmend Göttlich/Mümmler, BRAGO, S. 1529.
[563] Ähnlich Belde, JurBüro, 1969, 684; Tiling, ZEV 1998, 331, 335.
[564] Bengel/Reimann/Eckelskemper, X. Rn. 51.
[565] Bengel/Reimann/Eckelskemper, X. Rn. 45.
[566] Bengel/Reimann/Eckelskemper, X. Rn. 46.
[567] Bengel/Reimann/Eckelskemper, X. Rn. 49.
[568] Dt. Notarverein, ZEV 2000, 181, 182.

betrags ab. Für die Auseinandersetzung (Aufstellung eines Teilungsplans und dessen Vollzug)[569] und die Erfüllung von Vermächtnissen[570] gewährt sie einen Zuschlag von 2/10 bis 10/10 der Regelgebühr.

b. Sonstige Zuschläge zur Regelgebühr

Im Rahmen der Abwicklungsvollstreckung werden neben der Konstituierungs- und Auseinandersetzungsgebühr noch weitere Zuschläge gewährt, die sich nicht immer eindeutig der Konstituierung oder Auseinandersetzung zuordnen lassen.[571] So bekommt der Testamentsvollstrecker für eine komplexe Nachlassverwaltung nach der Neuen Rheinischen Tabelle[572] einen Zuschlag von 2/10 bis 10/10 der Regelgebühr. Im Gegensatz hierzu differenziert Eckelskemper die Bemessung des Zuschlags danach, worauf der besondere Aufwand beruht. Weichen Alter oder Gesundheit der vom Erblasser Bedachten oder sonst am Nachlass Beteiligten vom Normalfall ab, so will Eckelskemper[573], soweit die Beteiligung Minderjähriger nichts mit dem übrigen Nachlass zu tun hat, den erhöhten Zeitaufwand nach Stundensätzen abrechnen, wobei es auch auf die Person des Testamentsvollstreckers ankommen soll.[574] Zwar spricht Eckelskemper explizit nur von Minderjährigen, doch geht er in seiner Fallgruppe von Minderjährigen oder Behinderten aus, so dass anzunehmen ist, dass die Stundenabrechnung bei der Beteiligung Behinderter entsprechend gilt. Bei der Bestimmung des Stundensatzes schlägt Eckelskemper im Grunde vor, wie beim Berufsvormund vorzugehen, indem er auf die Person und damit deren nutzbare Fachkenntnisse abstellt.[575] Dieser Berechnungsweise ist zuzustimmen, da sie eine exakte Berechnung der Vergütung anhand des Umfangs und der nutzbaren Fachkenntnisse erlaubt. Außerdem will Eckelskemper[576] bei einer Vielzahl bedachter Personen pro Person eine pauschale Sondervergütung von DM 250 zuzusprechen. Stundensätze lehnt er ab, da dies zu Unfrieden führe. Entgegen Eckelskemper sind aber auch hier Stundensätze vorzugswürdig, da sie die Tätigkeit und deren Wert – im Gegensatz zu den Vergütungspauschalen - transparenter und nachvollziehbarer machen und deshalb als praktikable Lösung in Betracht kommen. Folge einer längeren Verwaltungsphase eine Auseinandersetzung, so will Eckelskem-

---

569 Ebenso Bengel/Reimann/Eckleskemper, X. Rn. 50.
570 Dt. Notarverein, ZEV 2000, 181, 182.
571 Vgl. ausführlich zu den Tatbeständen: Zweiter Teil § 3 F.III.d.
572 Dt. Notarverein, ZEV 2000, 181, 182.
573 Bengel/Reimann/Eckelskemper, X. Rn. 47.
574 Zu diesem Zuschlagstatbestand ausführlich Zweiter Teil § 3 F.III.1.d.
575 Vgl. Typenvergleich beim Vormund, Zweiter Teil § 3 F.IV.
576 Bengel/Reimann/Eckelskemper, X. Rn. 48.

per hierfür u.U. die gesamte Testamentsvollstreckergebühr, womit er anscheinend die Tabellenvergütung meint, nochmals entrichten.[577]

Nach der Neuen Rheinische Tabelle ist auch für aufwendige und schwierige Gestaltungsaufgaben im Vollzug der Testamentsvollstreckung, die über die bloße Abwicklungsvollstreckung hinausgehen wie etwa Umschuldung, „Versilbern des Nachlasses", Umstrukturierung etc. ebenfalls ein Zuschlag von 2/10 bis 10/10 zu gewähren.[578] Soll durch die Anordnung der Testamentsvollstreckung ein Streit zwischen den Erben und/oder Vermächtnisnehmern geschlichtet werden, so biete es sich nach Ansicht Eckelskempers[579] an, diese Tätigkeit entsprechend der Kostenordnung für einen Notar (Vermittlung der Auseinandersetzung) zu vergüten. Dem kann jedoch nicht gefolgt werden, da die Kostenordnung für Notare auf diesen Berufsstand zugeschnitten ist. Sie ist für die Vergütungsbemessung eines Nichtnotars nicht geeignet, da die Kostenordnung die Qualifikation des Notars, dessen Büro- und Personalkosten abgilt. Hätte ein Nicht-Jurist aber einen Notar hinzugezogen, so kann ein als Testamentsvollstrecker tätiger Notar seine Berufsdienste im Rahmen der Testamentsvollstreckung nach der Kostenordnung gem. §§ 2218, 670 BGB abrechnen.[580]

Schließlich kann der Testamentsvollstrecker gemäß der Neuen Rheinischen Tabelle einen Zuschlag von 2/10 bis 10/10 der Grundgebühr für die Erledigung von Steuerangelegenheiten fordern.[581] Falls sich die Steuerangelegenheit nur auf einzelne Nachlassgegenstände beziehe, ermittele sich der Zuschlag nach deren Wert aus dem für den Gesamtnachlass einschlägigen Prozentsatz.[582] Zwar fordert von Morgen für den Fall einer Erbteilsvollstreckung eine Erhöhung der Vergütung, doch macht er keinen Vorschlag zur Berechnung des Zuschlags.[583]

13. Höchstgrenzen –Sättigungsgrenzen ?

Als Höchstsatz für die Gesamtvergütung des Testamentsvollstreckers werden von der Literatur 12–12,5 %[584] des Nachlassbruttowertes vorgeschlagen. Hieran wird kritisiert, dass diese starren Obergrenzen den Umständen des Einzelfalls nicht immer gerecht würden.[585] Auch nach der Neuen Rheinischen Tabelle soll die Gesamtvergütung, die sich aus Vergütungsgrundbetrag und Zuschlägen

---

[577] Bengel/Reimann/Eckelskemper, X. Rn. 50, 52.

[578] Dt. Notarverein, ZEV 2000, 181, 182.

[579] Bengel/Reimann/Eckelskemper, X. Rn. 53.

[580] Vgl. ausführlich zur Vergütung von Berufsdiensten: Dritter Teil § 2 A.

[581] Dt. Notarverein, ZEV 2000, 181, 182; zu diesem Tatbestand vgl. Zweiter Teil § 3 F.III.1.d.

[582] Dt. Notarverein, ZEV 2000, 181, 182.

[583] Von Morgen, ZEV 1997, 116, 118 und ZEV 1996, 170 Fn. 7.

[584] Tschigale, JurBüro, 1969, 90, 91 Fn. 38: 12 ½ %; Haegele/Winkler, Rn. 601; Tiling, ZEV 1998, 331, 335; Ein Schiedsgutachten Hamburger Rechtsanwälte kam 1930 auf einen Höchstsatz von ca. 7 % des Nettonachlaßwertes (zitiert nach Haegele/Winkler, Rn. 601 Fn. 4).

[585] Belde, JurBüro, 1969, 683.

ergibt, das Dreifache des Vergütungsgrundbetrages nicht überschreiten; ebenso soll die Kumulierung bestimmter Zuschläge in der Regel auf 15/10 begrenzt sein.[586] Da dies nur „in der Regel" gelten soll, kann diese Grenze im Einzelfall hinfällig sein. Die Tabelle wird so dem Erfordernis der Angemessenheit im Einzelfall gerecht.

II. Vergütung des Vormunds

1. Tabellen beim Vormund ?

Bei der Vormundschaft hat sich die Vergütung nach Stundensätzen insbesondere bei Berufsvormündern durchgesetzt.[587] Das Vermögen ist bei der Vergütungsbemessung kein unmittelbares Kriterium mehr und fließt daher nur noch über den Umfang und die Schwierigkeit der Geschäfte in die Vergütung ein.[588] Außerdem nennt § 1836 Abs. 2 n.F. BGB das Vermögen nicht mehr ausdrücklich.[589] Dies gilt sowohl bei einem vermögenden (§ 1836 Abs. 1, 2 BGB) als auch bei einem mittellosen Mündel (§ 1836 a BGB). Beim ehrenamtlichen Vormund wird die Vergütung grundsätzlich auch nicht nach starren Regeln oder Prozentsätzen des Vermögens bemessen und es gibt auch keinen Regelrahmen sowie Mindest- und Höchstbetrag.[590] Aber auch eine Berechnung nach Stundensätzen scheide grundsätzlich aus, obwohl der Zeitaufwand beim ehrenamtlichen Vormund ebenfalls eine wesentliche Rolle spiele.[591] Diese Ansicht wird nicht weiter begründet. Wenn jedoch eingeräumt wird, dass der Zeitaufwand eine wesentliche Rolle spielt, ist allerdings nicht recht einzusehen, dass eine Berechnung nach Stundensätzen nicht möglich sein soll. Richtigerweise müssen die Grundsätze, die für den Berufsvormund gelten, also die Bemessung mittels eines Stundensatzes, für den ehrenamtlichen Vormund entsprechend anwendbar sein.[592] Überdies ist

---

[586] Dt. Notarverein, ZEV 2000, 181, 182.

[587] Palandt/Diederichsen, § 1836 Rn. 21; Erman/Holzhauer, § 1836 Rn. 5; Soergel/Zimmermann, § 1836 Rn. 25, 36 m.w.N.

[588] H.M. vgl. ausführlich hierzu Bemessungskriterien beim Vormund: Zweiter Teil § 3 B.III.; a.A. noch Soergel/Zimmermann, § 1836 Rn. 23, 27, bei der Zimmermann die Berechnung nach Prozentsätzen des Vermögens zulässt; ebenso Jochum/Pohl, Rn. 682 ff. für den Nachlasspfleger mit dem Argument, dass Gegenstand der Tätigkeit die Vermögens- und nicht die Personensorge sei; zur Kritik dieser Argumentation vgl. Zweiter Teil § 3 B. III.; auch gelten nach h.M. die für die Vergütung der Tätigkeit anderer Vermögensverwalter (z.B. Insolvenzverwalter oder Testamentsvollstrecker) angewandten Richtsätze für den Vormund nicht, Staudinger/Engler § 1836 Rn. 30 m.w.N.

[589] Zimmermann, ZEV 1999, 331, 333 zur Nachlasspflegervergütung.

[590] Ausführlich hierzu: Bemessungskriterien beim Vormund Zweiter Teil § 3 B.I.; nach a.A. werden trotzdem Prozentsätze für anwendbar gehalten, Soergel/Zimmermann, § 1836 Rn. 36.

[591] Ausführlich hierzu: Bemessungskriterien beim Vormund, Zweiter Teil § 3 B.I.

[592] Für den Nachlasspfleger: Zimmermann, ZEV 1999, 329, 337.

die Berechnung mittels eines Stundensatzes Billigkeitserwägungen im Ergebnis eher zugänglich als Prozentsätze des Vermögens, da ein Stundensatz die Bemessungskriterien am präzisesten zu erfassen vermag.

2. Stundensatzhöhe beim Vormund

Die Höhe des Stundensatzes richtet sich nach den Bemessungskriterien des § 1836 Abs. 1 BGB bzw. nach § 1836 a BGB für die Vergütung des Vormunds eines mittellosen Mündels. Der Anspruch nach § 1836 a BGB richtet sich gegen den Staat. Da der Vormund verpflichtet ist, das Amt zu übernehmen, muss dem Berufsvormund eines mittellosen Mündels, der von der Tätigkeit leben muss, eine Vergütung gewährt werden. Beim Berufsvormund eines bemittelten Mündels wird sich das Gericht regelmäßig an die in der jeweiligen Berufsgruppe allgemein anerkannten Stundensätze anlehnen und gegebenenfalls auf eine ähnliche Berufsgruppe mit vergleichbarer Ausbildung zurückgreifen.[593] Dabei werden regelmäßig auch die Büro- einschließlich der Personalkosten, die üblicherweise für ein Büro mittleren Zuschnitts anfallen, ersetzt; Maßstab ist hier gegebenenfalls ein Rechtsanwaltsbüro.[594] Auch ist dabei nach bislang h.M.[595] die Umsatzsteuer mit einzurechnen und nicht gesondert festzusetzen. Als Stundensätze für Rechtsanwälte setzt die Rechtsprechung Sätze zwischen 200,-[596] und 300,-[597] DM fest. Das OLG Schleswig senkt den Stundensatz auf 200 DM ab, wenn der Rechtsanwalt seine beruflichen Fähigkeiten nicht benötigt.[598] Für andere Berufsgruppen wie z.B. Diplomsozialpädagogen oder Psychologen werden die in diesen Berufsgruppen üblichen Stundensätze herangezogen.[599] Setzt man die Vergütung des ehrenamtlichen Vormunds ebenfalls mittels eines Stundensatzes fest,[600] so muss es sich vergütungsmindernd auswirken, dass der nicht berufsmäßige Vormund geringere Unkosten hat.[601] Die Kosten für Büro und Personal sind also aus dem Stundensatz herauszurechnen.[602]

---

[593] BayObLG FamRZ 1995, 692; BayObLG FamRZ 1997, 700; OLG Köln FamRZ 1997, 1350 f.; OLG Karlsruhe FamRZ 1998, 698, 699; BayObLG NJW-RR FER 1999, 34; Palandt/Diederichsen, § 1836 Rn. 21.

[594] BayObLG FamRZ 1996, 1168.

[595] Palandt/Diederichsen, § 1836 Rn. 18 m.w.N.; vgl. zu den Fragen der Umsatzsteuer ausführlich: Vierter Teil § 2 B.

[596] BayObLG FamRZ 1997, 580; BayObLG BtPrax 1997, 123; OLG Karlsruhe FamRZ 1998, 698; BayObLG FER-NJW 1999, 34: 220 DM.

[597] OLG Schleswig FamRZ 95, 46.

[598] OLG Schleswig FamRZ 98, 186.

[599] Palandt/Diederichsen, § 1836 Rn. 18 m.w.N.

[600] Vgl. hierzu Tabellen beim Vormund: Zweiter Teil § 4 A.II.2.

[601] Für den Nachlasspfleger: Zimmermann, ZEV 1999, 329, 337 m.w.N.

[602] Da beim Berufsvormund die Büro- und Personalkosten einzurechnen sind, können sie auch herausgerechnet werden.

Für die Vergütung von Berufsvormündern mittelloser Mündel sind die Stundensätze in § 1 BVormVG festgeschrieben. Diese starren und im Vergleich zu den Honoraren von Vormündern bemittelter Mündel recht niedrigen Sätze haben wohl auch den Zweck, die finanzielle Belastung des Staates zu beschränken. Vergleicht man den Stundensatz in Höhe von DM 60,- zuzüglich USt, den ein Rechtsanwalt nach § 1 Abs. 1 Nr. 2 BVormVG erhält, mit einem Stundensatz von 200-300 DM einschließlich USt, den ein als Vormund eines bemittelten Mündels tätiger Rechtsanwalt erhält, so stellt man eine erhebliche Diskrepanz fest. Zwar werden die Stundensätze des § 1836 a BGB in der Begründung als Orientierungshilfe für die Festsetzung der Vergütung des Berufsvormundes eines nicht mittellosen Mündels bezeichnet,[603] doch dürften diese Sätze in der Praxis allenfalls als Mindestsätze angesehen werden.
Beim Vergütungsanspruch gegen die Staatskasse ist ferner die Umsatzsteuer gesondert zu ersetzen (§ 1836 a BGB i.V.m. § 1 Abs. 1 S. 3 BVormVG), da der Stundensatz dort nicht flexibel ist.[604] Dies verhindert, dass die abzuführende Umsatzsteuer – die anders als im Falle des § 1836 Abs. 2 BGB wegen der festegelegten Vergütungssätze nicht durch Erhöhung der Vergütung berücksichtigt werden und anders als eine gegebenenfalls auf Aufwendungen des Vormunds erhobene Umsatzsteuer nicht als Teil der Aufwendungen selbst dem Mündel in Rechnung gestellt werden kann – die dem Berufsvormund real zufließende Vergütung schmälert.[605] So gelangen – bei gleichen Fachkenntnissen und vergleichbarer Schwierigkeit der vormundschaftlichen Geschäfte – für umsatzsteuerpflichtige und nicht umsatzsteuerpflichtige Berufsvormünder eines mittellosen Mündels in Ansehung der dem Berufsvormund netto verbleibenden Vergütung die gleichen Vergütungssätze zur Anwendung.[606]
Eine Erhöhungsdiskussion wurde bislang für die Vergütung des Vormunds weder in der Rechtsprechung noch der Literatur geführt.[607] Dies beruht darauf, dass sich die Stundensätze des Berufsvormunds gem. § 1836 Abs. 2 S.2 BGB an den aktuellen Stundensätzen der Berufsgruppe orientieren, der der Vormund angehört. Für die starren Stundensätze nach § 1836a i.V.m. § 1 BVormVG ist eine Erhöhungsdiskussion auch nicht erforderlich, da das BVormVG vom 25.06.1998 ist und die Stundensätze noch als zeitgemäß angesehen werden können.

[603] BT-Drucks 13/7158 S.27.
[604] BT-Drucks 13/7158 S.28.
[605] BT-Drucks 13/7158 S.28.
[606] BT-Drucks 13/7158 S.28.
[607] Entsprechendes gilt für die früher angewandten Prozentsätze; vgl. zu diesen: Soergel/Zimmermann, § 1836 Rn. 23, 27.

III. Vergütungstabelle beim Insolvenzverwalter ?

Die Höhe der Vergütung des Insolvenzverwalters bestimmt sich nach den §§ 2, 3 InsVV. § 2 InsVV legt Prozentsätze der Schlussmasse (vgl. § 1 InsVV) als Vergütung für den Normalfall fest.[608] Darüber hinaus ermöglicht § 3 InsVV die Festsetzung von Zu- und Abschlägen bei Abweichungen des konkreten Falles vom Normalfall. Feste Prozentzahlen werden diesbezüglich aber nicht vorgegeben.

1. Bemessungsgrundlage

Bei der Bemessung der Vergütung des Insolvenzverwalters wird gem. § 1 InsVV von der sog. „Schlussmasse" als Berechnungsgrundlage[609] ausgegangen, d.h. es wird von der Masse ausgegangen, auf die sich die Schlussrechnung des Insolvenzverwalters bezieht. Zweck der Vorschrift ist es, für die Vergütung nur Werte heranzuziehen, die für die Zahlung der Vergütung auch zur Verfügung stehen.[610] Daher soll nur die unbelastete Masse als Berechnungsgrundlage herangezogen werden. Die Bearbeitung von Fremdrechten wird stattdessen mit einem Zuschlag abgegolten.[611]
Es ist kein dogmatisches Argument, als Bemessungsgrundlage nur das unbelastete Vermögen heranzuziehen, weil nur dieses für die Vergütung zur Verfügung stehe.[612] Für dessen Heranziehung spricht wohl mehr das rechtspolitische Ziel, sog. „überhöhte Vergütungen" zu verhindern.[613] Eine Überhöhung kann es jedoch bei einer dogmatisch korrekt begründeten Vergütung gerade nicht geben. Schließlich ist strikt zwischen dem Vergütungsanspruch und dessen Durchsetzbarkeit zu trennen. Auch ein Zuschlag nach § 3 Abs. 1 a) InsVV kann diese Fehlargumentation, mit der auf die Schlussmasse Bezug genommen wird, allenfalls in den Fällen ausgleichen, in denen die Bearbeitung von Aus- und Absonderungsrechten einen erheblichen Teil der Tätigkeit ausmacht.

[608] Zum insolvenzrechtlichen Normalfall siehe Zweiter Teil § 3 F.V.
[609] Ausführlich zur Diskussion um die Berechnungsgrundlage: Eickmann, Vergütungsrecht, § 1 Rn. 3 ff..
[610] Allgemeine Begründung zum Entwurf der InsVV, zitiert nach Eickmann, Vergütungsrecht, S. 184 f.
[611] Allgemeine Begründung zum Entwurf der InsVV, zitiert nach Eickmann, Vergütungsrecht, S. 185; Zuschlag z.B. nach § 3 a InsVV.
[612] Ähnlich Eickmann, Vergütungsrecht, § 1 Rn. 6.
[613] Ähnlich Eickmann, Vergütungsrecht, § 1 Rn. 6.

2. Erhöhungsdiskussion beim Insolvenzverwalter?

In der neuen InsVV wurden die Regelsätze für einen insolvenzrechtlichen Normalfall 1999 deutlich erhöht. Die amtliche Begründung zu § 2 InsVV[614] weist im wesentlichen darauf hin, dass seit der letzten Anpassung durch die Änderungsverordnung vom 19. Juni 1972[615] eine allgemeine Kostensteigerung eingetreten sei und sich der Aufgabenkreis des Insolvenzverwalters insbesondere auf dem Gebiet des Arbeitsrechts erweitert habe. Im Bereich bis zu 50 Millionen DM Teilungsmasse werde sichergestellt, dass für die Insolvenzverwalter im Vergleich zur bisherigen Vergütungspraxis (Regelvergütung in Höhe der 4fachen Staffelvergütung) keine Verschlechterung eintritt.[616] Nur bei sehr hohen Teilungsmassen über 50 Millionen DM greife eine stärkere Degression als bisher.[617] Die bisherige Vergütungspraxis zur alten InsVV sprach den 3 - 4fachen Regelsatz zu, da die am 25. Mai 1960 veröffentlichte Rechtsverordnung bereits die seit 1936 eingetretenen Veränderungen der wirtschaftlichen (Teuerungsraten) und rechtlichen Verhältnisse (z.B. neue Sicherungsrechte) nicht ausreichend berücksichtigt hatte.[618] Darüber hinaus wird die Erhöhung der Regelsätze der InsVV damit begründet, dass die zunehmende Verbreitung von Sicherungsvereinbarungen und die dadurch eintretende Schmälerung der unbelasteten Insolvenzmasse die bisherigen Regelsätze für Insolvenzverwalter als unangemessen erscheinen lasse.[619]

Die Anhebung der Regelsätze beim Insolvenzverwalter um das 3 – 4fache seit 1960 übertrifft hingegen die beim Testamentsvollstrecker vorgeschlagenen Erhöhungen der aus dem Jahr 1925 stammenden Prozentsätze bei weitem.[620] Bei den Vergütungstabellen zur Testamentsvollstreckervergütung wurden im Gegensatz zum Insolvenzverwalter regelmäßig nur die Wertstufen der Alten Rheinischen Tabelle erhöht.[621] Durch die schlichte Erhöhung der Degressionsstufen, wie beim Testamentsvollstrecker, oder nur der Regelsätze, wie beim Insolvenzverwalter, bekommt der Verwalter jedoch in der Regel für die gleiche Arbeit

614 Amtliche Begründung zu § 2 InsVV in: Haarmeyer/Wutzke/Förster, InsVV S. 38.
615 BGBl. S. 1260
616 Amtliche Begründung zu § 2 InsVV in: Haarmeyer/Wutzke/Förster, S. 38.
617 Amtliche Begründung zu § 2 InsVV in: Haarmeyer/Wutzke/Förster, S. 38.
618 Haarmeyer/Wutzke/Förster, InsVV, Vor § 1 VergVO, Rn.3 ff. und § 3 VergVO Rn. 6. Kritisiert wird aber, dass die Regelsätze der neunen InsVV insgesamt unter den bisherigen Sätzen der Vergütungspraxis liegen, so dass entgegen der Amtlichen Begründung zur neuen InsVV tatsächlich eine Verschlechterung eingetreten ist, so Eickmann, Vergütungsrecht, § 2 Rn. 2, 3 und Haarmeyer/Wutzke/Förster, InsVV, § 2 Rn. 3.
619 Amtliche Begründung zu § 2 InsVV in: Haarmeyer/Wutzke/Förster, S. 38.
620 Zur Erhöhung der Tabellensätze beim Testamentsvollstrecker: Zweiter Teil § 4 A.I.4.-9.
621 Vgl. Tabellen nach Weirich und Eckelskemper: Zweiter Teil § 4 A.I.5., 6.

heute eine geringere Vergütung als früher.[622] Beide Größen sind daher entsprechend den Umständen anzupassen.[623]

3. Degression der Regelsätze

In § 2 InsVV wurde die Degression der Regelsätze gegenüber § 3 VergVO verstärkt. Diese Degression bezweckt, exorbitant hohe Vergütungen, die vom Arbeitsaufwand, der Leistung und der Verantwortung des Insolvenzverwalters nicht mehr gedeckt sind, auszuschließen.[624] Eickmann[625] kritisiert die Degression im Rahmen der InsVV. Zwar solle die Degression nach der Begründung zum Entwurf der InsVV bei ungewöhnlich hohen Teilungsmassen Ergebnisse verhindern, die im Hinblick auf die insolvenzrechtlichen Einbußen der Gläubiger als unangemessen empfunden werden. Diese Konzeption vertrage sich aber nicht mit einer Tätigkeitsvergütung, da die Erwirtschaftung der jeweiligen Mehrbeträge an Teilungsmasse denselben Arbeits- und Unkostenaufwand verlange, wie sie für den vorherigen Wertteil erforderlich gewesen ist. Dem entgegengesetzt werde immer mehr Arbeit immer geringer bezahlt. Nach der Ansicht Eickmanns[626] verkenne die Regelung auch, dass u.U. als hoch empfundene Vergütungen eine Korrektivfunktion für die häufigeren geringen Vergütungen habe. Letzterem muss widersprochen werden, da die InsVV in jedem Einzelfall und nicht nur in einer abstrakten Vielzahl von Fällen eine angemessene Vergütung gewährleisten muss.[627] Die Korrektivfunktion kann die Degression folglich nicht begründen. Außerdem würde diese Argumentation dazu führen, dass die Regelsätze im Bereich der niedrigen Wertstufen als unangemessen niedrig und in den hohen Wertstufen als unangemessen hoch anzusehen wären. Dies widerspräche dem Erfordernis einer im Einzelfall angemessenen Vergütung. Zwar hält Eickmann[628] die Degression im Interesse der Erfüllung des Insolvenzzwecks für noch vertretbar, weist aber gleichzeitig darauf hin, dass dies in eindeutigem Widerspruch zum Angemessenheitsgrundsatz stehe. Im Rahmen der InsVV soll insbesondere der Zuschlag nach § 3 Abs. 1 c.) die stärkere Degression ausgleichen, wenn die Regelvergütung keine angemessene Gegenleistung mehr für einen erheblichen Arbeitsaufwand darstellt.

---

[622] Ausführlich zur Berücksichtigung der Teuerungsrate: Zweiter Teil § 4 A.I.10.a.
[623] Ausführlich zur Berücksichtigung der Teuerungsrate: Zweiter Teil § 4 A.I.10.a.
[624] Allgemeine Amtliche Begründung zur InsVV in: Haarmeyer/Wutzke/Förster, S. 31.
[625] Eickmann, § 2 Rn. 1 und § 2 Rn. 6 ff.
[626] Eickmann, § 2 Rn. 1.
[627] Ebenso Haarmeyer/Wutzke/Förster, InsVV, Vor § 1 Rn. 23.
[628] Eickmann, § 2 Rn. 7.

4. Höhe der Zu- und Abschläge beim Insolvenzverwalter

Die InsVV sieht in § 3 konkret tätigkeitsbezogene Zu- und Abschläge zu den Regelsätzen des § 2 vor, um die starren, ausschließlich auf den Wert der Masse bezogenen Regelsätze zu korrigieren.[629] Voraussetzung ist ein konkret gestiegener oder geminderter Arbeitsaufwand. Über die Bemessung der Zu- und Abschläge sagt die InsVV hingegen nichts aus, sondern überlässt dies dem Beurteilungsspielraum des Gerichts. Eickmann[630] hat allerdings für Gerichtsentscheidungen die InsVV ein prozentuales Zu- und Abschlagssytem aus einer Vielzahl von entwickelt, um gleiche Tatbestände gleich zu behandeln und damit nachvollzieh- und vorhersehbar zu machen. Danach gibt es für bestimmte Erhöhungstatbestände konkrete prozentuale Zuschläge, wobei die Besonderheiten des Einzelfalles zu berücksichtigen sind. Entsprechendes gilt für Abschläge.

IV. Vergleich der Tabellen

Im Gegensatz zu den Prozentsätzen der Vergütungstabellen für Testamentsvollstrecker, die sich auf das Bruttovermögen beziehen, ist Bemessungsgrundlage der Regelsätze nach §§ 1, 2 InsVV das Nettovermögen, da nur dieses für die Vergütung zur Verfügung steht.[631] Eine Übertragung dieser Ansicht auf die Testamentsvollstrecker ist jedoch abzulehnen, da sich zum einen die Müheverwaltung häufig gerade auf die Verbindlichkeiten erstreckt[632] und zum anderen die Durchsetzbarkeit des Anspruchs strikt von der Ermittlung einer angemessenen Vergütung zu trennen ist. Da sich die Prozentsätze nach den Tabellen und der InsVV auf verschiedene Bemessungsgrundlagen beziehen, sind die Vergütungen nicht vergleichbar. Die Problematik des Bewertungszeitpunktes spielt beim Insolvenzverwalter, anders als beim Testamentsvollstrecker,[633] keine Rolle, da Bemessungsgrundlage nach § 1 InsVV in jedem Fall die Insolvenzmasse ist, auf die sich die Schlussrechnung bei Verfahrensende bezieht.[634]
Sowohl beim Testamentsvollstrecker als auch beim Insolvenzverwalter wird die allgemeine Kostensteigerung als Begründung für eine Erhöhung der Vergütung herangezogen. Der Aufgabenkreis des Insolvenzverwalters hat zudem wie der des Testamentsvollstreckers eine Erweiterung erfahren.[635] Im Gegensatz zum Insolvenzverwalter kann beim Testamentsvollstrecker aber keine Verkürzung der Bemessungsgrundlage durch Sicherungsvereinbarungen zur Begründung

[629] Begründung zu § 3 InsVV, zitiert nach: Haarmeyer/Wutzke/Förster, S. 39.
[630] Eickmann, § 3 Rn. 3 ff.: Entwicklung einer sog. „Faustregeltabelle".
[631] Zur Bemessungsgrundlage beim Insolvenzverwalter: Zweiter Teil § 4 A.III.1.
[632] Vgl. ausführlich zur Diskussion um die Bemessungsgrundlage: Zweiter Teil § 4 A.I.1.
[633] Zum Bewertungszeitpunkt ausführlich: Zweiter Teil § 4 A.I.2.
[634] Zum Bewertungszeitpunkt beim Insolvenzverwalter: Zweiter Teil § 4 A.III.1.
[635] Vgl. hierzu: Rechtliche Komplizierung, Zweiter Teil § 4 A.I.10.c.

einer Regelsatzerhöhung angeführt werden,[636] da dort ohnehin der Bruttonachlass und nicht der Nettonachlass als Bemessungsrundlage herangezogen wird.[637] Sowohl die Prozentsätze der Vergütungstabellen für Testamentsvollstrecker als auch die Regelsätze des InsVV sind degressiv gestaffelt, um exorbitant hohe Vergütungen, die vom Arbeitsaufwand, der Leistung und Verantwortung nicht mehr gedeckt sind auszuschließen.[638] Dies wird für die Testamentsvollstreckervergütungen zwar nicht ausdrücklich gesagt, doch dürfte dieser Gedanke hinter der Degression stehen. Zudem werden mit zunehmender Vermögensgröße in der Regel lediglich die Werte der einzelnen Vermögenspositionen höher, deren Anzahl steigt hingegen nicht in dem selben Maße, so dass deren Verwaltung nicht mit einem linear steigenden Aufwand verbunden ist. Daher ist die Degression grundsätzlich gerechtfertigt. Das OLG Köln[639] lehnt dagegen eine weitere degressive Staffelung der Testamentsvollstreckervergütung bei einem Nachlass von mehr als 1 Million DM mit dem nicht stichhaltigen Argument ab, dass eine solche im Schrifttum keine Stütze findet.

Im Rahmen der Insolvenzverwaltung kann die Degression mittels Zuschlägen für besonders umfangreiche Tätigkeiten ausgeglichen werden.[640] Entsprechendes gilt für den Testamentsvollstrecker.[641] Sowohl beim Insolvenzverwalter gibt es Zu- und Abschlagstatbestände, um die Besonderheiten des Einzelfalles berücksichtigen zu können.[642]

V. Eignung der Tabellen zur Vergütungsbestimmung ?

Fraglich ist schließlich, ob die vorhandenen Tabellen für Testamentsvollstrecker geeignet sind, eine Vergütung zu bestimmen, die die Bemessungskriterien[643] ausreichend berücksichtigt.

1. Eignung der Tabellen für Testamentsvollstrecker

a. Berufsmäßigkeit

Die Alte Rheinische Tabelle des Vereins für das Notariat in Rheinpreußen sowie deren Weiterentwickelungen sind nur „für die Tätigkeit des Notars als Testa-

636 Zu diesem Erhöhungsargument: Zweiter Teil § 4 III.3.

637 Vgl. hierzu Zweiter Teil § 4 A.I.1.

638 Zur Degression beim Insolvenzverwalter: Zweiter Teil § 4 A.III.3.

639 OLG Köln, NJW RR 1994, 269, 270.

640 Zum Ausgleich der Degression: Zweiter Teil § 4 A.III.3.

641 Vgl. hierzu ausführlich Gebührentatbestände: Zweiter Teil § 3 F.III.1.a., b., e.

642 Zu den Zu- und Abschlagstatbeständen beim Testamentsvollstrecker ausführlich: Zweiter Teil § 3 F.III.1.a., b., e.; beim Insolvenzverwalter § 3 InsVV und Zweiter Teil § 4 A.III.4.

643 Vgl. zu den Bemessungskriterien beim Testamentsvollstrecker: Zweiter Teil § 3 E.

mentsvollstrecker“[644] erstellt worden. Es handelt sich daher um Vergütungen für die berufsmäßige Testamentsvollstreckung durch einen Notar. Somit ist davon auszugehen, dass sie dessen allgemeine Kosten sowie dessen Lebensunterhalt abdeckt; die Tabelle ist daher auch auf berufsmäßige Testamentsvollstrecker mit einer vergleichbaren Qualifikation anwendbar. Die Testamentsvollstreckung kann aber ebenso nicht berufsmäßig ausgeübt werden. Dies ist bei der Vergütungsbemessung zu beachten, da dann die allgemeinen Geschäftskosten nicht berücksichtigt werden dürfen.[645] Die Vergütungstabellen treffen hierfür jedoch keine Unterscheidung und sind daher insoweit zur Vergütungsbestimmung nicht geeignet und anwendbar.

b. Nutzbare Fachkenntnisse und Schwierigkeit der Tätigkeit

Das OLG Köln[646] vertritt die Auffassung, dass die auf Notare zugeschnittenen Richtlinien auch auf Personen mit vergleichbarer Sachkunde anwendbar sind, nicht jedoch auf andere Personen. Dies folge daraus, dass in die Vergütungshöhe auch die Verwertung besonderer Kenntnisse und Erfahrungen sowie die Bewährung einer sich im Erfolg auswirkenden Geschicklichkeit einfließe. Dem ist zuzustimmen. Folglich vergütet die Tabelle die für eine Testamentsvollstreckung nutzbaren Fachkenntnisse eines Notars oder einer Person mit vergleichbaren Fachkenntnissen. Die Tabellen berücksichtigten jedoch nicht, dass es Testamentsvollstrecker gibt, die weder Notar sind noch eine entsprechende Qualifikation besitzen und infolgedessen über weniger nutzbare Fachkenntnisse verfügen. Deren Qualifikation ist aber mangels Nutzbarkeit niedriger als die eines Notars zu bewerten. Der überwiegende Teil der Literatur geht auf dieses Problem nicht ein oder vertritt die Auffassung, dass es auf die berufliche Qualifikation des Testamentsvollstreckers nicht ankomme.[647] Mangelnde Qualifikation und Kompetenz seien lediglich als haftungsrechtliches Problem zu sehen.[648] Dies trifft zwar für die Ernennung und Haftung des Testamentsvollstreckers zu,[649] bei der Bemessung der Vergütung muss die Qualifikation hingegen beachtet werden.[650] Für die Bestimmung der Vergütung muss daher zum einen die Schwierigkeit der konkreten Testamentsvollstreckung ermittelt werden und zum anderen muss festgestellt werden, inwieweit die Qualifikationen des Testa-

[644] Plaßmann, JW 1935, 1831.
[645] Vgl. ausführlich zur Berücksichtigung der Geschäftskosten: Zweiter Teil § 3 D. und Dritter Teil § 1 A., § 4 A.II.
[646] OLG Köln, NJW-RR 1995, 202, 203.
[647] Haegele/Winkler, Rn. 635.
[648] Bengel/Reimann/Eckelskemper, X. Rn. 57.
[649] Zur Auswahl des Testamentsvollstreckers: Erster Teil § 3 A.; zu dessen Haftung: Erster Teil § 7 A.
[650] Ausführlich zum Bemessungskriterium der Qualifikation: Zweiter Teil § 3 A., D., E.

mentsvollstreckers für die Testamentsvollstreckung nutzbar sind. Diese Differenzierung nehmen die Tabellen hingegen nicht vor und sind infolgedessen zur Vergütungsbestimmung in Fällen, in denen der Testamentsvollstrecker über keine Qualifikation verfügt, die der eines Notars vergleichbar ist, ungeeignet.

c. Umfang der Tätigkeit

Die Hauptschwäche der Tabellen besteht darin, dass unklar ist, welchen Arbeitsumfang sie abgelten.[651] An dieser Stelle sei auf die Ausführungen zur Definition des „Normalfalls“ einer Testamentsvollstreckung hingewiesen,[652] die deren Umfang und Dauer nur ungenügend beschreibt. Wenn aber nicht klar ist, wie lange eine Testamentsvollstreckung normalerweise dauert, kann eine Tabelle den Umfang der Tätigkeit auch nicht bewerten.[653] Entsprechendes gilt für Abweichungen vom Normalfall, sog. Zu- und Abschläge.[654] Es kann folglich kein konkreter Bezug der Vergütung zum Umfang der Tätigkeit hergestellt werden.

Die Tabellen versuchen, den Umfang der Tätigkeit überdies durch eine bestimmte Anzahl von Wert- bzw. Degressionsstufen zu berücksichtigen. Die bisherigen Tabellen zur Testamentsvollstreckervergütung sehen zwischen vier und fünf Wertstufen vor. Allein Möhring[655] zieht eine Vielzahl von Wertstufen heran, die im niedrigen Bereich eng gestaffelt (z.B. von 10.000 DM bis 20.000 DM in 1000 DM-Schritten) und bei größeren Nachlässen weiter gestaffelt werden (z.B. von 110.000 DM bis 2.000.000 DM in 10.000 DM-Schritten).[656] In der Praxis herrscht aber gerade bei großen Vermögen Unsicherheit über die Testamentsvollstreckervergütung, da die Tabellensätze die Bemessungskriterien mit zunehmender Vermögensgröße immer ungenauer erfassen.

So hat das BayObLG[657] in einer früheren Entscheidung für den Nachlasspfleger einen Nachlass zwischen 1 und 10 Millionen DM als größeren Nachlass angesehen und dabei klargestellt, dass ein Vermögen von über 41 Millionen DM erheblich über den als „größer“ bezeichneten Nachlässen liege und die für größere Nachlässe angewandten Prozentsätze von 1 % - 2 % auch für eine bloße Kontrollüberlegung gänzlich ungeeignet erschienen, insbesondere wenn der Nachlass keine umfangreiche Verwaltungstätigkeit erfordere und die Pflegschaft nur kurze Zeit (drei Monate) gedauert habe.

---

[651] Ähnlich nun auch Zimmermann, ZEV 2001, 334, 338.
[652] Vgl. hierzu ausführlich: Regelgebühr, Zweiter Teil § 3 F.III.1.d.
[653] Ähnlich Zimmermann, ZEV 2001, 334, 338.
[654] Ebenso Zimmermann, ZEV 2001, 334, 338.
[655] Möhring/Beisswingert/Klingelhöffer, S. 224 ff.
[656] Zur Staffelung bei Möhring ausführlich: § 4 A.I.8.
[657] BayObLG, ZEV 1994, 249, 250 noch zu §§ 1960, 1836 a.F. BGB.

Da ein Vermögen von über 1 Million DM derzeit immerhin in 4,5 % aller Fälle vererbt wird,[658] besteht gerade für diese Größenordnung auch für die Testamentsvollstreckung Klärungsbedarf, da die herkömmlichen Tabellen in diesem Bereich nur eine ungenügende Differenzierung ermöglichen. Die Neue Rheinische Tabelle hat zwar die Anzahl der Wertstufen auf fünf erhöht, doch regelt die letzte Wertstufe die Vergütung für Nachlässe über 5 Millionen Euro (ca. 9.803.921 DM). Angesichts der Tatsache, dass Nachlässe von 10 Millionen DM aufwärts heute nicht mehr als außergewöhnlich angesehen werden,[659] insbesondere wenn Unternehmen in den Nachlass fallen, sind für Beträge darüber ebenfalls weitere Wertstufen oder Differenzierungsmöglichkeiten erforderlich, um eine angemessene Vergütung zu bestimmen. Die Undifferenziertheit macht die Tabellen zur Bestimmung der Vergütung, insbesondere bei größeren Vermögen von über 1 Million DM grundsätzlich ungeeignet. Die einfache Handhabung der Tabellen geht dabei zu Lasten einer angemessenen Vergütung. Dies führt schließlich zu großer Rechtsunsicherheit, so dass die Anwendung der Tabellen abzulehnen ist.

2. Vergleich mit der Eignung der InsVV zur Vergütungsbestimmung

Die InsVV ist wie die Tabellen für Testamentsvollstrecker auf die berufliche Ausübung der Insolvenzverwaltung ausgelegt.[660] Daher berücksichtigt die Vergütung, dass der Insolvenzverwalter für die Ausübung des Berufes über einen ausreichenden personellen Mitarbeiterstab, eine Büroausstattung und entsprechende Haftpflichtversicherungen verfügen muss.[661] Eine nicht berufsmäßige Insolvenzverwaltung existiert nicht, so dass eine Differenzierung im Gegensatz zur Testamentsvollstreckung entbehrlich ist. Zudem braucht die InsVV nicht nach nutzbaren Fachkenntnissen zu unterscheiden, da immer ein geeigneter Insolvenzverwalter bestellt werden muss,[662] dessen Kenntnisse nutzbar sind. Die Insolvenzverwaltervergütung muss daher im Gegensatz zur Testamentsvollstreckervergütung nicht nach nutzbaren Fachkenntnissen des Verwalters unterscheiden. Bei der Insolvenzverwaltung ist im Unterschied zur Testamentsvollstreckung der Normalfall eines Insolvenzverfahrens hinsichtlich des Umfanges hinreichend bestimmt beschrieben.[663] Daher kann dieser sowie even-

[658] Erbschaften, S. 186: BBE-Berechnungen und BBE-Befragung von Kreditinstituten, 1999.
[659] Möhring/Beisswingert/Klingelhöffer, S. 228.
[660] Zum Berufsbild des Insolvenzverwalters: Haarmeyer/Wutzke/Förster, InsVV, Vor § 1 Rn. 16
[661] Vgl. § 4 InsVV, sog. „allgemeine Geschäftskosten". Diese betragen bei einem anwaltlichen Insolvenzverwalter 60-70 % der Vergütung, Haarmeyer/Wutzke/Förster, InsVV, § 4 Rn. 2, Vor § 1 Rn. 12.
[662] Zur Auswahl des Insolvenzverwalters: Erster Teil § 3 C.
[663] Zur jeweiligen Definition des Normalfalls: Zweiter Teil § 3 F.III.1.d.; V.;VI.

tuelle Abweichungen hiervon mittels Prozentsätzen des Vermögens bewertet werden. Darüber hinaus sieht die neue InsVV[664] im Gegensatz zur alten Verordnung statt 5 jetzt 7 Wertstufen vor, um im oberen Bereich, d.h. bei Insolvenzmassen über 1 Million DM, eine stärkere Differenzierung zu ermöglichen und den Verwalter an der von ihm be- und erwirtschafteten Teilungsmasse angemessen zu beteiligen.

Entsprechendes gilt für die Neue Rheinische Tabelle, wobei dies - wie erörtert[665] - regelmäßig nur zu einer ungenügenden Differenzierung führt. Die InsVV ist schließlich besser zur Vergütungsbestimmung geeignet als die Tabellen für Testamentsvollstrecker, da sie die Bemessungskriterien, insbesondere den Umfang der Tätigkeit, präziser erfasst.

3. Zusammenfassung

Wie die Darstellung der Tabellen und Richtlinien für Testamentsvollstrecker gezeigt hat, können Prozentsätze des Vermögens lediglich als äußerst grobe Richtlinie für die Bestimmung einer angemessenen Testamentsvollstreckervergütung herangezogen werden, da dieses System der Vergütungsbemessung es nicht vermag, eine ausreichend präzise Beziehung zwischen Tätigkeit und Vergütung herzustellen. Die Tabellen sind allenfalls für berufsmäßige Testamentsvollstrecker, die über eine dem Notar vergleichbare Qualifikation verfügen, anwendbar. Insoweit vermögen sie die Bemessungskriterien, abgesehen vom Umfang der Tätigkeit, zu erfassen. Jedoch differenzieren die Tabellen nicht danach, ob die Testamentsvollstreckung berufsmäßig oder nicht ausgeübt wird und inwieweit die Fachkenntnisse des Testamentsvollstreckers für das Amt nutzbar sind. Die entscheidende Schwäche der Tabellen besteht jedoch darin, dass nicht klar ist, welchen Umfang der von ihnen abgegoltene Normalfall hat.[666] Infolgedessen ist es auch nicht möglich, diesen und Abweichungen davon zu bewerten.[667]

Betrachtet man all diese Unwägbarkeiten, die bereits im Tatbestand enthalten sind, so erscheint die Zuordnung von Prozentsätzen des Nachlasses oder Teilen davon – sei dies für die Regelgebühr oder für Zuschläge - eher fragwürdig.[668] Eckelskemper[669] scheint dieses Dilemma erkannt zu haben und stellt fest, dass für die Anknüpfung an die Alte Rheinische Tabelle die „prägende Kraft der Tradition" spreche. Gehe man über die Weiterentwicklung der Tabelle hinaus, so komme man in noch größere Begründungsschwierigkeiten, als man sie bei der

---

664 Amtliche Begründung zu § 2 InsVV in: Haarmeyer/Wutzke/Förster, S. 38.
665 Vgl. Eignung der Tabellen: Zweiter Teil § 4 A.IV.1.c.
666 Ausführlich hierzu: Zweiter Teil § 4 A.V.1.c.; ähnlich Zimmermann, ZEV 2001, 334, 337.
667 Ausfürhlich hierzu: Zweiter Teil § 4 A.V.1.c.; ähnlich Zimmermann, ZEV 2001, 334, 338.
668 Kritisch zu den Tabellen nun auch Zimmermann, ZEV 2001, 334, 337 f.
669 Bengel/Reimann/Eckelskemper, X. Rn. 42

Fortentwicklung bereits habe. Aus der Erkenntnis, dass diese Tabellen unter Begründungsnot leiden, zieht er jedoch keine Konsequenz und bleibt damit auf halbem Wege stehen. Die „prägende Kraft der Tradition“ kann schließlich kein dogmatisches Argument für die Anwendung der Tabellen sein. Zudem liefern Tabellenentwicklungen, die sich von der alten Rheinische Tabelle losgelöst haben, wie z.B. die Tabelle nach Möhring, keine weitergehende Präzisierung und Begründung des Gebührentatbestandes sowie der Höhe der Prozentsätze. Aufgrund all dieser Begründungsdefizite sind Prozentsätze des Nachlasses zur Bestimmung einer angemessenen Vergütung für den sog. Normalfall einer Abwicklungsvollstreckung sowie die Verwaltungs-, Nacherben- und Vermächtnisvollstreckung und die beaufsichtigende Testamentsvollstreckung abzulehnen. Die Bemessungskriterien, und dabei insbesondere das Kriterium des Umfangs der Tätigkeit, lassen sich beim Testamentsvollstrecker wie beim Vormund präziser mittels Stundensätzen erfassen. Dieser Ansicht ist nunmehr auch Zimmermann,[670] der zudem darauf hinweist, dass der Ansatzpunkt der Tabellen, der Verkehrswert des Vermögens, oft nur schwer feststellbar ist.[671]

B. Stundensatz des Testamentsvollstreckers

Stundensätze wurden im Rahmen der Testamentsvollstreckervergütung bisher nur vereinzelt diskutiert.[672] Wie sich aber bei der Kritik an den Tabellen gezeigt hat, bieten sich Stundensätze insbesondere bei Testamentsvollstreckungen an, bei denen der Umfang von vornherein nur schwer abgeschätzt werden kann.[673] Gegen Stundensätze als Bemessungsgrundlage könnte allerdings sprechen, dass bei kleinen Nachlässen die Gefahr besteht, dass diese durch die Vergütung aufgezehrt werden. Dem ist entgegen zu halten, dass ein kleiner Nachlass in der Regel auch weniger Arbeits- und Zeitaufwand erfordert. Zudem ist zu berücksichtigen, dass ein Testamentsvollstrecker im Normalfall das Amt ablehnen wird, wenn er für dieselbe Vollstreckungstätigkeit an einem kleinen Nachlass eine geringere Vergütung erhält als für die Vollstreckung an einem größeren Nachlass. Infolgedessen darf die Größe des Nachlasses für die Bestimmung des Stundensatzes keine unmittelbare Rolle spielen. Der Stundensatz ist grundsätzlich wie beim Vormund zu ermitteln, indem die Schwierigkeit der Tätigkeit und die hierfür nutzbaren Fachkenntnisse bewertet werden.[674] Ausgangspunkt ist da-

---

670 Zimmermann, ZEV 2001, 334, 337 ff., der vergleichsweise die entsprechenden Lösungen beim Vermögensbetreuer und Nachlasspfleger heranzieht.

671 Zimmermann, ZEV 2001, 334, 338.

672 Vgl. Bengel/Reimann/Eckelskemper, X. Rn. 43 ff. und Zweiter Teil § 4 A.I.12.b.; mittlerweile aber auch Zimmermann, ZEV 2001, 334, 337 ff.

673 Zur Eignung der Vergütungstabellen vgl. Zweiter Teil § 4 A.V.1.c.

674 Ähnlich Zimmermann, ZEV 2001, 334, 340, der aber die Nutzbarkeit der Fachkenntnisse nicht berücksichtigt.

bei der branchenübliche Stundensatz einer Berufsgruppe, die eine der konkreten Testamentsvollstreckung vergleichbare Tätigkeit ausübt. Da der Erblasser aber auch weniger geeignete Personen ernennen kann, die für die konkrete Testamentsvollstreckung über keine nutzbaren Fachkenntnisse verfügen, ist der Wert der Tätigkeit abweichend vom Normalfall gegebenenfalls entsprechend niedriger festzusetzen. Würde man diesen Personen einen hohen Stundensatz gewähren, wären die Erben mit einer – infolge übermäßigen Zeitbedarfs – überhöhten Vergütung belastet. Daher kann sich die Vergütung, entgegen der Ansicht von Zimmermann,[675] nicht allein an den Honoraren der Berufsgruppe orientieren, welcher der Testamentsvollstrecker angehört. Maßgeblich ist vielmehr die Nutzbarkeit der Fachkenntnisse. Die Stundensätze sind also für verschiedene „Typen" von Testamentsvollstreckern ähnlich wie in § 1 Abs. 1 BVormVG unterschiedlich festzusetzen. Zudem müssen beim berufsmäßigen Testamentsvollstrecker die Büro- und Personalkosten ebenso wie beim Berufsvormund in den Stundensatz einfließen.[676]

I. Schwierigkeit der Testamentsvollstreckung

Beim Vormund werden die Art und Schwierigkeit der Tätigkeit bei der Auswahl des Vormunds bereits berücksichtigt, da dieser für die Vormundschaft geeignet sein muss.[677] Beim Testamentsvollstrecker ist dies nicht zwingend gegeben,[678] so dass die Schwierigkeit und damit die Art der Tätigkeit im Rahmen der Vergütungsbemessung bestimmt werden muss. Dies ermöglicht dann den Vergleich mit den Stundensätzen einer Berufsgruppe, die eine vergleichbare Tätigkeit ausübt.[679]

Da die Aufgaben des Testamentsvollstreckers sowohl rechtliche als auch wirtschaftliche Aspekte beinhalten,[680] kommt eine Qualifizierung als wirtschaftliche oder rechtliche Tätigkeit in Betracht. Die Grenzen zwischen diesen Tätigkeitsbereichen sind allerdings fließend. Auch im Rahmen des Rechtsberatungsgesetzes sind diese Tätigkeiten abzugrenzen. Folglich kann eine Parallele hierzu gezogen werden. Die Abgrenzung ist aber noch weitgehend umstritten.[681] Unter der Besorgung fremder Rechtsangelegenheiten wird dabei die unmittelbare Förderung konkreter fremder Rechtsangelegenheiten verstanden, die entweder der

---

675 Zimmermann, ZEV 2001, 334, 338.
676 Zur Berufsmäßigkeit siehe Zweiter Teil § 3 B.II., D., E.
677 Zur Auswahl des Vormunds: Erster Teil § 3 B.
678 Zur Auswahl des Testamentsvollstreckers: Erster Teil § 3 A.
679 Zur vergleichbaren Bestimmung des Stundensatzes beim Vormund: Zweiter Teil § 4 A.II.2.
680 Zu den Aufgaben des Testamentsvollstreckers: Erster Teil § 6 A.
681 Zum Streitstand: Leverenz, ZBB 1995, 156, 158.

Verwirklichung oder der Gestaltung von Rechten Dritter dient.[682] Allgemein ist danach zu unterscheiden, ob der Schwerpunkt der Tätigkeit auf dem rechtlichen oder wirtschaftlichen Gebiet liegt.[683] Zum einen wird von einem wirtschaftlichen Geschäft ausgegangen, wenn es sich um ein alltägliches Rechtsgeschäft handelt, das von dem oder den Handelnden nicht mehr als rechtliches Geschäft empfunden wird, wie z.B. ein Barkauf.[684] Zum anderen kommt es auf das Rangverhältnis von rechtlicher und wirtschaftlicher Seite an, d.h. es ist zu fragen, ob vorrangig eine rechtliche oder wirtschaftliche Gestaltung angestrebt wird.[685]
Es besteht weitgehend Einigkeit darüber, dass eine Testamentsvollstreckung grundsätzlich die Besorgung fremder Rechtsangelegenheiten darstellt, da die gesetzlichen Aufgaben des Testamentsvollstreckers von der Ausführung der letztwilligen Verfügungen des Erblassers über die Verwaltung des Nachlasses bis hin zur Auseinandersetzung, der Verwirklichung und Gestaltung von Rechten dient.[686] Der Testamentsvollstrecker hat dabei typischerweise rechtliche Fragestellungen zu prüfen und rechtliche Handlungen vorzunehmen. Ausnahmsweise, im Falle einfacher und unkomplizierter Auseinandersetzungen oder wenn durch die Anweisungen des Erblassers kein Handlungsspielraum für den Testamentsvollstrecker verbleibt, könnte man von einer nichtrechtlichen Tätigkeit sprechen, da dann dem Testamentsvollstrecker nicht mehr bewusst ist, dass er ein rechtliches Geschäft vornimmt. Im Interesse der Rechtssicherheit ist die Tätigkeit der Abwicklungsvollstreckung nach ihrem gesetzlichen Leitbild aber in jedem Fall als rechtliche Tätigkeit zu qualifizieren.[687] Auch die Nacherbentestamentsvollstreckung (§ 2222 BGB) ist schwerpunktmäßig eine rechtliche Tätigkeit, da der Testamentsvollstrecker die Rechte und Pflichten des Nacherben, und damit die Rechte eines Dritten, wahrzunehmen hat. Schließlich ist auch die Beaufsichtigung einer Abwicklungsvollstreckung als rechtliche Tätigkeit zu bewerten, da die Überwachung einer rechtlichen Tätigkeit selbst nicht anders beurteilt werden kann.
Anders stellt sich die Sachlage bei der Verwaltungsvollstreckung i.S.d. § 2209 BGB dar. Zwar beinhaltet diese regelmäßig auch die Vornahme rechtlicher Handlungen, doch liegt der Schwerpunkt der Tätigkeit im Normalfall im wirtschaftlichen Bereich. Der Testamentsvollstrecker, der z.B. ein Unternehmen führen soll, wird vorrangig nicht wegen seiner Rechtskenntnisse, sondern wegen seiner wirtschaftlichen Kenntnisse ernannt werden. Anders als bei den anderen

---

682 H.M.: Henssler, ZEV 1994, 261, 262 m.w.N.
683 Henssler/Prütting/Werth, BRAO, RberG § 1 Rn.4; BGH NJW 1995, 3122.
684 Henssler/Prütting/Werth, BRAO, RberG § 1 Rn.4; BGH NJW 1987, 3005; Leverenz, ZBB 1995, 156, 158; OLG Schleswig, AnwBl. 1987, 343.
685 Henssler/Prütting/Werth, BRAO, RBerG § 1 Rn.4 m.w.N.
686 Henssler, ZEV 1994, 261, 262; OLG Karlsruhe, ZEV 1994, 300, 301; Leverenz, ZBB 1995, 156, 158; Grunewald, ZEV 2000, 458, 460; OLG Düsseldorf, ZEV 2000, 458.
687 So auch für die Qualifizierung nach dem RBerG: Leverenz, ZBB 1995, 156, 159.

Testamentsvollstreckungsarten wird sich der Erblasser aus diesem Grund auch Gedanken über die Qualifikation des Testamentsvollstreckers machen und eine nach seinem Ermessen geeignete Person ernennen. Primärer Zweck der Verwaltungsvollstreckung ist es, wirtschaftliche Werte zu erhalten, so dass auch die Tätigkeit selbst wirtschaftlicher Natur ist. Um eine angemessene Vergütung für die Verwaltungsvollstreckung zu ermitteln, ist daher auf die Vergütung von Berufsgruppen zurückzugreifen, die vergleichbare Tätigkeiten ausüben. Dies ist auch deswegen sinnvoll, um für eine betriebswirtschaftlich qualifizierte Person einen Anreiz zur Amtsübernahme zu schaffen. In der Regel wird die Verwaltungsvollstreckung entweder alternativ oder kumulativ in der Verwaltung von Wertpapieren und Sparkonten, der Führung eines Unternehmens oder der Betreuung von Immobilien bestehen. Die Vergütungen sind also entsprechend den Vergütungen der jeweiligen Berufsgruppe zu bestimmen.[688]

II. Stundensatzhöhe

1. Berufsmäßiger Testamentsvollstrecker

Fraglich ist, welche Berufsgruppe für die Bestimmung des Stundensatzes vergleichsweise heranzuziehen ist. Nach § 3 Abs. 1 BRAO ist der Rechtsanwalt der berufene unabhängige Berater und Vertreter in allen Rechtsangelegenheiten. Ebenso ist der Testamentsvollstrecker unabhängiger Berater und Vertreter in der Sache der Testamentsvollstreckung. Die Tätigkeit eines beruflich tätigen Testamentsvollstrecker ist daher der Tätigkeit eines Rechtsanwalts vergleichbar. Infolgedessen kann der branchenübliche Stundensatz eines Rechtsanwalts vergleichsweise herangezogen werden.

Je nach Spezialisierung und Erfahrung rechnen Generalisten durchschnittlich 425,- DM ab, wobei die Spanne von 200,- DM bis 650,- DM reichen soll.[689] Aktuell kann auf die Erhebung des Statistischen Berichtssystems für Rechtsanwälte (STAR) 1999 zurückgegriffen werden.[690] Die Erhebung beruht auf einer Befragung selbstständiger Rechtsanwälte und bezieht sich auf das Wirtschaftsjahr 1997. Die Anwälte, die zumindest teilweise über Zeithonorare abrechnen, wurden gefragt, wie hoch der niedrigste, der höchste und der Regelstundensatz lag. Danach lag der niedrigste Stundensatz in ganz Deutschland durchschnittlich bei 192,- DM, der Regelstundensatz bei 266,- DM und der höchste Stundensatz bei 340,- DM. Der Stundensatz enthält bereits die allgemeinen Geschäftsunkos-

---

688 Ausführlich zur Vergütungsbestimmung im Falle der Verwaltungsvollstreckung: Zweiter Teil § 4 C.

689 Tödtmann, Wirtschaftswoche Nr. 43 vom 15.10.1998, S. 163; Knief, AnwBl 1999, 76, 77; nach Gerold/Schmidt/Madert, § 3 Rn. 9, BRAGO, wird in Anwaltskreisen über Stundensätze zwischen 200 und 500 DM gesprochen.

690 Schmucker, BRAK-Mitt. 5/200, S. 231 ff.

ten (§ 25 Abs. 1 BRAGO), d.h. die in einem Anwaltsbüro anfallenden Kosten wie Büro- und Personalkosten sowie die Umsatzsteuer.[691]
Als Stundensatz für den „rechtlich versierten" Testamentsvollstrecker ist hier somit ein Regelstundensatz von 266,- DM (ca. 230,- DM zuzüglich 16 % USt) heranzuziehen, da die Testamentsvollstreckung zunächst als rechtliche Tätigkeit ohne besondere Schwierigkeiten zu beurteilen ist.[692] Umgerechnet in Euro und aufgerundet auf einen vollen Fünf-Euro-Betrag ergibt sich somit ein Netto-Stundensatz von 120 Euro.[693] Treten besondere rechtliche Schwierigkeiten auf, kann die Tätigkeit gegebenenfalls nach höheren Stundensätzen abgerechnet werden.[694] Als „rechtlich versierte" Berufsgruppen sind neben den Anwälten und sonstigen Volljuristen auch Wirtschaftsprüfer, Steuerberater und Kaufleute anzusehen, sowie sonstige Testamentsvollstrecker mit vergleichbaren rechtlichen Fähigkeiten, sofern diese durch ein entsprechendes abgeschlossenes Hochschulstudium oder eine vergleichbare abgeschlossene Ausbildung erworben wurden.
In einem weiteren Schritt sind nun die Stundensätze, entsprechend der Regelung des § 1 Abs. 1 BVormVG, für Testamentsvollstrecker mit weniger nutzbaren Rechtskenntnissen festzulegen. Anhaltspunkte für die Höhe der Minderung ergeben sich aus § 1 Abs. 1 BVormVG. Die Beträge können allerdings für die Testamentsvollstreckung nicht übernommen werden, da der Testamentsvollstrecker im Gegensatz zum Vormund keine Pflicht zur Amtsübernahme hat und insoweit durch die Vergütung, insbesondere für qualifizierte Personen, ein Anreiz hierzu geschaffen werden muss. Gem. § 1 Abs. 1 BVormVG sind die Stundensätze entsprechend der durch eine Ausbildung nachgewiesenen, für die Vormundschaft nutzbaren Fachkenntnisse von 60 DM, 45 DM bis 35 DM gestaffelt. Der letzte Stundensatz betrifft den Fall, dass keine besonderen, für die Vormundschaft nutzbaren Fachkenntnisse vorliegen. Entsprechend dieser Regelung erscheint es angemessen, dem Testamentsvollstrecker je nach nutzbaren und nachgewiesenen Fachkenntnissen eine um 30 % bzw. 60 % geminderte Vergütung zuzusprechen. Daher ist der Stundensatz für den Testamentsvollstrecker, der für die Testamentsvollstreckung nutzbare Fachkenntnisse durch eine abgeschlossene Lehre oder eine vergleichbare abgeschlossene Ausbildung erworben hat, um rund 30 % zu mindern. Als Beispiele für eine solche Ausbildung seien der Kaufmann, der Steuerfach- oder Rechtsanwaltsgehilfe genannt. Danach ergibt sich, aufgerundet auf einen vollen Fünf-Euro-Betrag, ein Netto-Stundensatz

---

[691] OLG Karlsruhe OLGZ 79, 230: Ein vereinbartes Honorar enthält im Zweifel bereits die Umsatzsteuer.
[692] Zimmermann hält bei einem Anwalt einen Stundensatz von etwa 200 DM, im Einzelfall auch 300 DM, für angemessen, ZEV 2001, 334, 340.
[693] Nach der VO (EG) Nr. 2866/98 vom 31.12.1998 (AblEG Nr. L 359, 1) entsprechen 1,95583 DM = 1 Euro.
[694] Ausführlich hierzu: Dritter Teil § 2 A. Ersatz für Berufsdienste.

von 85 Euro. Verfügt der Testamentsvollstrecker über keine für die Testamentsvollstreckung nutzbaren Fachkenntnisse, so ist der Stundensatz um ca. 60 % auf 50 Euro zu mindern. Die Stundensätze verstehen sich zuzüglich Umsatzsteuer, sofern diese nicht nach § 19 Abs. 1 des UStG unerhoben bleibt.[695]

2. Nicht berufsmäßiger Testamentsvollstrecker

Für den nicht berufsmäßigen Testamentsvollstrecker sind die allgemeinen Geschäftsunkosten (vgl. § 25 Abs. 1 BRAGO) aus der Vergütung des berufsmäßigen Testamentsvollstreckers herauszurechnen, da diese Kosten bei ihm nicht anfallen.[696] Aus Praktikabilitätsgründen ist für diese Kosten eine statistische Größe heranzuziehen, d.h. die durchschnittlichen Kosten einer Anwaltspraxis. Die Prüfung der Einkommenssituation deutscher Rechtsanwälte für das Jahr 1995 hat ergeben, dass die Kostenanteile für Personal, Raum- und Sachkosten etc. im Durchschnitt zwischen 50,9 % und 60 % der Einnahmen ohne Umsatzsteuer ausmachen.[697] Daraus ergibt sich, dass ein nicht berufsmäßiger Testamentsvollstrecker Kosten i.H.v. rund 50 % nicht geltend machen kann. Es ist hier von einem niedrigen Unkostenanteil auszugehen, da die Testamentsvollstreckung in der Regel eher geringe Raum- und Personalkosten verursacht. Der nicht berufsmäßige Testamentsvollstrecker kann seine Kosten also nur im Rahmen des Aufwendungsersatzes nach §§ 2218, 670 BGB geltend machen.[698] Aufgerundet auf volle Fünf-Euro-Beträge ergeben sich damit entsprechend den Qualifikationsstufen beim berufsmäßigen Testamentsvollstrecker Stundensätze von 60 Euro, 45 Euro und 25 Euro. Diese Beträge beinhalten keine Umsatzsteuer.[699]

III. Zusammenfassung

Die Abwicklungs-, die Nacherbentestaments- und die Vermächtnisvollstreckung sowie die beaufsichtigende Testamentsvollstreckung sind grundsätzlich als rechtliche Tätigkeit zu qualifizieren. Für die Testamentsvollstreckung nutzbare Fachkenntnisse sind folglich rechtliche Kenntnisse. Der Stundensatz des berufsmäßigen Testamentsvollstreckers entspricht dem Regelsatz für Rechtsan-

---

[695] Ausführlich zum Ersatz der Umsatzsteuer: Vierter Teil § 1 A., § 2 A.

[696] Siehe auch: Vergleich der Bemessungskriterien: Zweiter Teil § 3 D.; zum vergleichbaren Fall des ehrenamtlichen Vormunds: Zweiter Teil § 4 A.II.2.

[697] Statistisches Bundesamt, Fachserie 2, Reihe 1.6.2, 1995, S. 30: Die Angaben beziehen sich auf Rechtsanwaltspraxen ohne Notariat.

[698] Vgl. ausführlich hierzu: Auslagen, Dritter Teil § 1 A. und Hinzuziehung von Hilfspersonen, Dritter Teil § 4 A.

[699] Ausführlich zum Ersatz der Umsatzsteuer: Vierter Teil § 1, § 2 A.

wälte i.H.v. rund 120 Euro zuzüglich USt,[700] da die Tätigkeit des Testamentsvollstreckers der des Rechtsanwalts vergleichbar ist. Darin enthalten sind Raum- und Personalkosten sowie die Kosten einer angemessenen Haftpflichtversicherung, sog. allgemeine Kosten. Dieser Stundensatz gilt nicht nur für Volljuristen, sondern auch für Testamentsvollstrecker, die rechtliche Kenntnisse durch einen anderen Hochschulabschluss oder eine vergleichbare abgeschlossene Ausbildung erworben haben.[701] Falls der Testamentsvollstrecker rechtliche Kenntnisse lediglich durch eine abgeschlossene Lehre oder eine vergleichbare Ausbildung erworben hat,[702] ist der Stundensatz entsprechend den weniger nutzbaren Fachkenntnissen auf 85 Euro zu senken. Liegen keine nutzbaren Kenntnisse vor so beträgt der Stundensatz 50 Euro. Diese Beträge verstehen sich gegebenenfalls zuzüglich Umsatzsteuer.[703] Für die nicht berufsmäßige Testamentsvollstreckung sind die jeweiligen Stundensätze um rund 50 % zu reduzieren, da dann keine allgemeinen Kosten für Räume und Personal anfallen.

C. Höhe der Verwaltungsgebühr

Bei der Bestimmung der Verwaltungsgebühr wird zunehmend zwischen der Verwaltung von Konten und Immobilien, einem „Normalfall",[704] und der Verwaltung eines Unternehmens unterschieden. Zwischen beiden Vollstreckungsarten besteht ein qualitativer Unterschied. Die Führung eines Unternehmens ist regelmäßig mit wesentlich mehr Aufwand verbunden als die bloße Verwaltung von Bankguthaben oder Immobilien. Wie bereits erörtert, ist die Verwaltungsvollstreckung in der Regel als wirtschaftliche Tätigkeit zu qualifizieren.[705]

I. Verwaltung im Normalfall

1. Prozentsätze des Vermögens oder Gewinns als Gebühr?

Häufig wird für die Verwaltung von Vermögen, die aus Konten, Wertpapieren und Grundstücken bestehen, eine periodische, meist jährlich zu zahlende Vergütung als angemessen angesehen. Überwiegend werden 2-4 % vom Jahresbetrag der Bruttoeinnahmen oder 1/3 % - 1/2 % des Nachlassbruttowertes[706] als

[700] Zur Umsatzsteuerpflicht: Vierter Teil § 1 und § 19 Abs.1 UStG.
[701] Hierunter fallen z.B. Steuerberater oder Wirtschaftsprüfer, vgl. Zweiter Teil § 4 B.II.1.
[702] Hierunter fallen z.B. Steuerfach- oder Rechtsanwaltsgehilfen, vgl. Zweiter Teil § 4 B.II.1.
[703] Zur Umsatzsteuerpflicht: Vierter Teil § 1 und § 19 Abs. 1 UStG.
[704] Ähnlich Dt. Notarverein, ZEV 2000, 181, 182 f.
[705] Vgl. Schwierigkeit der Tätigkeit: Zweiter Teil § 4 B.I.
[706] Haegele/Winkler Rn. 595; Tiling, ZEV 1998, 331, 335; MüKo/Brander, § 2221 Rn. 8; Palandt/Edenhofer, § 2221 Rn. 8; Glaser, MDR 83, 93, 95.

Vergütung herangezogen.[707] Die Neue Rheinische Tabelle gibt diesbezüglich noch eine Rangfolge vor: Der Prozentsatz aus dem Nachlassbruttoertrag ist dann zu zahlen, wenn er höher ist als der Prozentsatz des Nachlassbruttowertes.[708] Damrau[709] schränkt die Heranziehung von Prozentsätzen des Nachlassvermögens hingegen ein und will diese nur gewähren, soweit es sich um die Verwaltung von Konten und Wertpapieren handelt. Die Bemessung der Vergütung aufgrund der Bruttojahreseinnahmen würde in solchen Fällen häufig zu einer zu hohen und damit unangemessenen Vergütung führen und umgekehrt wäre die Vergütung zu niedrig, wenn die Bruttoeinnahmen gering, die Arbeit und Verantwortung des Testamentsvollstreckers aber ungewöhnlich groß sind.[710] Schließlich ist an den Fall zu denken, in dem der Nachlass gar keinen Gewinn abwirft. Auch dann muss dem Testamentsvollstrecker eine Vergütung gewährt werden, da § 2221 BGB diese nicht von einer Gewinnerwirtschaftung abhängig macht. Ansonsten würde sich wohl auch kaum jemand bereit erklären, das Amt zu übernehmen. Eine bloß alternative Berechnung der Vergütung auf der Basis der Einkünfte oder eines Prozentsatzes des Nachlasses, wie sie von Tiling[711] für sinnvoll erachtet wird, ist abzulehnen, da sie der Struktur des Nachlasses und damit dem Arbeitsumfang nicht gerecht wird. Richtigerweise sind beide Berechnungsarten, je nach Anlageform des Nachlasses, gegebenenfalls kombiniert, anzuwenden.

Falls man Prozente des Nachlasses als Berechnungsgrundlage heranzieht, ist zu klären, zu welchem Zeitpunkt der Nachlass zu bewerten ist. Die Rechtsprechung[712] und die Neue Rheinische Tabelle[713] scheinen vom Nachlasswert zu Beginn der jeweiligen Verwaltungsperiode auszugehen. Es kommen jedoch auch andere Zeitpunkte oder etwa der Durchschnitt aus Anfangs- und End- oder Höchst- und Tiefstwert in Betracht, weil sich infolge einer Vermehrung oder Verminderung des Nachlasswertes die Bemessungskriterien, wie z.B. der Arbeitsumfang, ändern können. Wie sich dies auf den Bewertungszeitpunkt und die Verwaltungsgebühr auswirkt, ist bislang ungeklärt. Einigkeit besteht lediglich darin, dass solche Veränderungen grundsätzlich zu berücksichtigen sind.[714] Diese Überlegungen zeigen, dass es sehr schwierig ist, Wertänderungen bei der Vergütungsbestimmung präzise zu berücksichtigen. Sinnvoll erscheint es des-

---

[707] MüKo/Brandner, § 2221 Rn. 14; Haegele/Winkler, Rn. 595; Möhring/Beisswingert/Klingelhöffer, S.229; Tiling, ZEV 1998, 331, 335; OLG Köln, FamRZ 1994, 328, 329; Palandt/Edenhofer, § 2221 Rn. 10; Dt. Notarverein, ZEV 2000, 181, 183.

[708] Dt. Notarverein, ZEV 2000, 181, 183.

[709] Soergel/Damrau, § 2221 Rn. 9.

[710] Glaser, MDR 83, 93, 95; Schuhmann/Geissinger, § 1 Anh. Rn. 16.

[711] Tiling, ZEV 1998, 331, 334.

[712] KG NJW 1974, 752, 753.

[713] Dt. Notarverein, ZEV 2000, 181, 183.

[714] Staudinger/Reimann, § 2221 Rn. 32; Bengel/Reimann/Eckelskemper, X. Rn. 12; Soergel/Damrau, § 2221 Rn. 10.

halb, z.B. die Verwaltungsperioden zu verkürzen (z.B. vierteljährliche Perioden), um den Umfang der Verwaltung genauer erfassen zu können. Hierin ist aber in jedem Fall ein Schwachpunkt der Bemessung der Verwaltungsgebühr nach Prozentsätzen des Nachlasses zu sehen.
Problematisch ist darüber hinaus, welche Wertänderungen überhaupt zu berücksichtigen sind. Da die Testamentsvollstreckervergütung eine tätigkeitsbezogene Vergütung ist, muss die Wertveränderung, die bei der Vergütung berücksichtigt werden kann, auch auf der Tätigkeit des Testamentsvollstreckers beruhen. Lediglich konjunkturelle Veränderungen, dürften also nicht berücksichtigt werden.[715] In der Praxis ist es aber recht schwierig, lediglich konjunkturelle von tätigkeitsbezogenen Wertveränderungen zu unterscheiden. Hat der Testamentsvollstrecker z.B. Aktien gekauft, deren Wert dann gestiegen ist, so beruht die Nachlassmehrung sowohl auf der Tätigkeit des Testamentsvollstreckers, nämlich dem Kauf der „richtigen" Aktien, als auch auf deren konjunkturell oder marktbedingtem Wertanstieg.
Überdies fehlt bisher eine Begründung der angewandten Prozentsätze. Es werden keine branchen- oder marktüblichen Honorare entsprechender Vermögensverwalter zur Begründung herangezogen. Ferner ist nicht ersichtlich und nachvollziehbar, worauf diese Sätze beruhen. Zudem werden sie den unterschiedlichen Arten der Verwaltungsvollstreckung nicht gerecht. So stellt z.B. die Verwaltung von Wertpapieren andere Anforderungen an den Testamentsvollstrecker als die Betreuung von Immobilien. Mangels einer tragfähigen Begründung sind die genannten Prozentsätze somit abzulehnen. Die Heranziehung von Prozentsätzen ist jedoch grundsätzlich möglich, sofern diese hinreichend begründet sind.

2. Vergütung vergleichbarer Berufsgruppen

Um eine angemessene Verwaltungsgebühr zu ermitteln und zu begründen, bietet es sich wie bei der Bestimmung des Stundensatzes an, die übliche Vergütung einer Berufsgruppe heranzuziehen, die eine der konkreten Testamentsvollstreckung vergleichbare Tätigkeit ausübt.[716] Eckelskemper[717] führt als Beispiel hierzu einen Hausverwalter an, der je nach Aufwand, der von der Zusammensetzung der Mieter abhängt, zwischen 3 % und 8 % der Nettojahresmieten als Vergütung erhalte, wobei es auch hier keine einheitlichen Berechnungsweisen gebe. Dem ist für Grundstücks- und Hausverwaltungen zuzustimmen. Ein pauschaler Prozentsatz kann jedoch nicht angegeben werden, da diese Honorare regelmäßig vertraglich ausgehandelt werden. Sie können daher nicht pauschal beziffert wer-

---

[715] So wohl auch Bengel/Reimann/Eckelskemper, X. Rn. 14.
[716] Ebenso: Bengel/Reimann/Eckelskemper, X. Rn. 21; ähnlich für Hausverwaltungen: Soergel/Damrau, § 2221 Rn. 9.
[717] Bengel/Reimann/Eckelskemper, X. Rn. 21.

den. Es empfiehlt sich folglich, die ortsüblichen Hausverwaltergebühren heranzuziehen. Begründet man die Prozentsätze mit der Berufs- und Branchenüblichkeit, so kann man mit ihnen eine angemessene Vergütung bestimmen,[718] da sie regelmäßig sämtliche Bemessungskriterien wie z.B. den Anreiz zur Amtsübernahme, Erfolg/Misserfolg oder Umfang der Tätigkeit berücksichtigen.[719] Auch der Stundensatz einer bestimmten Berufsgruppe wurde von der Rechtsprechung als nicht unangemessen angesehen.[720] Aufgrund der Vielzahl der möglichen Tätigkeiten und Besonderheiten der jeweiligen Testamentsvollstreckung ist es jedoch nicht möglich, Richtlinien in Form von Prozent- oder Stundensätzen für alle Berufsgruppen zu erstellen. Exemplarisch sei hier das Gebührenraster für die Vermögensverwaltung durch eine Bank aufgeführt:[721]

1. Die Vergütung der Dienstleistungen wird im Einzelfall und unter Berücksichtigung des zu betreuenden Vermögens, der erzielten Ersparnisse und des tatsächlichen Arbeitsaufwandes zwischen dem Berater und dem Privatkunden vereinbart.
2. Basis der jeweiligen individuellen Regelung sollte das nachfolgende Tableau sein:
   a.) Erarbeitung und Realisierung einer individuellen Vermögensstruktur (einmalig):
   1 % des Vermögens bei Vermögen von DM 1,0 – 3 Mio. DM;
   0,5 % des Vermögens bei Vermögen von DM 3,0 – 10 Mio. DM;
   0,3 % des Vermögens bei Vermögen von DM 10 – 20 Mio. DM;
   Verhandlungssache bei Vermögen über DM 20,0 Mio. DM
   b.) Betreuung und Beratung in der Verwaltungsphase (jährlich):
   0,5 % des zu betreuenden Vermögens bei Vermögen von DM 1,0 – 3,0 Mio;
   0,3 % des zu betreuenden Vermögens bei Vermögen von DM 3,0 – 10,0 Mio;
   0,25 % des zu betreuenden Vermögens bei Vermögen von DM 10,0 – 20,0 Mio;
   Verhandlungssache bei zu betreuendem Vermögen über DM 20,0 Mio.

---

[718] Im Gegensatz zu den bislang pauschal angewandten Prozentsätzen, vgl. Zweiter Teil § 4 C.I.1.

[719] Zu den Bemessungskriterien beim Testamentsvollstrecker ausführlich: Zweiter Teil § 3 A., E.

[720] Unveröffentlichte Entscheidung des OLG Köln 22 U 186/87, S. 18 ff.: Wirtschaftsprüferstunde zu 250 DM zuzüglich 10 % Mitarbeiteranteil und 3 % allgemeine Bürounkosten sowie Umsatzsteuer; zitiert in: Bengel/Reimann/Eckelskemper, X. Rn. 21; generell für Stundensätze: Zimmermann, ZEV 2001, 334, 338 ff.

[721] Tableau nach Jendralski/Oehlenschläger, S. 102.

3. Für Stellungnahmen, Ausarbeitungen, Konzepte u.ä. berechnet der Berater derzeit einen Stundensatz von DM 250,- zuzüglich Auslagen und Mehrwertsteuer. Das Stundenhonorar wird auf die unter Punkt 2 genannte Vergütung angerechnet, sofern der Privatkunde eine umfassende Vermögensbetreuung vereinbart.

Offen bleibt dabei die Gebührengestaltung bei der Verwaltung von Guthaben unter 1 Mio. DM. In Anbetracht dessen, dass die Gebühren degressiv gestaffelt sind, kann man annehmen, dass der Gebührensatz jedenfalls der höchste des Tableaus ist.[722]
Sollten sich schließlich keine branchenüblichen Vergütungen ermitteln lassen, so sind die Stundensätze, wie sie für die übrigen Testamentsvollstreckungsarten gelten,[723] entsprechend heranzuziehen, da die dort geforderten Fachkenntnisse regelmäßig auch für eine Verwaltungsvollstreckung geeignet und nutzbar sind. Die berufs- und branchenüblichen Vergütungen gelten für die berufsmäßige Verwaltungsvollstreckung. Doch ist auch hier entsprechend § 1836 Abs. 1 S. 3, 4 BGB zwischen berufsmäßiger und nicht berufsmäßiger Testamentsvollstreckung zu unterscheiden.[724] Wird die Tätigkeit nicht berufsmäßig ausgeübt, so sind die berufsüblichen Kosten für Büro, Personal etc. zu ermitteln und aus der Vergütung herauszurechnen. Sollte dies nicht möglich sein, ist auch hier auf die Stundensätze für die sonstigen Testamentsvollstreckungsarten zurückzugreifen.[725]
Das für die sonstigen Testamentsvollstreckungsarten geltende Stundensatzraster[726] ist überdies anzuwenden, soweit der Testamentsvollstrecker Verbindlichkeiten verwaltet, da diese Tätigkeit in der Regel nicht von den berufsüblichen Verwaltungsgebühren mit abgegolten wird.

II. Testamentsvollstreckung an einem Geschäftsbetrieb oder Unternehmen

Der Testamentsvollstreckung unterliegen häufig Unternehmen oder Unternehmensteile. Dies können z.B. industrielle, handwerkliche, forst- und landwirt-

[722] Als weiteres Beispiel sei hier die Verwaltungsgebühr für Vermögensverwaltung mit Investmentfonds (IVV®) durch die Dresdner Bank angeführt, die 1,015 % einschließlich Umsatzsteuer halbjährlich kostet, Prospekt der Dresdner Bank zur Vermögensverwaltung mit Investmentfonds, Stand März 2000, S. 19. Zu berücksichtigen ist dabei, dass keine individuelle Anlagestrategie verfolgt wird, sondern lediglich zwischen drei Anlagevarianten gewählt werden kann. Auch in DM, Heft 4, 2001, S. 37 ff. finden sich Beispiele für Vermögensverwalterhonorare für die Verwaltung eines Depotvolumens von 500.000 DM.
[723] Ausführlich zu den Stundensätzen: Zweiter Teil § 4 B.II.1.
[724] Vgl. ausführlich zu dieser Unterscheidung: Zweiter Teil § 3 D., E.
[725] Zu den Stundensätzen des nicht berufsmäßigen Testamentsvollstreckers: Zweiter Teil § 4 B.II.2.
[726] Vgl. ausführlich hierzu: Zweiter Teil § 4 B.II.

schaftliche oder Dienstleistungsunternehmen sein. Als Vergütung wird hier die Beteiligung am Gewinn des Unternehmens oder eine Vergütung, die denen leitender Angestellter oder von Organen entspricht, diskutiert.

1. Beteiligung am Unternehmensgewinn

Die Rechtsprechung hat zur Testamentsvollstreckung an einem Geschäftsbetrieb bislang in zwei Entscheidungen Stellung bezogen. Nach dem Urteil des LG Hamburg vom 27.03.1958[727] kann die angemessene Vergütung eines unternehmerisch tätigen Testamentsvollstreckers nicht vom Standpunkt einer etwa gegen feste Bezahlung angestellten Arbeitskraft erfolgen, deren Entlohnung nicht einen Überschuss des Betriebes voraussetzt, auch nicht von dem Standpunkt der sicheren Erwartung von Zinsen aus angelegten Geldern oder Papieren oder regelmäßig fließenden Grundstückseinnahmen. Die unternehmerische Leistung und das Streben nach Überschüssen erfordere, im Gegensatz zu der Erhaltung des Kapitals und des Flusses seiner Zinsen, die angemessene Vergütung vom Reingewinn her festzusetzen. Andernfalls könne die Steigerung von Unkosten, die Aufblähung eines Verwaltungsapparates, den für einen arbeitenden Betrieb lebensnotwendigen Gewinn erheblich verringern, ohne die anhand des Bruttogewinns zu ermittelnde Vergütung zu berühren. In dem konkreten Fall hat das LG Hamburg die Vergütung mit 10 % des Reingewinns festgesetzt, da der Reingewinn naturgemäß unter dem Bruttogewinn liege, bei dem sonst 1 % bis 4 % angemessen seien.[728] Auch der BGH[729] hat es unter Bezugnahme auf das Urteil des LG Hamburg für angemessen erachtet, dem Testamentsvollstrecker, der das Unternehmerrisiko trage, einen namhaften Hundertsatz des Gewinns zuzusprechen. Ebenso spricht sich John[730] im Falle einer sog. „Vollrechtstreuhand" durch den Testamentsvollstrecker für eine „Risikoprämie" aus, um das Unternehmerrisiko und die damit verbundene persönliche Haftung des Testamentsvollstreckers angemessen zu berücksichtigen.
Nicht ganz klar wird allerdings, worin das Unternehmerrisiko besteht und wie dieses konkret zu bewerten ist. Da der Begriff des Unternehmerrisikos ein wirtschaftlicher ist, sollte zunächst geklärt werden, was aus wirtschaftlicher Sicht darunter zu verstehen ist:[731] Der Begriff beschreibt das allgemeine, unvorhersehbare und nicht berechenbare persönliche oder Kapitalrisiko, das der Unternehmer zu tragen hat. Es kann seine Ursachen in der allgemeinen wirtschaftlichen Entwicklung (z.B. langanhaltende Depression), den Besonderheiten der Branche

---

727 LG Hamburg, MDR 1959, 761, 762.
728 LG Hamburg, MDR 1959, 761, 762.
729 BGH DNotZ 1964, 168, 171.
730 John, BB 1980, 757, 761.
731 Ausführlich zu diesem Begriff: Gabler-Wirtschaftslexikon, S. 3181, wo insoweit von „Unternehmerwagnis" gesprochen wird.

(z.B. starke Modeschwankungen in der Textilindustrie, Hinzutreten neuer Konkurrenzbetriebe) oder der falschen Disposition der angestellten Unternehmensleiter haben. Das Unternehmerwagnis werde schließlich durch den Unternehmergewinn abgegolten. Insoweit ist dem BGH also zu folgen, wenn er dem Testamentsvollstrecker einen Prozentsatz vom Gewinn zusprechen will. Eckelskemper[732] beschreibt das Unternehmerrisiko in diesem Zusammenhang als das Risiko des Testamentsvollstreckers, keinen Reingewinn zu erwirtschaften und damit keine Vergütung zu erhalten und darüber hinaus gegenüber den Erben für eine eventuell verfehlte Unternehmensführung zu haften. Es unterscheidet sich aber – soweit die Testamentsvollstreckung nicht als Vollrechtstreuhand ausgestaltet ist – insoweit vom Unternehmerrisiko, als der Testamentsvollstrecker kein eigenes Kapital eingesetzt hat und dieses infolgedessen auch nicht verlieren kann.[733] Durch die Haftung gegenüber den Erben besteht zwar auch für ihn das Risiko, Kapital zu verlieren, jedoch setzt dies eine schuldhafte Pflichtverletzung voraus (§ 2219 BGB) und erfordert weiter, dass er mit den Erben keine Haftungsvereinbarungen geschlossen hat, wie z.B. den Abschluss einer Haftpflichtversicherung auf Kosten des Nachlasses.[734] Bloße Wirtschaftsschwankungen oder Branchenrisiken beeinflussen sein eigenes Vermögen, anders als beim Unternehmer, hingegen nicht. Also trägt der Testamentsvollstrecker nicht das volle Unternehmerrisiko und kann somit nicht die gleiche Vergütung wie ein Unternehmer verlangen. Eine Vergütungsbemessung allein anhand des Unternehmensgewinns scheidet daher aus.

Der Testamentsvollstrecker trägt allerdings dann das Risiko von Wirtschaftsschwankungen, wenn er als Treuhänder tätig wird. Zudem haftet er in diesem Fall persönlich für die Verbindlichkeiten des Unternehmens. Für diesen Fall ist ihm ein angemessener Risikozuschlag zu gewähren, dessen Höhe sich nach der wirtschaftlichen Lage des Unternehmens richtet.[735] Entsprechendes gilt, soweit der Testamentsvollstrecker, auch wenn er nicht Treuhänder ist, mit den Erben keine Haftungsvereinbarung geschlossen hat.

Die alleinige Bemessung der Vergütung am Gewinn ist aber entgegen der Neuen Rheinische Tabelle,[736] die bei Übernahme und Ausübung der Unternehmerstellung bei Personengesellschaften, gegebenenfalls im Wege der Vollrechtstreuhand, dem Testamentsvollstrecker 10 % des jährlichen Reingewinns als Vergütung gewährt, abzulehnen. Dies würde insbesondere bei einer schlechten Er-

[732] Bengel/Reimann/Eckelskemper, X. Rn. 103 f.

[733] Ebenso: Bengel/Reimann/Eckleskemper, X. Rn. 103.

[734] Ähnlich: Bengel/Reimann/Eckelskemper, X. Rn. 104.

[735] Ähnlich John, BB 1980, 757, 761, der dem Testamentsvollstrecker im Falle der Vollrechtstreuhand eine „Risikoprämie“ für die persönliche Haftung zusprechen will.

[736] Ausführlich zur Testamentsvollstreckung über einen Geschäftsbetrieb: Neue Rheinische Tabelle in ZEV 2000, 181, 183.

tragslage dazu führen, dass der Testamentsvollstrecker das Amt nicht übernimmt. Zudem ist nicht klar, warum die Vergütung gerade 10 % betragen soll.[737]

2. Vergleich mit den Gehältern leitender Angestellter

Da die Vergütungsbemessung allein am Unternehmensgewinn der rechtlichen Stellung des Testamentsvollstreckers nicht in jedem Fall gerecht wird, bietet es sich an, die branchenüblichen Vergütungen von leitenden Angestellten oder von Organen heranzuziehen, denen der Testamentsvollstrecker in seiner rechtlichen und tatsächlichen Stellung entspricht,[738] wobei auch eine zusätzliche Gewinnbeteiligung in Betracht kommen kann.[739] Zudem wird so für den Testamentsvollstrecker ein Anreiz geschaffen, das Amt auch in einer schwierigen Lage des Unternehmens, in der kein oder nur ein geringer Gewinn erwirtschaftet wird, zu übernehmen. Sofern der Testamentsvollstrecker als Organ einer Gesellschaft tätig wird, ist ihm ein branchenübliches Geschäftsführer- oder Vorstandsgehalt einschließlich einer branchenüblichen Tantieme zu gewähren.[740] Falls er nur eine beaufsichtigende Funktion inne hat, ist ihm die branchenübliche Vergütung eines Aufsichtsratsmitglieds zu zahlen.[741] Die genaue Vergütungsbestimmung hängt schließlich von der jeweiligen Struktur des Unternehmens wie z.B. der Anzahl der Arbeitnehmer, Verbindlichkeiten, Unternehmen im Ausland, Umsatz etc. und der Ertragslage des Unternehmens ab.

III. Geeignetheit des Testamentsvollstreckers

Bei der Verwaltungsvollstreckung ist im Unterschied zu den anderen Testamentsvollstreckungsarten nicht zwischen geeigneten und weniger geeigneten, und damit nach nutzbaren Fachkenntnissen des Testamentsvollstreckers zu unterscheiden. Die Frage, welche Person zur Führung eines Unternehmens geeignet ist, liegt allein im Entscheidungsermessen des Erblassers. Für die Vergütungshöhe kann es keinen Unterschied machen, ob der Ernannte die Stellung vor

---

737 Entsprechende Kritik an der Vergütungshöhe von Bengel/Reimann/Eckelskemper, X. Rn. 101 am Urteil des LG Hamburg, MDR 1959, 761.

738 Ähnlich Bengel/Reimann/Eckelskemper, X. Rn.103 f.; Möhring/Beisswingert/Klingelhöffer, S. 231.

739 Reimann in FS für Flick, S. 364 f., der von einer „Kombinationslösung" spricht; zur Möglichkeit der Gewinnbeteiligung: Zweiter Teil § 4 C.II.1.

740 Ebenso Dt. Notarverein, ZEV 2000, 181, 183; Reimann in FS für Flick, S.364 f.. Nach einer Kienbaum-Studie zu den Vorstands- und Aufsichtsratbezügen sind die durchschnittlichen Aufsichtsratsbezüge von 1960 bis 1992 von 13.100 DM auf 16.900 DM und damit um knapp 30 % gestiegen. Dagegen stiegen die Vorstandsbezüge in dieser Zeit von 94.000 DM auf 420.000 DM, also um rund 350 %, Michael Hofmann-Becking in: FS für Hans Havermann, unter Zitierung der „Welt am Sonntag" vom 4.9.1994, S. 44.

741 Ebenso Dt. Notarverein, ZEV 2000, 181, 183; Reimann in FS für Flick, S. 364 f.

oder nach dem Ableben des Erblassers erlangt. Außerdem kann die Eignung einer Person zur Führung eines Unternehmens in der Regel nicht allein anhand formaler Kriterien wie der beruflichen Ausbildung – und damit den nutzbaren Fachkenntnissen festgestellt werden, da z.B. auch die Persönlichkeit, die Bekanntheit oder Geschäftserfahrung wichtige Eigenschaften hierfür sein können. Zu berücksichtigen ist in diesem Zusammenhang, dass im Falle eines gänzlich ungeeigneten Testamentsvollstreckers jeder Beteiligte einen Entlassungsantrag nach § 2227 BGB stellen kann, wobei als Entlassungsgrund die Unfähigkeit zur ordnungsgemäßen Geschäftsführung in Betracht kommt.

IV. Verwaltungsgebühr beim Vormund und Insolvenzverwalter ?

Beim Vormund wird eine längere Verwaltungsphase mittels Stundensätzen genau erfasst und vergütet.[742] Wie beim Testamentsvollstrecker werden dabei die Honorare einer Berufsgruppe herangezogen, die eine vergleichbare Tätigkeit ausübt.[743] Beim Insolvenzverwalter wird eine überdurchschnittlich lange Verfahrensdauer durch einen entsprechenden Zuschlag nach § 3 InsVV abgegolten.[744] Auch dies führt zu einer angemessenen Vergütung, da als Bezugspunkt für die Vergütung im Unterschied zur Testamentsvollstreckung der Normalfall eines Verfahrens herangezogen und damit eine zeitliche Abweichung festgestellt werden kann.[745]

V. Zusammenfassung

Für die Bestimmung der Verwaltungsgebühr sind im Normalfall, d.h. der Verwaltung von Konten und/oder Immobilien, die branchenüblichen Vergütungen von Berufsgruppen heranzuziehen, die eine vergleichbare Verwaltungstätigkeit ausüben (Hausverwalter, Vermögensverwalter etc.). Sofern es sich um eine nicht berufsmäßige Verwaltungsvollstreckung handelt, sind die branchenüblichen Kosten für Büro, Personal und Versicherungen aus der Vergütung herauszurechnen.[746] Lassen sich die branchenüblichen Vergütungen oder Unkosten nicht ermitteln, ist das für die sonstigen Testamentsvollstreckungen geltende Stundensatzraster[747] entsprechend anzuwenden. Dieses gilt überdies für die Verwal-

[742] Zu den Stundensätzen des Vormunds ausführlich: Zweiter Teil § 4 A.II.
[743] Zu den Stundensätzen des Vormunds ausführlich: Zweiter Teil § 4 A.II.
[744] H.M.: Eickmann, § 3 Rn. 22; Kuhn/Uhlenbruck, § 85 Rn. 5d jeweils m.w.N.; einschränkend Haarmeyer/Wutzke/Förster, InsVV, § 3 Rn. 42, wonach die Dauer häufig schon über andere Erschwerniszuschläge abgegolten ist.
[745] Zum Normalfall des Insolvenzverfahrens: Zweiter Teil § 3 F.V.
[746] Ausführlich zur Verwaltungsgebühr im Normalfall: Zweiter Teil § 4 C.I.2.
[747] Vgl. zu den Stundensätzen des Testamentsvollstreckers ausführlich: Zweiter Teil § 4 B. II.; III.

tung von Verbindlichkeiten, soweit diese Tätigkeit nicht von einer berufsüblichen Tätigkeit abgegolten wird.[748]
Bei einer Verwaltungsvollstreckung an einem Unternehmen orientiert sich die Vergütung an den branchenüblichen Honoraren von leitenden Angestellten oder Organen, die in ihrer tatsächlichen und rechtlichen Stellung dem betreffenden Testamentsvollstrecker vergleichbar sind.[749] Diese beinhaltet gegebenenfalls Tantiemen. Entsprechend dem vom Testamentsvollstrecker konkret zu tragenden Unternehmerrisiko sind angemessene Risikozuschläge zu gewähren, die sich auch nach der wirtschaftlichen Lage des Unternehmens richten.

D. Vergütungspauschale ?

Nach § 1836 b Nr. 1 BGB kann das Vormundschaftsgericht dem Berufsvormund einen festen Geldbetrag als Vergütung zubilligen, wenn die für die Führung der vormundschaftlichen Geschäfte erforderliche Zeit vorhersehbar und ihre Ausschöpfung durch den Vormund gewährleistet ist. Zweck dieser Regelung ist es, Dokumentationsaufwand für den Vormund und Prüfungsaufwand für das Vormundschaftsgericht zu vermeiden.[750] Eine solche Vergütungspauschale ist für die Testamentsvollstreckung abzulehnen, da es aufgrund vieler tatsächlicher und rechtlicher Unwägbarkeiten sehr schwer vorherzusagen ist, wie lange der Testamentsvollstrecker für die Bewältigung der Geschäfte brauchen wird.[751] Dies birgt zudem die Gefahr von Einschätzungs- und Beurteilungsfehlern, so dass auf diese Art keine angemessene Vergütung bestimmt werden kann. Darüber hinaus werden sich die Vergütungsschuldner des Testamentsvollstreckers in der Praxis selten mit einer pauschalen Zeitangabe ohne Stundennachweis zufrieden geben.

E. Mehrere Amtsträger

I. Mehrere Testamentsvollstrecker

Gem. § 2197 BGB kann der Erblasser mehrere Testamentsvollstrecker ernennen. Es stellt sich die Frage, ob jeder Testamentsvollstrecker Anspruch auf eine ganze oder nur eine anteilige Vergütung hat. Nach einer Ansicht haben sich die

[748] Vgl. hierzu ausführlich: Zweiter Teil § 4 C.I.2.
[749] Ausführlich zur Vergütung in diesem Fall: Zweiter Teil § 4 C.II.
[750] BT-Drucks. 13/7158, 29; Palandt/Diederichsen, § 1836 b Rn. 1.
[751] Möhring/Beisswingert/Klingelhöffer, S. 222, stellen fest, dass es schwierig ist, den Gerichten den Umfang der Testamentsvollstreckertätigkeit plausibel zu machen; für die Nachlasspflegschaft, wird die Anwendung von § 1836 b Nr. 1 BGB überwiegend abgelehnt, da der Zeitaufwand nicht abschätzbar sei, Jochum/Pohl, Rn. 689; Zimmermann, ZEV 1999, 329, 336.

Testamentsvollstrecker dabei in der Regel eine Vergütung zu teilen.[752] Nach der Meinung von Schumann/Geißinger, ist jedem Testamentsvollstrecker eine volle Gebühr zuzubilligen.[753] Nach überwiegender Ansicht[754] richtet sich die Höhe der dem einzelnen Testamentsvollstrecker zuzubilligenden Vergütung jedoch nach Umfang und Dauer der Tätigkeit sowie der Verantwortung des einzelnen, wobei zu prüfen ist, ob das Vorhandensein eines Mitvollstreckers eine Kürzung geboten erscheinen lässt. Damit werde gewährleistet, dem jeweiligen Sachverhalt am ehesten gerecht werden zu können. Eine schematische Teilung oder Verdoppelung widerspreche dem Grundgedanken des § 2221 BGB, der dem Testamentsvollstrecker die Vergütung zubilligt, die für die Führung „seines" Amtes angemessen ist. Dieser Ansicht ist zuzustimmen, da bei jedem Testamentsvollstrecker die Bemessungskriterien in der Regel in unterschiedlichem Ausmaß vorliegen werden und entsprechend bei der Vergütung berücksichtigt werden müssen. Die Neue Rheinische Tabelle versucht dies wie folgt zu regeln:[755]

1. Parallele Tätigkeit

a. Bei gemeinschaftlicher Testamentsvollstreckung (ohne oder mit gleichwertiger Aufgabenverteilung im Innenverhältnis) ist die Vergütung nach Köpfen aufzuteilen.
b. Bei gemeinsamer Verantwortung der Testamentsvollstrecker nach außen, aber nicht gleichwertiger Geschäftsverteilung im Innenverhältnis ist die Vergütung angemessen unter Berücksichtigung der Aufgabenbereiche aufzuteilen.
c. Bei vom Erblasser angeordneter gegenständlicher Verteilung der Aufgaben im Außenverhältnis ist die Vergütung entsprechend der jeweiligen Verantwortung des Testamentsvollstreckers aufzuteilen.

2. Sukzessive Tätigkeit

Bei sukzessiver Tätigkeit erhält der Nachfolger die Vergütung nur für die Tätigkeit, die nicht bereits der Vorgänger abgeschlossen hat. Beispiel: Ist die Erbschaftsteuerveranlagung bereits erfolgt, so erhält der Nachfolger keinen Vergütungsgrundbetrag.

---

752 OLG Stuttgart BWNotZ 1961, 92 (LS).
753 Schumann/Geißinger, § 1 Anh. Rn. 24.
754 BGH NJW 1967, 2400,2401; OLG Karlsruhe ZEV 2001, 286, 287; Glaser MDR 1983, 93, 94; Staudinger/Reimann, § 2221 Rn. 14; Möhring/Beisswingert/Klingelhöffer, S. 237; Haegele/Winkler, Rn. 602 ff; Bengel/Reimann/Eckelskemper, X. Rn. 106.
755 Dt. Notarverein, ZEV 2000, 181, 183.

Nachteil dieser Regelung ist, dass sie, soweit sie sich auf die Tabellensätze und Zuschläge bezieht, ebenso wie diese selbst zu ungenauen Ergebnissen führt.[756] Mittels Stundensätzen lässt sich, abgesehen von der Verwaltungsvollstreckung, auch hier eine sehr genaue Vergütung des einzelnen Testamentsvollstreckers bestimmen, die alle Bemessungskriterien zu erfassen vermag.[757] Für die Verwaltungsvollstreckung kann aufgrund der vielfältigen Erscheinungsformen der Tätigkeit ohnehin keine allgemeine Regel aufgestellt werden, da sich dort die Vergütung nach vorzugswürdiger Ansicht ohnehin an der konkreten rechtlichen und tatsächlichen Stellung des Testamentsvollstreckers orientiert.[758] Auf diese Weise haben die Kriterien der h.M. für die Vergütung mehrerer Testamentsvollstrecker schon Eingang in die Vergütungsbemessung gefunden. Schließlich ist auch eine Vereinbarung zwischen mehreren Testamentsvollstreckern über die Höhe der Vergütung unzulässig.[759]

II. Vergleich mit der Vergütung mehrerer Vormünder oder Insolvenzverwalter

Die Problematik der Vergütung mehrerer Vormünder wird soweit ersichtlich weder in der vergütungsrechtlichen Literatur noch in der Rechtsprechung diskutiert. Ist neben dem Insolvenzverwalter noch ein Sonderinsolvenzverwalter bestellt,[760] so errechnet sich die Vergütung grundsätzlich entsprechend den Regelungen der InsVV, wobei als Berechnungsgrundlage i.S.d. § 1 Abs. 1 InsVV der Wert des Gegenstandes zugrundezulegen ist, auf den sich die Tätigkeit des Sonderverwalters bezogen hat.[761] Dies entspricht damit der h.M. beim Testamentsvollstrecker, soweit sie die Vergütung nach Tabellen bemisst.

---

[756] Kritisch auch Zimmermann, ZEV 2001, 334, 339; vgl. zur Kritik der Tabellensätze ausführlich: Zweiter Teil § 4 A.IV.1.

[757] Ebenso Zimmermann, ZEV 2001, 334, 339.

[758] Vgl. zur Verwaltungsgebühr ausführlich: Zweiter Teil § 4 C.I.2.

[759] BGH NJW 1957, 947, 948.

[760] Zur Bestellung eines Sonderinsolvenzverwalters: Erster Teil § 2 C.

[761] Haarmeyer/Wutzke/Förster, InsVV, § 1 Rn. 39 ff.; a.A. Eickmann, Vor § 1 Rn. 54 ff.: Da der Sonderinsolvenzverwalter nur für einzelne Aufgaben und nicht zu Durchführung der Verwaltungsaufgaben schlechthin bestellt werde, sei er eher einem Pfleger vergleichbar; infolgedessen seien die §§ 1915, 1836 BGB anzuwenden. Lediglich bei einem Nacheinander von Insolvenzverwaltern will er jedem Verwalter eine Vergütung gewähren, die sich – nach den allgemeinen Regeln – aus der seiner Verwaltung unterliegenden Teilungsmasse bestimmt, Eickmann, Vor § 1 Rn. 58.

§ 5 Sonstige Fragen der Vergütung

A. Entstehung und Fälligkeit des Vergütungsanspruchs

I. Entstehung und Fälligkeit beim Testamentsvollstrecker

Der Vergütungsanspruch des Testamentsvollstreckers entsteht mit dem Tätigwerden. Er ist aber grundsätzlich erst mit Beendigung der gesamten Testamentsvollstreckung in einem Betrag fällig (§§ 614, 628 BGB).[762] Ausnahmsweise kann der Testamentsvollstrecker im Falle der Verwaltungsvollstreckung periodische, in der Regel jährliche, Teilzahlungen verlangen.[763] Denn soweit der Erbe gem. § 2218 Abs. 2 BGB jährliche Rechnungslegung verlangt, entspricht es der Angemessenheit der Vergütung, wenn diese jährlich nachträglich bezahlt wird.[764] Der Testamentsvollstrecker kann ferner nach Abschluss einer bestimmten Arbeitsphase wie der Konstituierung oder Auseinandersetzung die entsprechende Vergütung fordern.[765] Dies ergibt sich nach Ansicht Eckelskempers[766] daraus, dass es dem Testamentsvollstrecker nicht zuzumuten ist, über mehrere Jahre vorzuleisten und sich so der Gefahr eines von ihm unverschuldeten Verfalls des Nachlasses oder des Vermögensverfalls der Erben auszusetzen. Außerdem fördert dies die Rechtssicherheit, da der Testamentsvollstrecker bei Vergütungsentnahme eine Erklärung darüber verlangen kann, ob die Erben die entnommene Vergütung als angemessen betrachten.[767] Ein Anspruch auf Vorschuss besteht hingegen nach einhelliger Meinung nicht, da der Vergütungsanspruch aufgrund der Möglichkeit, Abschlagszahlungen zu verlangen, ausreichend gesichert ist.[768] Bei Bezahlung branchenüblicher Gehälter ist die Vergütung mit branchenüblicher Fälligkeit zu zahlen.[769]

---

[762] Palandt/Edenhofer, § 2221 Rn. 12; Bengel/Reimann/Eckelskemper, X. Rn. 68; Haegele/Winkler, Rn. 615.
[763] Bengel/Reimann/Eckelskemper, X. Rn. 68; Palandt/Edenhofer, § 2221 Rn. 12; Erman/Holzhauer, § 2221 Rn. 12; BGH WM 1964, 950; BayObLG 72, 379, 380.
[764] Bengel/Reimann/Eckelskemper, X. Rn. 68; Palandt/Edenhofer, § 2221 Rn. 12; BGH WM 1964, 950, 952; BayObLG 72, 379, 380.
[765] Bengel/Reimann/Eckelskemper, X. Rn. 68; Soergel/Damrau, § 2221 Rn. 12; so im Ergebnis auch die Neue Rheinische Tabelle, ZEV 2000, 181 ff.
[766] Bengel/Reimann/Eckelskemper, X. Rn. 68.
[767] Bengel/Reimann/Eckelskemper, X. Rn. 69.
[768] Statt aller: MüKo/Brandner, § 2221 Rn. 21.
[769] Dt. Notarverein, ZEV 2000, 181, 182.

II. Entstehung und Fälligkeit beim Vormund

Der Berufsvormund erwirbt seinen Vergütungsanspruch dem Grunde nach bereits durch sein Tätigwerden.[770] Da aber die Bestimmung des Stundensatzes erst mit der Bewilligung erfolgen kann, entsteht der Anspruch der Höhe nach erst mit der Bewilligung.[771] Nach § 1836 Abs. 2 S. 3 BGB kann der Berufsvormund auch Abschlagszahlungen verlangen, da ihm eine finanzielle Vorleistung seiner beruflichen Dienstleistung nicht zumutbar ist.[772] Dies gilt sowohl für den Anspruch gegen den bemittelten wie mittellosen Mündel.[773] Bestimmte Zeitspannen sind nicht vorgegeben, doch sind Abschlagszahlungen nach etwa 3 Monaten als vertretbar anzusehen, deren Höhe sich nach den bereits verdienten Beträgen richtet.[774]

Darüber hinaus erlischt der Vergütungsanspruch des Berufsvormunds in der Regel 15 Monate nach seiner Entstehung, § 1836 Abs. 2 S. 4 1. HS. BGB. Damit soll der Vormund zu einer zügigen Geltendmachung des Anspruchs angehalten werden, um so zu verhindern, dass Ansprüche in einer Höhe auflaufen, die die Leistungsfähigkeit des Mündels überfordert.[775] Dies würde sonst zu dessen Mittellosigkeit und damit zu einer Eintrittspflicht der Staatskasse führen, die bei rechtzeitiger Inanspruchnahme des Mündels nicht bestanden hätte.[776]

Der Vergütungsanspruch des ehrenamtlichen Vormunds wird nach § 1836 Abs. 3 BGB sowohl dem Grunde als auch der Höhe nach erst durch den Bewilligungsbeschluss des Vormundschaftsgerichts begründet und entsteht somit erst mit dessen Wirksamwerden (§ 16 FGG).[777]

III. Entstehung und Fälligkeit beim Insolvenzverwalter

Der Vergütungsanspruch des Insolvenzverwalters entsteht mit der Erbringung der von ihm geforderten Arbeitsleistung und wird fällig mit der Erledigung der zu honorierenden Tätigkeit,[778] also z.B. mit Verfahrensbeendigung oder nach Abschluss eines gesondert zu vergütenden Tätigkeitsabschnitts.[779] Nach § 9 InsVV kann der Insolvenzverwalter auch einen Vorschuss auf die Vergütung

---

[770] Palandt/Edenhofer, § 1836 Rn. 9; BayObLG, FamRZ 1996, 372; Erman/Holzhauer, § 1836 Rn. 15; Soergel/Zimmermann, § 1836 Rn. 45.

[771] Ermann/Holzhauer, § 1836 Rn. 15, Palandt/Diederichsen, § 1836 Rn. 10.

[772] BT-Drucks 13/7158, S. 26; Palandt/Edenhofer, § 1836 Rn. 9; Staudinger/Engler, § 1836 Rn. 70.

[773] Palandt/Diederichsen, § 1836 Rn. 11; Soergel/Zimmermann, § 1836 Rn. 28.

[774] Soergel/Zimmermann, § 1836 Rn. 28.

[775] BT-Drucks 13/7158, S. 27; Palandt/Diederichsen, § 1836 Rn. 12.

[776] BT-Drucks 13/7158, S. 27; Palandt/Diederichsen, § 1836 Rn. 12.

[777] Palandt/Diederichsen, § 1836 Rn. 23.

[778] Haarmeyer/Wutzke/Förster, InsVV, § 8 Rn. 4; Eickmann, Vor § 1 Rn. 4.

[779] Eickmann, Vor § 1 Rn. 5.

entnehmen, wenn das Insolvenzgericht zustimmt. Diese Zustimmung soll gem. § 9 S. 2 InsVV erteilt werden, wenn das Verfahren länger als sechs Monate dauert oder besonders hohe Auslagen erforderlich werden. Zweck dieser Regelung ist es insbesondere, dem Ausfallrisiko bei drohender Massearmut zu begegnen.[780]

IV. Vergleich der Entstehung und Fälligkeit

Beim Testamentsvollstrecker, Insolvenzverwalter und Berufsvormund entsteht der Vergütungsanspruch mit dem Tätigwerden. Beim ehrenamtlichen Vormund hingegen erst mit dem Wirksamwerden des Bewilligungsbeschlusses. Dieser Unterschied beruht darauf, dass die Vergütung des Vormunds nach § 1836 Abs. 3 BGB im Gegensatz zum Anspruch des Testamentsvollstreckers eine Ermessensvergütung ist. Hinsichtlich der Fälligkeit des Vergütungsanspruchs gleicht sich die Rechtslage bei allen Verwaltern, d.h. sie tritt mit Erledigung der zu honorierenden Tätigkeit ein. Sowohl der Testamentsvollstrecker als auch der Berufsvormund können Abschlagszahlungen verlangen, wobei allein der Anspruch des Vormunds gesetzlich in § 1836 Abs. 2 S. 3 BGB geregelt ist. Einen Vorschuss kann nach § 9 InsVV lediglich der Insolvenzverwalter fordern. Der Vergütungsanspruch des Testamentsvolltreckers ist hingegen ausreichend durch die Möglichkeit, Abschlagszahlungen zu verlangen, gesichert, so dass ein Anspruch auf Vorschuss nicht erforderlich ist.[781]
Der Anspruch des Berufsvormunds erlischt im Gegensatz zu dem des Testamentsvollstreckers innerhalb der Frist des § 1836 Abs. 2 S. 4 BGB. Der Unterschied beruht darauf, dass der Staat im Rahmen der Vormundschaft als Schuldner herangezogen werden kann, wenn der Mündel mittellos ist. Dies will die Vorschrift durch das Erfordernis der frühzeitigen Geltendmachung des Anspruchs verhindern.[782] Der Testamentsvollstrecker kann den Staat hingegen nicht in Anspruch nehmen, so dass keine Notwendigkeit für eine entsprechende Frist zur Geltendmachung gegeben ist.

B. Entnahmerecht der Vergütung

I. Entnahme der Testamentsvollstreckervergütung

Der Testamentsvollstrecker kann die Vergütung dem Nachlass selbst entnehmen.[783] Dies ergibt sich daraus, dass der Vergütungsanspruch rechtlich als

[780] Begründung zu § 9 InsVV, abgedruckt bei Haarmeyer/Wutzke/Förster, S. 44; BGH ZIP 1992, 120, 122; Eickmann, § 9 Rn. 7 m.w.N.
[781] Zum Vorschuss beim Testamentsvollstrecker: Zweiter Teil § 5 A.I.
[782] Zum Zweck der Frist ausführlich: Zweiter Teil § 5 A.II.
[783] BGH WM 1972, 101; BayObLG Rpfleger 1973, 94; OLG Köln Rpfleger, 1987,458.

Nachlassverbindlichkeit einzuordnen ist und § 181 BGB letzter Halbsatz auf den Testamentsvollstrecker zumindest entsprechend anwendbar ist.[784] Da der Testamentsvollstrecker aber letztlich die Vergütungshöhe nur vorbehaltlich gerichtlicher Nachprüfung „festsetzt“, trägt er das Risiko und die Verantwortung dafür, dem Nachlass unerlaubt einen zu hohen Betrag zu entnehmen.[785]
Mit dem Entnahmerecht des Testamentsvollstreckers ist aber nicht ohne weiteres die Befugnis verbunden, zur Geldbeschaffung Nachlassgegenstände zu veräußern; ob dies erforderlich ist, muss der Testamentsvollstrecker nach den jeweiligen Umständen des Einzelfalles unter dem Gesichtspunkt der ordnungsgemäßen Nachlassverwaltung gem. § 2216 BGB entscheiden.[786] Wertvolle Nachlassgegenstände darf der Testamentsvollstrecker jedenfalls nur dann versilbern, wenn besondere Umstände dies rechtfertigen oder die Erben dem zustimmen; andernfalls macht sich der Testamentsvollstrecker schadensersatzpflichtig.[787] Er ist ferner nur mit Zustimmung der Erbengemeinschaft berechtigt, dem Nachlass Sachwerte, wie z.B. Aktien, als Vergütung zu entnehmen.[788] Mit Rücksicht auf Treu und Glauben sowie die Verkehrssitte (§ 242 BGB) wird aber als Vergütung regelmäßig eine Vergütung in Geld geschuldet, sofern es keine andere Vereinbarung mit den Erben gibt. Die Entnahme einer unangemessen hohen Vergütung kann gegebenenfalls sowohl eine strafrechtlich zu ahndende Untreue, eine den Testamentsvollstrecker zum Schadensersatz verpflichtende Handlung, als auch ein Entlassungsgrund nach § 2227 BGB sein. Insofern kommt es letztlich auf die Umstände des Einzelfalles an.[789]

II. Entnahme der Vergütung beim Vormund und Insolvenzverwalter

Sowohl die Vergütung des Berufsvormunds als auch die des ehrenamtlichen Vormunds müssen durch das Vormundschaftsgericht bewilligt werden (§§ 1836 Abs. 2 S.1, Abs. 3 BGB). Sofern der Vormund die Vermögenssorge inne hat und der Mündel vermögend ist, kann der Vormund die Vergütung nach dem Wirksamwerden der Festsetzung selbst aus dem Vermögen des Mündels entnehmen, ohne dass hierfür eine Genehmigung durch das Vormundschaftsgericht erforderlich wäre.[790]

---

[784] Bengel/Reimann/Eckelskemper, X. Rn. 64; BGH NJW 1957, 947, 948; NJW 1963, 1615, 1616; WM 1972, 101, 102; Haegele/Winkler, Rn. 623; zur Anwendbarkeit von § 181 BGB siehe auch Erster Teil § 6 A.II.3.
[785] Soergel/Damrau, § 2221 Rn. 14; BGH NJW 1963, 1615, 1616; BayOLGZ, Rpfleger 1973, 94; MüKo/Brandner, § 2221 Rn. 20.
[786] Bengel/Reimann/Eckelskemper, X. Rn. 72; BGH NJW 1963, 1615, 1616.
[787] BGH WM 1973, 360, 361.
[788] BGH WM 1973, 360, 361.
[789] Bengel/Reimann/Eckelskemper, X. Rn. 78 m.w.N.; zum Entlassungsgrund ausführlich siehe Erster Teil § 5 A.
[790] Soergel/Zimmermann, § 1836 Rn. 54 für den Betreuer.

Ist der Mündel vermögend, ist aber dem Vormund keine Vermögenssorge übertragen, so kann er die Vergütung dem Vermögen des Mündels nicht selbst entnehmen, sondern muss aus dem Festsetzungsbeschluss, der ein Vollstreckungstitel ist (§§ 69 e S.1 i.V.m. § 56 g Abs. 6 FGG), in das Vermögen des Mündels vollstrecken.[791]
Der Insolvenzverwalter muss vor der Entnahme der Vergütung nach § 8 Abs. 1 InsVV beim Insolvenzgericht die Festsetzung der Vergütung beantragen. Er kann die Vergütung dann auf eigenes Risiko auch schon vor Rechtskraft des Festsetzungsbeschlusses der Masse entnehmen.[792]

III. Vergleich der Vergütungsentnahme

Der Testamentsvollstrecker kann die Vergütung dem Nachlass selbst entnehmen. Beim Vormund und Insolvenzverwalter ist hingegen eine gerichtliche Bewilligung Voraussetzung der Entnahme. Grund hierfür ist das öffentliche Interesses am Schutz der Beteiligten und an der Führung der Ämter.[793] Die Testamentsvollstreckung erfolgt hingegen nicht im öffentlichem, sondern im Privatinteresse, so dass kein Bedürfnis für eine gerichtliche Bewilligung besteht.

C. Zurückbehaltungsrecht wegen der Vergütung

Der Testamentsvollstrecker hat gegenüber dem Anspruch des Erben auf Herausgabe des Nachlasses wegen seiner Vergütung ein Zurückbehaltungsrecht,[794] dessen Ausübung allerdings unter besonderen Umständen gegen § 242 BGB verstoßen kann.[795] Ein Zurückbehaltungsrecht besteht jedoch nicht gegenüber dem Überlassungsanspruchs an einzelnen Gegenständen nach § 2217 BGB[796] und dem Anspruch auf Auskunft und Rechnungslegung gem. § 2218 BGB.[797] Ebenso hat der Vormund eines vermögenden Mündels, der die Vermögenssorge inne hat, wegen seines Vergütungsanspruchs gem. § 273 BGB ein Zurückbehaltungsrecht am Vermögen des Mündels.[798] Soweit der Insolvenzverwalter nach Beendigung des Insolvenzverfahrens noch im Besitz von Massegegenstän-

[791] Soergel/Zimmermann, § 1836 Rn. 55 für den Betreuer.
[792] Eickmann, § 8 Rn. 26.
[793] Zum Schutzzweck der Ämter: Erster Teil § 1 B., C.
[794] Erman/Holzhauer, § 2221 Rn. 15; Staudinger/Reimann, § 2221 Rn. 23; MüKo/Brandner, § 2221 Rn. 23.
[795] Palandt/Edenhofer, § 2221 Rn. 15.
[796] Palandt/Edenhofer, § 2221 Rn. 15; Bengel/Reimann/Eckelskemper, X. Rn. 81; Staudinger/Reimann, § 2221 Rn. 23; Soergel/Damrau, § 2221 Rn. 15.
[797] Palandt/Edenhofer, § 2221 Rn. 15; Staudinger/Reimann, § 2221 Rn. 23; Soergel/Damrau, § 2221 Rn. 15.
[798] Soergel/Zimmermann, § 1836 Rn. 54 für den Betreuer.

den ist, steht auch ihm hieran ein Zurückbehaltungsrecht nach § 273 BGB zu.[799] In allen Fällen richtet sich das Bestehen eines Zurückbehaltungsrecht nach der allgemeinen Regel des § 273 BGB.

D. Schuldner der Vergütung

I. Vergütungsschuldner des Testamentsvollstreckers

Grundsätzlich schulden die Erben die Vergütung als Gesamtschuldner, §§ 1967 Abs. 1, 2058 BGB. Bei der Testamentsvollstreckung kann die Frage des Schuldners aber problematisch sein, wenn nur Teile des Nachlasses der Testamentsvollstreckung unterliegen oder diese nur für einen bestimmten Zeitraum im Interesse einzelner Erben angeordnet ist. Bei der Lösung dieser Frage ist in erster Linie zu untersuchen, in wessen Interesse die Testamentsvollstreckung erfolgt.[800]

Eine Nacherbentestamentsvollstreckung wird im Interesse des Nacherben angeordnet, so dass nur dieser Schuldner der Vergütung ist.[801] Bei einer Vermächtnisvollstreckung hat grundsätzlich der Vermächtnisnehmer die Kosten der Testamentsvollstreckung zu tragen, da er Begünstigter ist und die Vollstreckung in seinem Interesse erfolgt.[802] Besteht das Vermächtnis in einem Bruchteil des Nachlasses, ist hingegen anzunehmen, dass der Vermächtnisnehmer nach dem Willen des Erblassers die Vergütung nur anteilig tragen soll.[803]

Hat der Erblasser ein Nießbrauchsvermächtnis an einem Einzelgegenstand angeordnet (z.B. Mietshaus), so hat der Nießbraucher, wie sich aus § 1047 BGB ergibt, die Testamentsvollstreckervergütung nicht zu tragen.[804] Wurde hingegen der Nießbrauch am Nachlass oder einem Bruchteil des Nachlasses angeordnet, so ergibt sich aus §§ 1088, 1089 BGB, dass der Nießbraucher – gegebenenfalls anteilig - Kostenschuldner ist.[805]

Umstritten ist, wer die Vergütung schuldet, wenn die Testamentsvollstreckung nur für einen Erbteil angeordnet wurde. Nach einer Ansicht[806] ist Vergütungsschuldner nur der Erbe, dessen Nachlassanteil verwaltet wird. Dies ergebe sich daraus, dass ein gesetzliches Schuldverhältnis, auf das wesentliche Vorschriften

---

799 Haarmeyer/Wutzke/Förster, InsVV, § 8 Rn.28; Eickmann, Vor § 1 Rn. 39.

800 Ähnlich Bengel/Reimann/Eckelskemper, X. Rn. 82.

801 Bengel/Reimann/Eckelskemper, X. Rn. 83; Staudinger/Reimann, § 2221 Rn. 14.

802 Bengel/Reimann/Eckelskemper, X. Rn. 85; Palandt/Edenhofer § 2221 Rn. 11; Haegele/Winkler, Rn. 641.

803 Bengel/Reimann/Eckelskemper, X. Rn. 86; Haegele/Winkler, Rn. 639; Staudinger/Reimann, § 2221 Rn. 14.

804 OLG Düsseldorf, OLGZ 1975, 341 ff.; Bengel/Reimann/Eckelskemper, X. Rn. 87.

805 OLG Düsseldorf, OLGZ 1975, 341 ff.; Staudinger/Reimann, § 2221 Rn. 14.

806 OLG Hamburg, ZEV 1996, 184 ff. mit ablehnender Anm. Muscheler.

des Auftragsrechts entsprechend anzuwenden sind, nur zwischen dem Testamentsvolltrecker und dem betroffenen Erbe bestehe. Nur dieser schulde die Vergütung, da sie ein Entgelt für eine Leistung zugunsten dieses Erben darstelle. Diese Auffassung ist jedoch abzulehnen, da der Testamentsvollstrecker in einem gesetzlichen Schuldverhältnis nicht nur zu einem, sondern zu allen Erben steht.[807] Es finden zwar einzelne Vorschriften des Auftragsrechts über § 2218 BGB auf das Verhältnis zwischen Testamentsvollstrecker und Erben entsprechende Anwendung, doch wird in § 2218 BGB nicht generell auf das Auftragsrecht, sondern nur auf einzelne Vorschriften verwiesen. § 2218 BGB verweist eben gerade nicht auf § 675 BGB und die damit zusammenhängenden Vergütungsregeln.[808] Die Schuldnerstellung aller Miterben ergibt sich schließlich daraus, dass nach § 2038 Abs. 1 S.2 BGB jeder Miterbe den anderen gegenüber verpflichtet ist, an Maßregeln mitzuwirken, die zur ordnungsgemäßen Verwaltung erforderlich sind.[809] Bei der Erbteilstestamentsvollstreckung trifft den Testamentsvollstrecker diese Pflicht persönlich, denn nur er (nicht „sein" Miterbe) ist rechtlich überhaupt in der Lage, an den entsprechenden Maßregeln mitzuwirken.[810] Die Erbteilsvollstreckung ist also nicht gegenständlich beschränkt, sondern bezieht sich auf den gesamten Nachlass.[811] Da die Vergütung somit unter die gemeinschaftlichen Kosten der Verwaltung i.S.d. §§ 2038, 748 BGB fällt, ist sie nach h.M.[812] im Falle des nur für einen Erbteil eingesetzten Testamentsvollstreckers eine von allen Miterben in ungeteilter Erbengemeinschaft zu tragende Nachlassverbindlichkeit i.S.v. §§ 2046 Abs. 1, 2058 BGB i.V.m. § 421 BGB. Somit kann auch jeder Miterbe gem. § 2046 Abs. 1 S. 1 BGB die Vorabberichtigung der Testamentsvollstreckervergütung aus dem ungeteilten Nachlass verlangen.[813]

II. Vergütungsschuldner des Vormunds und Insolvenzverwalters

Der Vergütungsanspruch des Berufsvormunds eines bemittelten Mündels richtet sich gegen den Mündel; ist der Mündel mittellos, richtet er sich gegen die Staatskasse, § 1836 a BGB. Die festgesetzte Vergütung sowie die Auslagen des Insolvenzverwalters sind im eröffneten Verfahren Massekosten nach § 54 InsO,

---

[807] Muscheler, ZEV 1997, 185, 186; v. Morgen, ZEV 1997, 170, 171.
[808] Ebenso v. Morgen, ZEV 1996, 170.
[809] Muscheler, ZEV 1997, 185, 187; Bengel/Reimann/Eckelskemper, X. Rn. 88.
[810] Muscheler, ZEV 1996, 185, 187; Bengel/Reimann/Eckelskemper, X. Rn. 88.
[811] Von Morgen, ZEV 1997, 117.
[812] Haegele/Winkler, Rn. 639; BGH ZEV 1997, 116, 117; Morgen, ZEV 1996, 170, 172; Muscheler, AcP 195, 35, 73; ZEV 1996, 185; Soergel/Damrau, § 2221 Rn. 1; Staudinger/Reimann, § 2221 Rn. 14; Bengel/Reimann/Eckelskemper, X. Rn. 88.
[813] Bengel/Reimann/Eckelskemper, X. Rn. 90; v. Morgen, ZEV 1996, 170, 173; Haegele/Winkler, Rn. 639.

wobei der Schuldner mit seinem insolvenzfreien Vermögen haftet, wenn der Verwalter sich nicht aus der Masse befriedigen kann.[814] Entsprechendes gilt für die Zusatzgebühren für den Einsatz besonderer Sachkunde.[815] Da die Massekosten gem. § 53 InsO vorweg zu berichtigen sind, haben zunächst alle Beteiligten die Vergütung zu tragen.

III. Vergleich der Vergütungsschuldner

Vergütungsschuldner der Amtsträger ist grundsätzlich derjenige, in dessen Interesse das Amt angeordnet wurde. Lediglich im Falle des mittellosen Mündels übernimmt die Staatskasse nach § 1836 a BGB die Verbindlichkeit, da der Berufsvormund aufgrund des öffentlichen Interesses an der Vormundschaft zur Amtsübernahme verpflichtet ist[816] und er mit der Vormundschaft seinen Lebensunterhalt verdienen muss. Diese Regelung ist aber auf den Testamentsvollstrecker nicht anwendbar, da dieser nicht verpflichtet ist, das Amt bei einem Nachlass zu übernehmen, der nicht ausreichen würde, um die Vergütung zu bezahlen.[817]

E. Prozessuale Fragen

I. Prozessuale Fragen beim Testamentsvollstrecker

Ein Streit über die Testamentsvollstreckervergütung ist nicht beim Nachlassgericht, sondern beim örtlich und sachlich zuständigen Prozessgericht geltend zu machen.[818] Die Zuständigkeit des Nachlassgerichts kann auch nicht durch eine Anordnung des Erblassers begründet werden; eine Anordnung des Erblassers, die Vergütung solle durch das Nachlassgericht festgesetzt werden, kann u.U. aber dahingehend ausgelegt werden, dass ein Mitglied des Nachlassgerichts als Privatperson die Vergütung entsprechend §§ 317, 2156 BGB festlegen soll.[819]
Klagt der Testamentsvollstrecker auf Festsetzung seiner Vergütung, so muss er deren Höhe im Klageantrag betragsmäßig angeben, § 253 Abs. 2 Nr.2 ZPO. Einen Klageantrag des Inhalts, eine angemessene Vergütung zuzubilligen, ist nur dann zulässig, wenn ihm eine Bezifferung nicht möglich oder zumutbar ist.[820] In

---

814 Haarmeyer/Wutzke/Förster, InsVV, § 9 Rn. 26 f.
815 Haarmeyer/Wutzke/Förster, InsVV, § 9 Rn. 26 f.
816 Zur Übernahmepflicht des Vormunds: Erster Teil § 5 B., D.
817 Zur Übernahmepflicht beim Testamentsvollstrecker vgl. Erster Teil § 5 A.
818 H.M. Haegele/Winkler, Rn. 620 m.w.N.
819 BGH WM 1972, 101, 102; Haegele/Winkler, Rn. 620; Bengel/Reimann/Eckelskamper, X. Rn. 91; Staudinger/Reimann, § 2221 Rn. 27.
820 Bengel/Reimann/Eckelskemper, X. Rn. 92; Haegele/Winkler, Rn. 621.

diesem Fall muss er einen Mindestbetrag und die Bemessungsgrundlage angeben.[821]
Sind mehrere Testamentsvollstrecker vorhanden, kann jeder Testamentsvollstrecker ohne Mitwirkung der anderen seinen Vergütungsanspruch geltend machen.[822] Dementsprechend ist jeder Testamentsvollstrecker passiv legitimiert, wenn ein Erbe z.B. negative Feststellungsklage erhebt.[823] Ergänzend sei hier darauf hingewiesen, dass die Entscheidung über die Angemessenheit in erster Linie dem Gericht der Tatsacheninstanz obliegt und im Revisionszug nur eingeschränkt überprüft werden kann.[824] Angesichts der langen Dauer der Prozesse, des Instanzenzugs und der Kosten kann im übrigen nur davon abgeraten werden, die Entscheidung über die Vergütung dem Prozessgericht zu überlassen.[825] Im Nachlassinsolvenzverfahren ist die Vergütung als Masseverbindlichkeit vorweg zu berichtigen, § 324 Nr. 6 InsO.

II. Prozessuale Fragen beim Vormund und Insolvenzverwalter

Die Festsetzung der Vergütung des Vormunds kann entweder vom Vormund, Gegenvormund oder Mündel beim Vormundschaftsgericht beantragt werden oder das Gericht setzt sie von Amts wegen fest, wenn es sie für angemessen hält, § 56 g Abs. 1 FGG. Der Festsetzungsbeschluss ist zugleich Titel (§ 56 g Abs. 1, 6 FGG), weshalb auch materiellrechtliche Einwendungen und Einreden wie z.B. Erlöschen des Anspruchs durch Erfüllung oder Aufrechnung mit einem Schadensersatzanspruch gem. § 1833 BGB im Festsetzungsverfahren zu berücksichtigen sind, wenn sich der Mündel darauf beruft.[826]
Nach § 8 Abs. 1 InsVV wird die Vergütung des Insolvenzverwalters auf dessen Antrag hin vom Insolvenzgericht festgesetzt. Gegen die Festsetzung ist sofortige Beschwerde statthaft, § 64 Abs. 3 S. 1 InsO. Die aufrechnungsweise Geltendmachung von Schadensersatzansprüchen wegen sog. Gemeinschaftsschäden im Vergütungs- und Kostenfestsetzungsverfahren ist unzulässig.[827] Solche Ansprüche können nur im Wege der normalen Klage, oder nach erfolgter Festsetzung gem. § 767 ZPO geltend gemacht und durchgesetzt werden; im Vergütungsfestsetzungsverfahren nach § 8 InsVV finden solche Einwendungen jedoch keine

---

[821] MüKo/Brandner, § 2221 Rn. 7; Bengel/Reimann/Eckelskemper, X. Rn. 92.
[822] Soergel/Damrau, § 2221 Rn. 11; Haegele/Winkler, Rn. 607; Palandt/Edenhofer, § 2221 Rn. 2; BGH NJW 1967, 2400.
[823] Soergel/Damrau, § 2221 Rn. 11; Haegele/Winkler, Rn. 607.
[824] Haegele/Winkler, Rn. 621; Bengel/Reimann/Eckelskemper, X. Rn. 94.
[825] Haegele/Winkler, Rn. 622.
[826] Soergel/Zimmermann, § 1836 Rn. 44 für den Betreuer und weiteren Nachweisen zur früheren Rechtsprechung (vor § 56 g FGG).
[827] BGH ZIP 1995, 290, 291; Haarmeyer/Wutzke/Förster, InsVV, § 8 InsVV Rn. 28, Eickmann, Vor § 1 Rn. 15, 16 jeweils m.w.N.

Berücksichtigung.[828] Dies beruht darauf, dass die ZPO[829] scharf zwischen Kostenfestsetzung und dem ordentlichen Streitverfahren unterscheidet und der Urkundsbeamte (heute Rechtspfleger) nach der ihm vom Gesetz zugewiesenen Stellung nicht befugt ist, über den Bestand und die Höhe dieser Gegenforderung zu entscheiden.[830] Kann der Verwalter keine Befriedigung seiner Ansprüche aus der Masse erlangen, haftet der Gemeinschuldner mit seinem insolvenzfreien Vermögen, insoweit ist der Festsetzungsbeschluss des Insolvenzgerichts zugleich Vollstreckungstitel.[831]

III. Vergleich der prozessualen Fragen

Die Festsetzung der Vergütungshöhe erfolgt beim Vormund und Insolvenzverwalter im Gegensatz zum Testamentsvollstrecker durch das Vormundschafts- bzw. Insolvenzgericht. Eine gerichtliche Bestimmung der Vergütung erfolgt beim Testamentsvollstrecker hingegen nur im Streitfall. Zuständig ist dann das allgemeine Prozessgericht. Diese Unterschiede beruhen darauf, dass an der Testamentsvollstreckung im Gegensatz zu den beiden anderen Instituten kein öffentliches Interesse am Schutz der Beteiligten besteht.[832] Daher ist beim Vormund und Insolvenzverwalter auch nicht das allgemeine Prozessgericht, sondern das speziellere Vormundschafts- bzw. Insolvenzgericht für Fragen der Vergütung zuständig.

F. Verjährung und Verwirkung

I. Verjährung und Verwirkung beim Testamentsvollstrecker

Die Verjährungsfrist für den Vergütungsanspruch des Testamentsvollstreckers beträgt nach § 197 Abs. 1 Nr. 2 BGB n.F. 30 Jahre. Ist die Vergütung bzw. sind Teile davon regelmäßig zu zahlen, wie dies bei der Verwaltungsvollstreckung der Fall sein kann, gilt ausnahmsweise die dreijährige Verjährungsfrist gem. §§ 197 Abs. 2, 195 BGB n.F.

Der Testamentsvollstrecker kann seinen Vergütungsanspruch verwirken, wenn er in besonders schwerwiegender Weise vorsätzlich oder zumindest grob fahrlässig gegen seine Amtspflichten verstößt.[833] Dies kann der Fall sein, wenn er

---

[828] Haarmeyer/Wutzke/Förster, InsVV, § 8 Rn. 28; Eickmann, Vor § 1 Rn. 15, 16 jeweils m.w.N.

[829] Die ZPO findet gem. § 4 InsO ergänzend Anwendung.

[830] BGH ZIP 1995, 290, 291; Eickmann, Vor § 1 Rn. 15.

[831] Haarmeyer/Wutzke/Förster, InsVV, § 8 Rn. 27.

[832] Zum Zweck der Institute ausführlich: Erster Teil § 1 D.

[833] BGH BB 1976, 814; BGH WM 1979, 1116; BGH DNotZ 1980, 164; Staudinger/Reimann, § 2221 Rn. 25; Haegele/Winkler, Rn. 647.

sich bewusst über die Interessen der Personen, für die er als Testamentsvollstrecker eingesetzt ist, hinwegsetzt und mit seiner Tätigkeit eigene Interessen oder die anderer Personen verfolgt, wenn aufgrund seiner Nachlässigkeit keine Rede mehr von einer ordnungsgemäßen Amtsführung sein kann oder wenn er seine Tätigkeit auf ein Gebiet erstreckt, das eindeutig nicht zu seinem Aufgabengebiet gehört.[834] Der Anspruch ist dagegen dann nicht verwirkt, wenn der Testamentsvollstrecker in dem Bestreben, sein Amt zum Wohle der von ihm betrauten Person auszuüben, infolge irriger Beurteilung der Sach- und Rechtslage fehlerhafte Entscheidungen trifft; dies kann allenfalls eine Schadensersatzpflicht begründen.[835]

II. Verjährung und Verwirkung beim Vormund und Insolvenzverwalter

Die Verjährungsfrist für den Vergütungsanspruch des Vormunds beträgt 30 Jahre (§ 197 Abs. 1 Nr. 2 BGB n.F.) und ist während der Dauer der Vormundschaft gem. § 207 Abs. 1 Nr. 3 BGB n.F. gehemmt, falls sich der Anspruch gegen den Mündel und nicht gegen die Staatkasse richtet. Zur Verwirkung des Vergütungsanspruchs des Vormunds gibt es bislang kaum Rechtsprechung oder Literatur. Der Vormund kann seinen Vergütungsanspruch aber z.B. durch Untreue zum Nachteil des Mündels verwirken.[836] Die festgesetzte Insolvenzverwaltervergütung verjährt nach § 197 Abs. 1 Nr. 5 BGB n.F. ebenfalls in dreißig Jahren.

III. Vergleich der Verjährung und Verwirkung

Die Ansprüche aller Verwalter verjähren nach § 197 Nr. 2 bzw. Nr. 5 BGB n.F. in 30 Jahren. Allein beim Vormund ist die Verjährung gem. § 207 Abs. 1 Nr. 3 BGB n.F. während der Dauer der Vormundschaft gehemmt, da das Näheverhältnis zwischen dem Vormund und dem Mündel vor Störungen durch die klageweise Geltendmachung von Ansprüchen bewahrt werden soll.[837] Dies ist Ausdruck des Schutz- und Fürsorgegedankens im Vormundschaftsrecht, den es im Rahmen der Testamentsvollstreckung nicht gibt.[838] Eine Verwirkung tritt in allen Fällen nur bei einer schwerwiegenden Amtspflichtverletzung ein.

---

[834] BGH BB 1976, 814; DNotZ 1980, 164; Haegele/Winkler, Rn. 647; Staudinger/Reimann, § 2221 Rn. 25; BGH WM 1979, 1116.

[835] BGH BB 1976, 814; Haegele/Winkler, Rn. 647; Staudinger/Reimann, § 2221 Rn. 25; BGH WM 1979, 1116.

[836] BayOLG FamRZ 1992, 106; Palandt/Diederichsen, § 1836 Rn. 24.

[837] BT-Drucks 14/6040 S. 119.

[838] Zum Zweck der Institute: Erster Teil § 1 D.

G. Vergütungsanspruch des vermeintlichen Amtsträgers

I. Vergütungsanspruch des vermeintlichen Testamentsvollstreckers

Praktisch bedeutsam ist, ob und in welchem Umfang dem sog. „vermeintlichen Testamentsvollstrecker“[839] eine Vergütung zusteht, da es in der Praxis keineswegs selten ist, dass der Testamentsvollstrecker aufgrund eines unwirksamen Testaments tätig wird oder irrig glaubt, als Testamentsvollstrecker eingesetzt zu sein.[840] Eine Testamentsvollstreckung muss immer auf einer wirksamen Anordnung des Erblassers beruhen, so dass die vermeintliche Testamentsvollstreckung in folgenden Fällen entstehen kann:[841]

1. Die Anordnung der Testamentsvollstreckung war von Anfang an unwirksam, da der Testamentsvollstrecker z.B. geschäftsunfähig war.
2. Ein überholendes Ereignis macht die Testamentsvollstreckung von Anfang an ganz oder teilweise unwirksam. Gründe hierfür können sein, dass in einem später aufgefundenen Testament die Anordnung der Testamentsvollstreckung zurückgenommen, die Erbschaft ausgeschlagen oder das Testament erfolgreich angefochten wurde.
3. Die Anordnung der Testamentsvollstreckung hat anfangs bestanden, ist aber von einem bestimmten Zeitpunkt an ganz oder teilweise erloschen und der Testamentsvollstrecker hatte davon keine Kenntnis, z.B. vom Eintritt einer auflösenden Bedingung (§ 2210 S. 2 BGB)

Das Testamentsvollstreckeramt gilt im dritten Fall gem. §§ 2218, 674 BGB zugunsten des Testamentsvollstreckers noch als fortbestehend, wenn er ohne ein Verschulden über den Fortbestand des Amtes geirrt hat. Es hat hier zumindest für eine kurze Zeit ein gesetzliches Schuldverhältnis i.S.v. § 2218 BGB bestanden, das seine Grundlage in der letztwilligen Verfügung des Erblassers hat.[842] Somit ist ein Anspruch nach § 2221 BGB gegeben. Eine entsprechende Anwendung von § 674 BGB ist aber dann nicht mehr möglich, wenn der Testamentsvollstrecker gem. § 2227 BGB durch das Nachlassgericht entlassen und ihm diese Verfügung gem. § 15 FGG ordnungsgemäß bekannt gemacht wurde; denn die Entlassung entspricht dem Widerruf des Auftrags und für diesen Fall gilt § 674 BGB nicht.[843]

In den ersten beiden Fällen scheidet eine unmittelbare Anwendung von §§ 2218, 2221 BGB aus, da zu keinem Zeitpunkt ein gesetzliches Schuldverhältnis be-

---

839 Ausführlich zum vermeintlichen Testamentsvollstrecker: Nägele, Stefan, Diss. Konstanz 1986: Das vermeintliche Testamentsvollstreckeramt.

840 Möhring/Beisswingert/Klingelhöffer, S. 238.

841 Schelter, DNotZ 1978, 494; Bengel/Reimann/Eckelskemper, X. Rn. 109 ff.

842 BGHZ 69, 235 = NJW 1977, 1726; Haegele/Winkler, Rn. 631; Palandt/Edenhofer, § 2221 Rn. 3.

843 Cipp/Coing, § 75 VII.4.; Bengel/Reimann/Eckelskemper, X. Rn. 112.

standen hat. Die Rechtsprechung stellt in diesen Fällen darauf ab, ob die Erben die Testamentsvollstreckung von vornherein bestreiten oder nicht. Streiten die Erben die Testamentsvollstreckung ab, so stehe dem Testamentsvollstrecker gar kein Anspruch zu.[844] Im Falle des Nichtbestreitens gewährt der BGH dem Testamentsvollstrecker hingegen einen Vergütungsanspruch aus §§ 675, 612 BGB.[845] Dem wird entgegengehalten, dass es auf eine Willensäußerung der Beteiligten für die Entstehung der Ansprüche nach §§ 2218, 2221 BGB nicht ankomme, da sie einem gesetzlichen und keinem rechtsgeschäftlichen Schuldverhältnis entspringen.[846] Die Literatur[847] bejaht daher in diesen Fällen einen Anspruch des Testamentsvollstreckers analog §§ 2218, 2221 BGB, soweit er in gutem Glauben an seine Ernennung ist. Begründet wird dies damit, dass der Erblasser sowohl beim echten als auch dem vermeintlichen Testamentsvollstrecker formgerecht einen Testamentsvollstrecker ernannt habe und damit eine gesetzliches Schuldverhältnis gem. §§ 2218, 2221 BGB begründet oder doch den Rechtsschein dafür gesetzt habe, den er und die Erben gegen sich gelten lassen müssen.[848] Es wird darüber hinaus an der Ansicht des BGH kritisiert, dass er dem Testamentsvollstrecker bei Zweifeln am Inhalt des Testaments das Risiko der Testamentsauslegung bzw. das Vergütungsrisiko aufbürdet.[849] Insbesondere wenn dem Testamentsvollstrecker vom Nachlassgericht ein Testamentsvollstreckerzeugnis erteilt wurde, muss er im Hinblick auf die Prüfungspflichten des Nachlassgerichts aus §§ 2368, 2359 ff. BGB aber grundsätzlich davon ausgehen können, dass er wirksam als Testamentsvollstrecker ernannt wurde.[850] Dieser Gedanke des Vertrauensschutzes greift nach einhelliger Meinung auch bei einer gerichtlichen Ernennung des Testamentsvollstreckers nach § 2200 Abs. 1 BGB.[851] Der Widerspruch der Erben ist in diesen Fällen also nur insoweit relevant, als er geeignet ist, den guten Glauben des Testamentsvollstreckers an seine wirksame Ernennung zu zerstören.[852] Daher liegt in diesen Fällen ein Rechtsscheinstatbestand vor, dessen Schutzwürdigkeit vom bloßen Testament, über das Testamentsvollstreckerzeugnis und schließlich die Ernennung nach § 2200

[844] BGH DNotZ 1978, 494.
[845] BGH NJW 1963, 1615.
[846] Haegele/Winkler, Rn. 632.
[847] Haegele/Winkler, Rn. 632; Tiling ZEV 1999, 331, 339, Soergel/Damrau, § 2218 Rn. 20, § 2221 Rn. 18; Schelter DNotZ 1978, 493, 495.
[848] Haegele/Winkler, Rn. 632.
[849] Bengel/Reimann/Eckelskemper, X. Rn. 117; Tiling, ZEV 1999, 331, 339.
[850] Bengel/Reimann/Eckelskemper, X. Rn. 117; a.A. BGH NJW 1964, 1316, der darauf hinweist, dass das Nachlassgericht nicht zuständig für die Prüfung des Bestands des Testamentsvollstreckeramtes sei und im konkreten Fall zudem nicht einmal die Auslegungsmöglichkeit gegeben war, dass eine Testamentsvollstreckeraufgabe besteht.
[851] Haegele/Winkler Rn. 633; a.A.Dittus, NJW 1961, 495.
[852] Haegele/Winkler, Rn. 633.

Abs. 1 BGB zunimmt.[853] Bei Gutgläubigkeit begründet dies die analoge Anwendung der §§ 2218, 2221 BGB.

II. Vergleich mit dem Vergütungsanspruch des vermeintlichen Vormunds

Voraussetzung für den Vergütungsanspruch eines Vormunds ist eine wirksame Bestellung (§§ 69, 69 a Abs. 3 S. 1 FGG).[854] Unerheblich ist dabei, ob die rechtlichen Voraussetzungen für seine Bestellung vorlagen[855] und sie später z.B. auf eine Beschwerde hin aufgehoben wurde.[856] Die wirksame Bestellung entspricht der wirksamen Anordnung der Testamentsvollstreckung. In beiden Fällen haben die Verwalter einen Vergütungsanspruch.
Der Vormund hat aber auch nach Beendigung der Vormundschaft einen Anspruch auf Vergütung, falls die Voraussetzungen der §§ 1893, 1698 a, 1698 b BGB vorliegen.[857] Dies entspricht dem Fall, dass der Testamentsvollstrecker vom Erlöschen des Amtes schuldlos keine Kenntnis erlangt hat und gem. §§ 2218, 674 BGB das Fortbestehen des Amtes fingiert wird, so dass ein Vergütungs- und Aufwendungsersatzanspruch gem. §§ 2218, 2221 BGB besteht.
Fehlt hingegen schon eine wirksame Bestellung, etwa weil der Vormundschaftsrichter nur die Bitte äußerte, tätig zu werden, und eine Umdeutung in eine Bestellung unmöglich ist, kann der Vormund Zeitaufwand und Mühen nur unter dem Gesichtspunkt der Staatshaftung nach § 834 BGB, Art. 34 GG ersetzt erhalten, allerdings nicht in größerem Umfang als bei wirksamer Bestellung.[858]
Für das Bestehen eines Vergütungsanspruchs kommt es damit sowohl bei der Vormundschaft als auch bei der Testamentsvollstreckung letztlich darauf an, ob von den für die Ernennung und Bestellung zuständigen Personen der Rechtsschein einer wirksamen Bestellung bzw. Ernennung gesetzt wurde und der Ernannte in gutem Glauben an diesen Rechtsschein tätig wurde. Für den Insolvenzverwalter wird diese Problematik soweit ersichtlich nicht diskutiert, doch dürfte für diesen Entsprechendes gelten.

H. Zusammenfassung der sonstigen Fragen

Hinsichtlich der sonstigen Fragen im Zusammenhang mit der Vergütung ergeben sich zwischen dem Anspruch des Testamentsvollstreckers, Vormunds und Insolvenzverwalters abgesehen von der Festsetzung der Vergütungshöhe und der

[853] Haegele/Winkler, Rn. 633, Schelter, DNotZ 1978, 493, 494 f..
[854] Palandt/Diederichsen, § 1836 Rn.8; Soergel/Zimmermann, § 1836 Rn. 43 für den Betreuer.
[855] Palandt/Diederichsen, § 1836 Rn. 9.
[856] Soergel/Zimmermann, § 1836 Rn. 43; OLG Brandenburg FamRZ 1996, 230 für den Pfleger.
[857] Soergel/Zimmermann, § 1836 Rn. 44 und BGH FamRZ 1967, 462, 463 für den Betreuer.
[858] Soergel/Zimmermann, § 1836 Rn. 44 für den Betreuer.

Hemmung der Verjährung beim Vormund keine wesentlichen Unterschiede. Beim Vormund und Insolvenzverwalter wird die Vergütungshöhe im Gegensatz zum Testamentsvollstrecker immer und nicht nur im Streitfall gerichtlich festgesetzt. Der Unterschied beruht darauf, dass das Amt des Vormunds und Insolvenzverwalters aufgrund der Schutzbedürftigkeit der Beteiligten staatlicher Aufsicht und Kontrolle unterliegt.[859] Die Verjährung des Vergütungsanspruch des Vormunds ist ebenfalls wegen der besonderen Schutzbedürftigkeit des Mündels nach § 207 Abs. 1 Nr. 3 BGB n.F. gehemmt. Diese Schutzbedürftigkeit der Beteiligten sieht der Gesetzgeber beim Testamentsvollstrecker hingegen nicht.

[859] Zum Zweck der Institute ausführlich: Erster Teil § 1 D.

Dritter Teil: Aufwendungsersatz

§ 1 Ersatz von Auslagen

A. Auslagen des Testamentsvollstreckers

Seine Aufwendungen erhält der Testamentsvollstrecker ersetzt, wenn er sie den Umständen nach für erforderlich halten durfte, §§ 2218, 670 BGB. Dieser Anspruch steht neben dem Anspruch auf Vergütung und ist im Gegensatz zu diesem sofort fällig (§ 271 BGB).[860] Sofern der Testamentsvollstrecker berufsmäßig tätig wird und nach Stundensätzen abrechnet,[861] ist zwischen dem Ersatz der allgemeinen Geschäftskosten, die im Rahmen der Berufsausübung laufend anfallen, und den besonderen Kosten, die nur für die konkrete Testamentsvollstreckung entstehen, zu unterscheiden. Da sich der Stundensatz des Testamentsvollstreckers an dem eines Rechtsanwalts orientiert, sind mit diesem die allgemeinen Geschäftsunkosten entgolten (vgl. § 25 BRAGO).[862] Dazu gehören die Kosten, die für den allgemeinen Bürobetrieb entstehen, wie z.B. die Büroraummiete, Gehälter und Sozialabgaben der Angestellten, Anschaffung und Unterhaltung der Büroeinrichtung einschließlich der Grundgebühren der Telekommunikationsgeräte, Mitgliedsbeiträge bei Fachvereinigungen, Grundgebühren der juristischen Datenbanken, Fachbücher und -zeitschriften sowie Briefpapier, Formulare und Briefumschläge.[863] Wenn der Erblasser einen Rechtsanwalt, Wirtschaftsprüfer oder Notar zum Testamentsvollstrecker einsetzt, so tut er dies auch, weil er in der Regel nicht nur bestimmte Kenntnisse und Fähigkeiten voraussetzt, sondern weil er überdies davon ausgeht, dass ein geeignetes Büro vorhanden ist, um die Testamentsvollstreckung abzuwickeln.[864] Daher sind dem Testamentsvollstrecker diese allgemeinen Kosten im Rahmen der Vergütung zu erstatten. Sofern der Testamentsvollstrecker seine Vergütung nach den herkömmlichen Tabellen bemisst, ist fraglich, ob diese allgemeinen Kosten darin enthalten sind. Da die Tabellen aber ursprünglich für Notare entwickelt wurden, ist davon auszugehen, dass sie dessen allgemeine Geschäftskosten beinhalten. Dies dürfte entsprechend für vergleichbare Berufsgruppen wie z.B. Rechtsanwälte oder Steuerberater gelten.

---

[860] Bengel/Reimann/Eckelskemper, X. Rn. 55, Soergel/Damrau, § 2218 Rn. 13; MüKo/Brandner, § 2218 Rn. 18.
[861] Zum Stundensatz des berufsmäßigen Testamentsvollstreckers ausführlich: Zweiter Teil § 4 B.II.1.
[862] Zum Stundensatz des berufsmäßigen Testamentsvollstreckers ausführlich: Zweiter Teil § 4 B.II.1.
[863] Swolana, BRAGO, § 25 Rn. 2 mit weiteren Beispielen.
[864] Möhring/Beisswingert/Klingelhöffer, S. 233.

Zu den besonderen Kosten gehören z.B. die Postgebühren (vgl. auch § 26 BRAGO), Reiseauslagen und sonstige tatsächliche Ausgaben.[865] Ferner zählen hierzu die Kosten eines von dem Testamentsvollstrecker geführten Prozesses, auch solche eines verlorenen, wenn und soweit der Testamentsvollstrecker die Führung des Prozesses als gerechtfertigt ansehen durfte.[866] Er muss den Rechtsstreit aber im Rahmen seines Amtes geführt haben, da nur dieser Fall von § 2212 BGB erfasst wird, denn dann klagt der Testamentsvollstrecker „als Testamentsvollstrecker über den Nachlass des ...“.[867] Soweit der Testamentsvollstrecker mit Kosten belastet wird, die aus einem Rechtsstreit in einer persönlichen Sache herrühren, er also nicht als Testamentsvollstrecker beteiligt ist, sind die Kosten von ihm selbst zu tragen und können in sein Privatvermögen vollstreckt werden.[868] Der Nachlass muss aber stets die Kosten eines Prozesses tragen, den der Testamentsvollstrecker zur sachgerechten Verteidigung des Erblasserwillens führt, was z.B. der Fall ist, wenn es um seine Absetzung geht oder um die Gültigkeit des Testaments, auf dem seine Ernennung beruht.[869]
Falls der Testamentsvollstrecker nicht mittels Stundensätzen abrechnet, sind alle Auslagen nach §§ 2218, 670 BGB zu ersetzen. Der Testamentsvollstrecker kann überdies auf seine Ansprüche aus § 670 BGB verzichten.[870] Daher ist eine vertragliche Regelung zwischen den Erben und dem Testamentsvollstrecker über diese Fragen gleichfalls zulässig.[871] Die Aufwendungen mehrerer Testamentsvollstrecker sind getrennt abzurechnen.[872]

B. Auslagen des Vormunds

Nach § 1835 BGB kann der Vormund gem. § 670 BGB Aufwendungsersatz verlangen. Die Aufwendungen muss er zum Zwecke der Führung der Vormundschaft gemacht haben. Hierzu zählen regelmäßig bare Auslagen, Porto, Telefongebühren, Fotokopien, Bürounkosten usw.. Sind Zeitaufwand sowie Büro- und Personalkosten bereits bei der Bemessung der Vergütung berücksichtigt, so ist diesbezüglich kein Aufwendungsersatzanspruch mehr gegeben.[873]
Die Ersatzansprüche des Vormunds erlöschen nach § 1835 Abs. 1 S. 3 BGB, wenn sie nicht binnen 15 Monaten nach ihrer Entstehung geltend gemacht wer-

---

[865] Bengel/Reimann/Eckelskemper, X. Rn. 61.
[866] Staudinger/Reimann, § 2218, Rn. 31.
[867] Haegele/Winkler, Rn. 636; Staudinger/Reimann, § 1836 Rn. 31, jeweils m.w.N.
[868] Haegele/Winkler, Rn. 636.
[869] MüKo/Brander, § 2218 Rn. 19; Haegele/Winkler, Rn. 636, Soergel/Damrau, § 2212 Rn. 11; Staudinger/Reimann, § 2218 Rn. 31; RG JW 1936, 3388.
[870] Soergel/Damrau, § 2218 Rn. 1.
[871] Palandt/Edenhofer, § 2218 Rn. 1; Soergel/Damrau, § 2218 Rn. 1.
[872] Haegele/Winkler, Rn. 606.
[873] Soergel/Zimmermann, § 1835 Rn. 8; Staudinger/Engler, § 1835 Rn. 36; Palandt/Diederichsen, § 1835 Rn. 3; § 1836 Rn. 17.

den. Gem. § 1835 Abs. 1 S. 4 BGB kann das Vormundschaftsgericht erforderlichenfalls auch eine andere Frist bestimmen. Zweck der Regelung ist es, zum einen auf eine zeitnahe Abrechnung hinzuwirken, aber auch dem Vormundschaftsgericht zu häufige Abrechnungen zu ersparen und insgesamt eine rationelle Abrechnung zu ermöglichen.[874] Zugleich will sie vermeiden, dass die Staatskasse belastet wird, wenn der Vormund zu hohe Beträge auflaufen lässt, die dann den Mündel überfordern.[875] Ist der Mündel nämlich mittellos, so kann der Vormund Ersatz aus der Staatskasse verlangen, § 1835 Abs. 4 S. 1 BGB. Nach § 1835 a BGB kann ein ehrenamtlicher Vormund zur Abgeltung seines Anspruchs auf Aufwendungsersatz eine pauschale Aufwandsentschädigung verlangen. Der ehrenamtliche Vormund hat ein Wahlrecht zwischen der Entschädigung und Einzelabrechnung.[876] Zweck der Regelung ist es, die ehrenamtliche Tätigkeit zu fördern.[877] Sie eignet sich insbesondere dann, wenn der Vormund nur verhältnismäßig geringe oder viele kleine Aufwendungen geltend machen könnte.[878] Die Aufwandsentschädigung entspricht für ein Jahr dem Vierundzwanzigfachen dessen, was einem Zeugen als Höchstbetrag der Entschädigung für eine Stunde versäumter Arbeitszeit gewährt werden kann (nach § 2 Abs. 2 ZSEG sind dies 25 DM pro Stunde), § 1835 a Abs. 1 S. 1 BGB. Derzeit ist der Höchstbetrag also 600 DM. Bei einem leistungsfähigen Mündel richtet sich der Anspruch gegen diesen, bei Mittellosigkeit gegen die Staatskasse, § 1835 a Abs. 4 BGB. Die Entschädigung ist jährlich zu zahlen, § 1835 Abs. 2 BGB. Nach Ansicht Zimmermanns[879] ist diese Vorschrift auf die Nachlasspflegschaft wohl nicht anwendbar, da ihr Zweck, die Ehrenamtlichkeit zu fördern, durch einen „Verdienst" von 600 DM im Jahr, nicht erreicht werden könne.

C. Auslagen des Insolvenzverwalters

Der Aufwendungsersatzanspruch des Insolvenzverwalters ist in § 4 InsVV geregelt. Nach § 4 Abs. 1 InsVV sind mit der Vergütung die allgemeinen Geschäftskosten abgegolten. Hierzu gehören „der Büroaufwand des Insolvenzverwalters einschließlich der Gehälter seiner Angestellten, auch soweit diese anlässlich des Insolvenzverfahrens eingestellt worden sind." Allgemeine Geschäftskosten sind also die Kosten, die beim Verwalter ohne Bezug auf ein bestimmtes Verfahren

[874] BT-Drucks 13/7158, S. 22; Palandt/Diederichsen, § 1835 Rn. 18.
[875] Palandt/Diederichsen, § 1835 Rn. 18; BT-Drucks 13/7158, S. 22, 23.
[876] Soergel/Zimmermann, § 1835 a Rn. 4; Erman/Holzhauer, § 1835 a Rn. 3; Palandt/Diederichsen, § 1835 a Rn. 1.
[877] BT-Drucks 13/7158, S. 24; Palandt/Diederichsen, § 1835 a Rn. 1; Soergel/Zimmermann, § 1835 a Rn. 2.
[878] Palandt/Diederichsen, § 1835a Rn. 1; Soergel/Zimmermann, § 1835 a Rn. 2.
[879] Zimmermann, ZEV 1999, 329, 337.

anfallen und die somit auch entstanden wären, hätte er die Verwaltung des in Frage stehenden Verfahrens nicht geführt.[880]
Im Gegensatz zu den allgemeinen Geschäftskosten werden nach § 4 Abs. 2 InsVV die besonderen Kosten, „die dem Verwalter im Einzelfall, zum Beispiel durch Reisen, tatsächlich entstehen, als Auslagen erstattet." Hierzu gehören also die in dem konkreten Verfahren angefallenen Auslagen z.B. für Telefon, Fax, Porto, Kopier-, Fahrt- und Reisekosten.[881] Diese Auslagen sind zu erstatten, wenn sie angemessen und belegt sind.[882] Das Angemessenheitserfordernis ergibt sich aus § 63 S. 1 InsO, wonach der Verwalter Anspruch auf Erstattung angemessener Auslagen hat. Die Angemessenheit ist aus der ex ante Sicht zu beurteilen, d.h. entscheidend ist, ob nach der damaligen Situation ein mit verständigem Ermessen handelnder Verwalter diese Aufwendungen für erforderlich halten durfte.[883]
Gem. § 8 Abs. 3 InsVV kann der Verwalter nach seiner Wahl anstelle der tatsächlich entstandenen Auslagen einen Pauschsatz fordern, der 15 v.H. der gesetzlichen Vergütung, höchstens jedoch 500 DM je angefangenem Monat der Dauer der Tätigkeit des Verwalters beträgt. Zweck dieser Regelung ist es, die aufwendige Vorlage und Prüfung von Einzelbelegen zu vermeiden, wobei die Höchstgrenze von 500 DM je angefangenem Monat erforderlich ist, um bei größeren Insolvenzmassen zu vermeiden, dass sich die Höhe der Pauschale weit von den tatsächlichen Auslagen entfernt.[884]

D. Vergleich des Auslagenersatzes

Hinsichtlich des Auslagenersatzes entspricht sich die Rechtslage bei den Verwaltern weitgehend. Die allgemeinen Geschäftskosten der berufsmäßigen Verwalter sind in der Vergütung bereits enthalten. Andere Auslagen sind als Aufwendung geltend zu machen. Bei nicht berufsmäßiger Ausübung des Amtes durch den Testamentsvollstrecker oder Vormund können hingegen alle Auslagen als Aufwendung beansprucht werden.
§ 1836 Abs. 1 S. 3 BGB sieht für den Ersatzanspruch des Vormunds eine Frist zur Geltendmachung vor, um zu verhindern, dass Ansprüche gegen den Mündel in einer Höhe auflaufen, die dessen Leistungsfähigkeit überfordern, damit zu dessen Mittellosigkeit führen und so eine Einstandspflicht des Staates begründen. Eine solche Frist gibt es beim Testamentsvollstrecker nicht, da sich dessen Anspruch nicht gegen den Staat richten kann und dieser somit nicht vor einer Belastung bewahrt werden muss.

---

880 Eickmann, § 4 Rn. 2; Haarmeyer/Wutzke/Förster, § 4 Rn. 3.
881 Haarmeyer/Wutzke/Förster, § 4 Rn. 6; Eickmann, § 4 Rn. 5.
882 Haarmeyer/Wutzke/Förster, InsVV, § 4 Rn. 46; Eickmann, § 4 Rn. 5, 7.
883 Eickmann, § 4 Rn. 6; Haarmeyer/Wutzke/Förster, InsVV, § 4 Rn. 49.
884 Begründung zu § 8 InsVV abgedruckt bei Eickmann, S. 198.

Auch gibt es eine Aufwandsentschädigung, wie sie § 1835 a BGB für den ehrenamtlichen Vormund vorsieht, beim Testamentsvollstrecker nicht. Der Sinn und Zweck des § 1835 a BGB, den Vormund zur Übernahme eines Ehrenamtes zu bewegen, ist auf den Testamentsvollstrecker auch nicht übertragbar, da das Testamentsvollstreckeramt im Gegensatz zum Amt des Vormunds kein Ehrenamt ist und der Testamentsvollstrecker nicht nur ausnahmsweise, sondern nach § 2221 BGB grundsätzlich eine Vergütung erhält. Im Unterschied zur Vormundschaft besteht bereits durch den Vergütungsanspruch ein Anreiz zur Amtsübernahme. Eine entsprechende Aufwandsentschädigung kommt daher für den Testamentsvollstrecker nicht in Betracht.
Allein § 8 Abs. 3 InsVV sieht im Rahmen der Insolvenzverwaltung die Möglichkeit des Auslagensersatzes in Form eines Pauschsatzes vor, um einen übermäßigen Dokumentationsaufwand zu vermeiden. Dieser Gedanke ist auch auf die Testamentsvollstreckung übertragbar, wobei der Auslagenpauschsatz ebenfalls mit 15 v.H. der Vergütung festgesetzt werden sollte. Eine monatliche Höchstgrenze von 500 DM ist allerdings nicht erforderlich, soweit man die Vergütung nach Stundensätzen und nicht nach Tabellen bestimmt. In diesem Fall ist die Vergütung als Bemessungsgrundlage nie unverhältnismäßig hoch und die Pauschale läge daher selten über den tatsächlichen Auslagen. Bislang fehlt hierzu allerdings eine gesetzliche Grundlage. Der Testamentsvollstrecker kann eine solche Aufwendungspauschale jedoch mit den Erben vereinbaren.

§ 2 Ersatz für Berufsdienste

A. Ersatz für Berufsdienste beim Testamentsvollstrecker

Dienste, die jeder leisten kann, sind stets durch die allgemeine Vergütung abgegolten, so dass z.B. ein Rechtsanwalt für einen Schriftwechsel, den er als Testamentsvollstrecker führt, keine Schreibgebühren und für das Einnehmen von Nachlassgeldern keine Inkassogebühren nach der Anwaltsgebührenordnung verlangen kann.[885] Damit sind also Dienste, die er, wenn es sich um Privatvermögen handeln würde, selbst leisten würde, von der Vergütung mit abgegolten.[886]
Die Leistung eigener berufsmäßiger Dienste des Testamentsvollstreckers ist hingegen nach h.M.,[887] gestützt auf die §§ 2218, 670 BGB und den Rechts-

---

[885] Staudinger/Reimann, § 2218 Rn. 32.
[886] Soergel/Damrau, § 2218 Rn. 14.
[887] KG NJW 1965, 1538, 1540; RGZ 149, 121, 124; Bengel/Reimann/Eckelskemper, X. Rn. 61; Haegele/Winkler, Rn. 635, 636; a.A. MüKo/Brandner, § 2218 Rn. 20, der einen Vertrag und damit eine Eigenbeauftragung als Anspruchsgrundlage heranzieht. Letztlich kann der

gedanken des § 1835 Abs. 3 BGB, als Aufwendung zu ersetzen. Erbringt der Testamentsvollstrecker solche Dienste für den Nachlass, etwa in seiner Eigenschaft als Rechtsanwalt, Steuerberater oder Handwerker usw., so sind diese zu vergüten, wenn er sie sonst einem Dritten hätte übertragen müssen, weil der Testamentsvollstrecker regelmäßig nur gegen Entgelt Dienste zu leisten hat.[888] So kann z.B. ein zum Testamentsvollstrecker bestellter Rechtsanwalt die gesetzlichen Gebühren für solche Handlungen beanspruchen, die er in seiner Eigenschaft als Rechtsanwalt vornimmt, z.B. wenn er einen Rechtsstreit für den Nachlass führt.[889] Der Testamentsvollstrecker kann aber keine Dienste geltend machen, die bereits durch seinen Stundensatz abgegolten sind. Folglich ist z.B. bei einem Testamentsvollstrecker, der Volljurist ist, die Bearbeitung durchschnittlich schwieriger Rechtsfragen bereits mit der normalen Vergütung abgegolten, so dass nur im Falle besonders schwieriger Rechtsfragen ein Ersatz nach §§ 2218, 670 BGB in Betracht kommt, wobei zur Bestimmung der Vergütung ein Stundensatz entsprechend spezialisierter Anwälte oder die Gebühren der BRAGO heranzuziehen sind. Ebenso kann er dann keine gesonderte Vergütung verlangen, wenn die besonderen beruflichen Dienste durch die vom Erblasser festgesetzte Vergütung mit abgegolten sein sollten und dies dem Testamentsvollstrecker bei Amtsannahme bekannt war.[890]

B. Ersatz für Berufsdienste des Vormunds

Gem. § 1835 Abs. 3 BGB zählen auch Dienste des Vormunds, die zu seinem Gewerbe oder Beruf gehören, als Aufwendung. Dies gilt aber nur dann, wenn ein Vormund, der nicht Angehöriger dieser Berufsgruppe ist, zur Erfüllung der Aufgabe einen solchen herangezogen hätte. Dienste, die jeder verrichten kann, fallen nicht hierunter.[891]

Wie diese Dienste zu vergüten sind, ist streitig. Relevant wird dies insbesondere in dem Fall, in dem ein Rechtsanwalt oder Steuerberater Vormund ist und er im Rahmen der Vormundschaft seine besonderen beruflichen Fähigkeiten einsetzen musste. Dies kommt also bei Tätigkeiten in Betracht, die über den normalen Rahmen einer Vormundschaft hinausgehen und bei denen ein Vormund, der nicht Steuerberater oder Rechtsanwalt ist, einen solchen hinzugezogen hätte,

---

Testamentsvollstrecker aber auch hier die Vergütung als Aufwendung geltend machen. Die Anspruchsgrundlage hängt somit allein von der Art der Geltendmachung ab.

[888] Palandt/Edenhofer, § 2218 Rn. 6; KG NJW 1965, 1538, 1540; Haegele/Winkler, Rn. 635.

[889] Staudinger/Reimann, § 2218 Rn. 32; RGZ 149, 121; Soergel/Damrau, § 2218 Rn. 12; Haegele/Winkler, Rn. 635

[890] Kipp/Coing, § 73 IV 2; Palandt/Diederichsen, § 2218 Rn. 6; Staudinger/Reimann, § 2218 Rn. 32.

[891] Palandt/Diederichsen, § 1835 Rn. 8; Erman/Holzhauer, § 1835 Rn. 7; Staudinger/Engler, § 1835 Rn. 30, Oberloskamp/Band, § 4 Rn. 6.

z.B. für einen Prozess, eine schwierige Vertragsgestaltung oder die Klärung schwieriger steuerrechtlicher Fragen. Zum einen kommt hier die Ermittlung eines höheren Stundensatzes gem. § 1836 Abs. 2 BGB in Betracht oder die gesonderte Geltendmachung der Tätigkeit als Aufwendung nach § 1835 Abs. 3 BGB i.V.m. der BRAGO oder der StbGebV.[892] Die h.M.[893] nimmt hier ein Wahlrecht zwischen beiden Möglichkeiten an. Entsprechendes gilt wohl auch für andere Berufsgruppen, die ihre Spezialkenntnisse für den Mündel einsetzen (z.B. Handwerker, die etwas am Haus des Mündels reparieren etc.).

C. Ersatz für Berufsdienste des Insolvenzverwalters

Nach § 5 Abs. 1 InsVV kann der als Rechtsanwalt zugelassene Verwalter für Tätigkeiten, die ein nicht als Rechtsanwalt zugelassener Verwalter angemessenerweise einem Anwalt übertragen hätte, nach Maßgabe der Bundesgebührenordnung für Rechtsanwälte Gebühren und Auslagen gesondert aus der Insolvenzmasse entnehmen. Nach § 5 Abs.2 InsVV gilt diese Regelung für Wirtschaftsprüfer, Steuerberater oder Verwalter, die eine andere besondere Qualifikation besitzen, entsprechend.

D. Vergleich des Ersatzes für Berufsdienste

Der Vormund kann im Gegensatz zum Testamentsvollstrecker seine Berufsdienste wahlweise als Aufwendung oder in Form eines erhöhten Stundensatzes geltend machen. Da beim Testamentsvollstrecker die Stundensätze nach dem hier vorgeschlagenen Stundensatzraster[894] im Gegensatz zu den Stundensätzen des Vormunds nach § 1836 BGB feststehen, kommt eine wahlweise Erhöhung der Stundensätze nicht in Betracht. Der Testamentsvollstrecker kann besondere berufliche Dienste daher nur nach §§ 2218, 670 BGB geltend machen, wobei nur Fachkenntnisse und Dienste vergütet werden, die nicht bereits durch die Stundensätze abgegolten sind.[895]
Bestimmt man die Vergütung des Testamentsvollstreckers jedoch nach den herkömmlichen Tabellen, ist es schwierig zu festzustellen, in welcher Höhe ein Zuschlag für die besonderen beruflichen Fähigkeiten des Testamentsvollstreckers zu veranschlagen ist. Daher steht dem Testamentsvollstrecker auch dann kein Wahlrecht zwischen Erhöhung der normalen Tabellenvergütung und der Geltendmachung als Aufwendungsersatz zu. Er kann seine besonderen beruflichen Dienste folglich auch in diesem Fall nur nach §§ 2218, 670 BGB geltend ma-

---

[892] So auch Zimmermann, ZEV 1999, 334; Jochum/Pohl, Rn. 722 für den Nachlaßpfleger.
[893] BayOLG FamRZ 1997, 185; BayObLG BtPrax 1999, 29; Palandt/Diederichsen, § 1835 Rn. 8.
[894] Zu den Stundensätzen des Testamentsvollstreckers ausführlich: Zweiter Teil § 4 B.
[895] Zum Ersatz der Berufsdienste beim Testamentsvollstrecker ausführlich: Dritter Teil § 2 A.

chen. Ebenso kann der Insolvenzverwalter allein nach § 5 InsVV Ersatz für besondere Berufsdienste beanspruchen. Ein Zuschlag zu den Regelsätzen kommt hier nicht in Betracht.

§ 3 Anspruch auf die Verkehrsgebühr ?

A. Verkehrsgebühr für den Testamentsvollstrecker und Insolvenzverwalter ?

Nach § 52 BRAGO verdient der Anwalt, der den Verkehr der Partei mit dem Prozessbevollmächtigten führt, die sog. „Verkehrsgebühr". Da der Testamentsvollstrecker und Insolvenzverwalter aber als Partei mit dem Prozessbevollmächtigten personengleich sind, ist fraglich, ob diese Gebühr überhaupt anfällt, wenn ein anderer Anwalt eingeschaltet wird. Nach überwiegender Ansicht[896] kann ein als Testamentsvollstrecker tätiger Rechtsanwalt keine Verkehrsgebühr verlangen. Begründet wird dies damit, dass im Falle des § 91 Abs. 2 S. 4 ZPO eine Verkehrsgebühr für den Rechtsanwalt nicht entstehen kann, da er schon begrifflich keinen Verkehr zwischen einer Partei und ihrem Prozessbevollmächtigten vermitteln kann. Der Rechtsanwalt besorgt als Testamentsvollstrecker und damit als Partei kraft Amtes zwar nicht unmittelbar eine eigene Angelegenheit, jedoch werden die fremden Angelegenheiten zu seinen eigenen i.S.d. § 91 Abs. 2 S. 4 ZPO. Die Entstehung einer Verkehrsgebühr ist hier begrifflich ausgeschlossen, da der Rechtsanwalt sich selbst nicht informieren kann.
Möhring/Beisswingert/Klingelhöffer[897] kritisieren diese Ansicht, weil es bei der herrschenden Gebührenteilungspraxis, bei der der Verkehrsanwalt alle Schriftsätze fertigen müsse, auch dem Testamentsvollstrecker sein Gebührenanteil zustehen müsse, unabhängig davon, wo der Prozess geführt wird. Denn wäre ein Nichtjurist als Testamentsvollstrecker eingesetzt, würde er auch zunächst einen Verkehrsanwalt einschalten. Daher kann nach a.A.[898] der Testamentsvollstrecker bei einem auswärts zu führenden Prozess, bei dem er einen Kollegen am Sitz des Gerichts einschaltet, die Erstattung der Verkehrsgebühr verlangen, falls die Zuziehung eines Verkehrsanwalts erforderlich gewesen wäre. Diese Ansicht ist aber abzulehnen, da Anspruchsgrund des § 52 BRAGO allein der „Verkehr" des Anwaltes mit der Partei ist. Eine Vermittlung zwischen Partei und dem Testamentsvollstreckeranwalt gibt es aber aufgrund der Personenidentität nicht, so

---

[896] Göttlich/Mümmler, BRAGO, S.1675, 6.1 und 6.2; Gerold/Schmidt/von Eicken, BRAGO, § 52 Rn. 21, 22; Hamburg JW 1937, 834; Soergel/Damrau, § 2218 Rn. 14; MüKo/Brandner, § 2218 Rn. 20.
[897] Möhring/Beisswingert/Klingelhöffer, S. 234.
[898] Haegele/Winkler, Fn. 2 zu Rn. 636; Tschigale, JurBüro, 1965, 89, 90; Schumann/ Geißinger, BRAGO, Fn. 86 zu Anh. § 1 Rn. 48; Möhring/Beisswingert/Klingelhöffer, S. 234.

dass sich nach Sinn und Zweck des § 52 BRAGO die Zahlung einer Verkehrsgebühr verbietet.
Nach ganz h.M. kann auch der als Anwalt tätige Insolvenzverwalter, der bei einem auswärtigen Gericht einen Rechtsstreit führt, keine Verkehrsgebühr nach § 52 BRAGO geltend machen, da Partei und Übermittler identisch sind und es somit an der von § 52 BRAGO geforderten Personenverschiedenheit von Partei und Verkehrsanwalt fehlt.[899]

B. Verkehrsgebühr für den Vormund ?

Der als Vormund tätige Rechtsanwalt kann eine Verkehrsgebühr verlangen, wenn ein rechtsunkundiger Vormund unter den gegebenen Umständen einen Verkehrsanwalt hätte hinzuziehen müssen.[900] Begründet wird dies damit, dass der Vormund nicht selbst als Prozesspartei, sondern als deren gesetzlicher Vertreter tätig ist und daher der Kostentitel zu Gunsten der Partei und nicht des Vormunds ergeht.[901] Es liegt keine eigene Rechtssache i.S.d. § 92 Abs. 2 S. 4 ZPO vor.[902] Infolgedessen kann der Vormund seine Kosten nicht nach § 92 Abs. 2 S. 4 ZPO geltend machen. Er hat gegen den Mündel aber einen Anspruch auf Aufwendungsersatz gem. §§ 1835, 670 BGB und damit auf die Verkehrsgebühr, wenn ein rechtsunkundiger Vormund einen Verkehrsanwalt hinzugezogen hätte.[903]

C. Vergleich des Anspruchs auf die Verkehrsgebühr

Beim Testamentsvollstrecker und Insolvenzverwalter ist die Entstehung einer Verkehrsgebühr im Gegensatz zum Vormund schon begrifflich ausgeschlossen, da sie als Prozesspartei und –bevollmächtigte personenidentisch sind. Hingegen ist der Vormund als gesetzlicher Vertreter nicht personenidentisch mit dem Mündel als Prozesspartei. Somit werden der Testamentsvollstrecker und Insolvenzverwalter in eigener Sache tätig und können ihre Kosten nur nach § 92 Abs. 2 S. 4 ZPO geltend machen. Der Vormund hingegen wird als Vertreter nicht in eigener Sache tätig und kann seine Kosten nur nach §§ 1835, 670 BGB vom Mündel ersetzt verlangen. Hierunter fällt auch die Verkehrsgebühr, wenn ein rechtsunkundiger Vormund einen Anwalt hinzugezogen hätte.

---

[899] Haarmeyer/Wutzke/Förster, InsVV, § 5 Rn. 17 m.w.N.
[900] OLG München, NJW 1959, 539 für den Pfleger; KG Rpfleger 1976, 248; Staudinger/ Engler, § 1835 Rn. 31; Gerold/Schmidt/von Eicken, § 52 Rn. 24; Göttlich/Mümmler, S. 1676/6.3.
[901] OLG München, NJW 1959, 539 zum den Pfleger.
[902] OLG München, NJW 1959, 539 zum den Pfleger.
[903] OLG München, NJW 1959, 539 zum den Pfleger.

§ 4 Hinzuziehung von Hilfspersonen

A. Hilfspersonen des Testamentsvollstreckers

Zu den Aufwendungen i.S.d. § 2218 BGB gehören grundsätzlich die Kosten für Hilfspersonen des Testamentsvollstreckers wie etwa die Kosten des Rechtsanwalts zur Prozessführung oder des Steuerberaters zur Erstellung einer Steuererklärung.[904]

I. Zulässigkeit und Umfang der Hinzuziehung Dritter

Der Testamentsvollstrecker darf sein Amt auch nicht mit Zustimmung des Erben im Ganzen auf einen Dritten übertragen, § 664 Abs. 1 S. 1 BGB. Die Unübertragbarkeit des Amtes im ganzen ergibt sich aus dessen höchstpersönlicher Natur.[905] Eine Übertragung ist schließlich nur bei einer Ermächtigung zur Ernennung eines Nachfolgers durch den Erblasser gem. § 2199 Abs. 2 BGB möglich.[906]
Von der Vollübertragung des Amtes nach § 664 Abs. 1 S. 1 BGB ist die Zuziehung eines Gehilfen nach §§ 2218, 664 Abs. 1 S. 3 BGB zur Unterstützung des Testamentsvollstreckers zu unterscheiden.[907] Eine Übertragung einzelner Obliegenheiten auf einen Dritten ist dann möglich, wenn sie durch letztwillige Anordnung des Erblassers (§ 2216 Abs. 2 S. 1 BGB) zugelassen oder nach den Grundsätzen einer ordnungsgemäßen Verwaltung (§ 2216 Abs. 1 BGB) unter Berücksichtigung der Umstände des Einzelfalles und der Verkehrssitte unbedenklich ist.[908] Es ist also zwischen Funktionen, die der Testamentsvollstrecker selbst zu erfüllen hat und solchen, die er in ordnungsgemäßer Führung der Verwaltung nur zu veranlassen hat, zu unterscheiden.[909] In der Regel erwartet der Erblasser, dass der Testamentsvollstrecker die Aufgaben, die normalerweise mit einer Testamentsvollstreckung verbunden sind, selbst erledigt.[910] Danach hat er z.B. selbst einen Teilungsplan zu erstellen. Andererseits ist der Testamentsvollstrecker, der zufällig Bauunternehmer, Landwirt, Kaufmann oder Rechtsanwalt ist, im Allgemeinen nicht verpflichtet, persönlich das zum Nachlass gehörige

[904] Bengel/Reimann/Eckelskemper, X. Rn. 61; Haegele/Winkler, Rn. 635, 636.
[905] Staudinger/Reimann, § 2218 Rn. 9.
[906] Palandt/Edenhofer, § 2218 Rn. 2; Soergel/Damrau, § 2218 Rn. 2; MüKo/Brandner, § 2218 Rn. 5.
[907] Palandt/Edenhofer, § 664, Rn. 4; Staudinger/Reimann, § 2218 Rn. 10, MüKo/Brandner, § 2218 Rn. 5a.
[908] Staudinger/Reimann, § 2218 Rn. 10.
[909] Kipp/Coing, § 73 II 5 b; Soergel/Damrau, § 2218 Rn. 2; Staudinger/Reimann, § 2218 Rn. 10.
[910] Johannsen, WM Sonderbeilage Nr. 1 1985, S. 22; Soergel/Damrau, § 2218 Rn. 2.

Haus instandzusetzen, das hinterlassene Landgut zu verwalten, das Handelsgeschäft des Erblassers fortzuführen bzw. einen Rechtsstreit für den Nachlass zu führen.[911] Diese Aufgaben hat der Testamentsvollstrecker nur zu veranlassen, da sie eben nicht zu den typischen Testamentsvollstreckeraufgaben gehören[912] und besondere Sachkunde erfordern.[913] Er kann hier folglich andere Fachleute als selbstständige Vertragspartner einschalten.[914] Von einer Übertragung der dem Testamentsvollstrecker obliegenden Aufgabe kann dabei jedoch nicht gesprochen werden, weil dem Testamentsvollstrecker nur die Veranlassung der Ausführung, nicht aber die Ausführung selbst obliegt.[915] Besitzt der Testamentsvollstrecker hingegen selbst die erforderliche Qualifikation, so kann er die Ausführung der Aufgabe selbst übernehmen und dafür das angemessene Entgelt verlangen,[916] er selbst ist nur dann dazu verpflichtet, wenn der Erblasser das ersichtlich gewollt hat.[917] Schließlich ist zu bedenken, dass der Testamentsvollstrecker u.U. sogar verpflichtet sein kann, die zeitweilige Ausübung seines Amtes oder die Wahrnehmung einzelner Aufgaben einem Dritten zu überlassen, z.B. wenn er erkrankt oder mit dem Aufschub Gefahr verbunden ist (vgl. § 665 BGB).[918]

II. Auswirkungen auf die Testamentsvollstreckervergütung

Fraglich ist schließlich, welche Auswirkungen die Hinzuziehung von Hilfskräften auf die Vergütung des Testamentsvollstreckers hat. Die Beschäftigung kanzlei- oder büroeigener Kräfte ist mit der Vergütung bereits abgegolten, wohingegen der Einsatz von Personen mit besonderen Kenntnissen gem. §§ 2218, 670 BGB ersetzt wird.[919] Die Hinzuziehung von Hilfspersonen kann gegebenenfalls auch die Vergütung mindern, da sie die Tätigkeit des Testamentsvollstreckers erleichtern können. Haegele/Winkler[920] führen hierzu aus, dass maßgebend für diese Frage sei, ob der Verwalter Arbeiten, die er selbst, ohne die Heranziehung eines Spezialisten, hätte erledigen können, anderen Personen über-

---

[911] Staudinger/Reimann, § 2218 Rn. 10; Palandt/Edenhofer, § 2218 Rn. 2; Soergel/Damrau, § 2218 Rn. 2.
[912] Soergel/Damrau, § 2218 Rn. 2; Staudinger/Reimann, § 2218 Rn. 10; Palandt/Edenhofer, § 2218 Rn. 2.
[913] Staudinger/Reimann, § 2218 Rn. 10.
[914] MüKo/Brandner, § 2218 Rn. 5 a.
[915] Kipp/Coing, § 73 II 5 b.
[916] Kipp/Coing, § 73 II 5 b; MüKo/Brandner, § 2218 Rn. 5 a; ausführlich zum Ersatz für Berufsdienste: Dritter Teil § 2 A.
[917] Staudinger/Reimann, § 2218 Rn. 10; BGH NJW 1983, 40, 41; Johannsen WM Sonderbeilage Nr.1 1985, S. 22.
[918] Staudinger/Reimann, § 2218 Rn. 10.
[919] Haegele/Winkler, Rn. 637; vgl. auch Auslagenersatz: Dritter Teil § 1 A.
[920] Haegele/Winkler, Fn. 6 zu Rn. 637 unter Zitierung von BGH BB 1967, 186, wo es sich allerdings um die Vergütung eines Rechtsanwalts als Vermögensverwalter handelte.

lassen hat, die dafür aus der Vermögensmasse zu bezahlen waren. War dies der Fall, so würde der Verwalter im allgemeinen nicht die Regelgebühr, sondern weniger für sich zu beanspruchen haben. Generell hat die Hinzuziehung von Hilfskräften dann Auswirkungen auf die Testamentsvollstreckervergütung, wenn die Bemessungskriterien berührt werden, also z.B. Umfang und Schwierigkeit.[921] Diese Minderung muss im Tabellensystem mittels Abschlägen vorgenommen werden und wird in der Regel zu ungenauen Ergebnissen führen, da sich die Minderung häufig schlecht in einer genauen Prozentzahl ausdrücken lässt.[922] Im Stundensatzsystem ist, was sich aus dessen Natur bereits ergibt, keine Minderung erforderlich, da ohnehin nur der Aufwand des Testamentsvollstreckers und seiner Bürohilfskräfte vergütet wird.[923] Damit lässt sich die angemessene Vergütung wesentlich präziser ohne die Wertungsspielräume wie bei prozentualen Abschlägen ermitteln.

B. Hilfspersonen des Vormunds

Die Vormundschaft als solche ist nicht übertragbar und damit auch nicht die vormundschaftlichen Tätigkeiten in allen Angelegenheiten, die den persönlichen Einfluss des Vormunds fordern.[924] Soweit dies nicht der Fall ist, kann der Vormund jedoch Hilfspersonen hinzuziehen.[925]

Hinsichtlich der Ersatzfähigkeit der Kosten für Hilfskräfte ist zu unterscheiden: Werden kanzleifremde Personen für delegierbare, über die allgemeine Führung der Vormundschaft weit hinausgehende Tätigkeiten, z.B. das Erstellen einer komplizierten Kostenrechnung, eingesetzt, ist das ihnen zu bezahlende Entgelt eine Aufwendung i.S.v. § 1835 BGB.[926] Ausführungen dazu, wie dies die Vergütung des Vormunds beeinflusst, gibt es soweit ersichtlich nicht. Aus der Logik des Stundensatzsystems ergibt sich aber, dass ohnehin nur der Aufwand des Vormunds selbst vergütet wird, der bei Hinzuziehung von Hilfspersonen eben geringer ist. Das Tätigwerden von kanzleieigenen Hilfskräften ist dagegen regelmäßig im Stundensatz des Vormunds enthalten, da es sich hierbei um allgemeine Geschäftskosten handelt.[927]

---

[921] So auch Bengel/Reimann/Eckelskemper, X. Rn. 65 ff.
[922] Ähnlich Zimmermann, ZEV 2001, 334, 338.
[923] Ebenso Zimmermann, ZEV 2001, 334, 338 f.
[924] Erman/Holzhauer, § 1793 Rn. 28; Staudinger/Engler, § 1793 Rn. 43; Palandt/Diederichsen, § 1793 Rn. 8.
[925] Soergel/Zimmermann, § 1793 Rn. 14; Palandt/Diederichsen, § 1793 Rn. 8.
[926] Zimmermann, ZEV 1999, 329, 334 für die Nachlasspflegschaft.
[927] BayObLG FamRZ 1992, 854, 855 und ausführlich zum Ersatz der allgemeinen Geschäftskosten: Dritter Teil § 1 B.

C. Hilfspersonen des Insolvenzverwalters

Die Übertragung des Amtes im Ganzen ist dem Insolvenzverwalter aufgrund der Höchstpersönlichkeit des Amtes nicht erlaubt.[928] Die Zulässigkeit der Hinzuziehung von Hilfskräften folgt beim Insolvenzverwalter aus § 4 Abs. 1 InsVV. Nach § 4 Abs. 1 S. 2 InsVV sind die Gehälter der Angestellten des Verwalters bereits mit der Vergütung abgegolten. Soweit der Insolvenzverwalter für die Erledigung besonderer Aufgaben im Rahmen der Verwaltung nach § 4 Abs. 1 S. 3 InsVV Dienst- oder Werkverträge zu Lasten der Masse abschließt, ist für die Vergütungsrelevanz zwischen Regel- und Sonderaufgaben zu unterscheiden. Regelaufgaben sind Aufgaben, die in jedem Normalverfahren anfallen und vom Verwalter zwar regelmäßig, aber nicht höchstpersönlich wahrzunehmen sind.[929] Deren Übertragung mindert die Regelvergütung.[930] Eine Sonderaufgabe überschreitet hingegen die definierten Grenzen des Normalverfahrens, wie z.B. jede Form qualifizierter Begutachtung oder die Erstellung und Prüfung von Jahresabschlüssen.[931] Die Delegation solcher Aufgaben führt nicht zu einer Minderung der Vergütung des Insolvenzverwalters.[932] Nimmt er diese Aufgaben selbst wahr, so führt dies in der Regel zu einem Zuschlag nach § 3 InsVV oder zu einer Zusatzvergütung nach § 5 InsVV.[933]

D. Vergleich der Hinzuziehung von Hilfspersonen

Die Übertragung des Amtes im Ganzen ist aufgrund dessen höchstpersönlicher Natur sowohl beim Testamentsvollstrecker, Vormund als auch Insolvenzverwalter nicht möglich. In allen Fällen ist aber die Hinzuziehung von Hilfspersonen zulässig. Bei den berufsmäßig tätigen Verwaltern sind die Kosten büroeigener Hilfspersonen bereits im Rahmen der allgemeinen Geschäftskosten und damit der Vergütung abgegolten. Übertragen die Verwalter Aufgaben, die besondere Sachkunde erfordern, auf einen Dritten, können sie diese Kosten in allen Fällen als Aufwendung geltend machen. Die Hinzuziehung solcher Personen wirkt sich nicht vergütungsmindernd aus. Hingegen ist die Vergütung zu mindern, wenn der Verwalter Aufgaben delegiert, die er ohne die Hinzuziehung eines Spezialisten selbst hätte erledigen können. Dies gilt jedoch nur für den Insolvenzverwalter und den Testamentsvollstrecker, soweit deren Vergütung nach einer Tabelle bzw. nach §§ 2, 3 InsVV ermittelt wird. Sofern die Vergütung beim Testamentsvollstrecker wie beim Vormund mittels Stundensätzen berech-

---

928 Haarmeyer/Wutzke/Förster, InsVV, § 4 Rn. 10.
929 Haarmeyer/Wutzke/Förster, InsVV, § 3 Rn. 68; Eickmann, Vor § 1 Rn. 32 und § 4 Rn. 30.
930 Haarmeyer/Wutzke/Förster, InsVV, § 3 Rn. 68; Eickmann, Vor § 1 Rn. 32 und § 4 Rn. 30.
931 Haarmeyer/Wutzke/Förster, InsVV, § 3 Rn. 68; Eickmann, Vor § 1 Rn. 32 und § 4 Rn. 30.
932 Haarmeyer/Wutzke/Förster, InsVV, § 3 Rn. 68; Eickmann, Vor § 1 Rn. 32 und § 4 Rn. 31.
933 Eickmann, Vor § 1 Rn. 32.

net wird,[934] ist eine Minderung der Vergütung nicht notwendig, da die Hinzuziehung eines Dritten zu einem geringeren Umfang der Tätigkeit führt.[935]

§ 5 Versicherungen

A. Versicherungen des Testamentsvollstreckers

Zu den Aufwendungen des Testamentsvollstreckers zählen nach Ansicht Damraus[936] auch die Kosten einer (Vermögensschaden-) Haftpflichtversicherung, die der Testamentsvollstrecker abschließt, um sich gegen Regressansprüche des Erben abzusichern. Diese kommt auch dem Erben zugute, da das Risiko der Insolvenz des Testamentsvollstreckers praktisch ausgeschlossen ist.[937] Nach Meinung von Haegele/Winkler[938] hat der Testamentsvollstrecker die Kosten einer Haftpflichtversicherung jedoch selbst zu tragen. Sie sind in der Vergütung bereits enthalten. Zur Begründung wird vergleichsweise auf § 5 Abs. 1 der Vergütungsverordnung für Konkursverwalter[939] verwiesen, wonach die Kosten einer Haftpflichtversicherung durch die Vergütung bereits mitabgegolten sind. Im Einzelfall könne aber wohl, wenn die Verhältnisse besonders schwierig liegen, wegen der besonderen Haftpflichtversicherung eine angemessene Erhöhung der Vergütung des Testamentsvollstreckers in Frage kommen.[940]
Sofern man die Testamentsvollstreckervergütung nach den Vergütungstabellen berechnet, ist fraglich, ob diese auch die Kosten für eine angemessene Haftpflichtversicherung abdecken. Da die Alte Rheinische Tabelle – auf der die jüngeren Tabellen basieren - für Notare erstellt wurde, muss man wohl davon ausgehen, dass die Kosten für eine berufsübliche Haftpflichtversicherung in der Vergütung bereits enthalten sind. Lehnt man die Anwendung der Tabellen ab und zieht Stundensätze heran, so sind die Kosten einer angemessenen Versicherung im Rahmen der allgemeinen Geschäftskosten ebenfalls bereits im Stundensatz enthalten.[941] Die Kosten einer zusätzlichen Versicherung können aber dann als Aufwendungen nach § 2218 BGB geltend gemacht werden, wenn mit der Ausführung der Testamentsvollstreckung ein besonderes, über das normale Maß

[934] Zu den Stundensätzen beim Testamentsvollstrecker ausführlich: Zweiter Teil § 4 B.II.
[935] Ausführlich zu den Auswirkungen auf die Testamentsvollstreckervergütung: Dritter Teil § 4 A.II.
[936] Soergel/Damrau, § 2218 Rn. 13.
[937] Soergel/Damrau, § 2218 Rn. 13.
[938] Haegele/Winkler, Rn. 566 und Fn. 4 zu Rn. 566; zudem verweisen sie auf § 27 Abs. 1 VO über die Geschäftsführung und Vergütung des Zwangsverwalters, wonach der Verwalter keinen Ersatz für Versicherungskosten verlangen kann.
[939] Diese Verordnung galt vor Einführung der heute geltenden InsVV.
[940] Haegele/Winkler, Rn. 566.
[941] Zum Ersatz der allgemeinen Geschäftskosten ausführlich: Dritter Teil § 1 A.

hinausgehendes Risiko verbunden ist, oder ein nicht berufsmäßiger Testamentsvollstrecker tätig wird, der keine ausreichende und angemessene Haftpflichtversicherung hat.

B. Versicherungen des Vormunds

Gem. § 1835 Abs. 2 S. 1 BGB gelten als Aufwendungen auch die Kosten einer angemessenen Versicherung gegen Schäden, die dem Mündel zugefügt werden können oder die dem Vormund dadurch entstehen können, dass er einem Dritten zum Ersatz eines durch die Führung der Vormundschaft verursachten Schadens verpflichtet ist. Dies gilt nach § 1836 Abs. 2 S. 2 BGB nicht, wenn der Vormund eine Vergütung nach § 1836 Abs. 2 BGB erhält, es sich also um einen Berufsvormund handelt. Das ist ausgeschlossen, weil die Kosten einer Versicherung des Berufsvormunds durch die Vergütung bereits mit abgegolten sind.[942] Die Bewilligung einer Ermessensvergütung nach § 1836 Abs. 3 BGB für den ehrenamtlichen Vormund schließt aber die gesonderte Geltendmachung der Kosten für eine Haftpflichtversicherung nach 1836 Abs. 2 BGB nicht aus.[943]

C. Versicherungen des Insolvenzverwalters

Nach § 4 Abs. 3 InsVV sind mit der Vergütung auch die Kosten einer Haftpflichtversicherung abgegolten. Soweit die Verwaltung jedoch mit einem besonderen Haftpflichtrisiko verbunden ist, sind die Kosten einer angemessenen zusätzlichen Versicherung als Auslagen zu erstatten. Der Hintergrund der Abgeltung der allgemeinen Haftpflichtversicherung durch die Vergütung ist darin zu sehen, dass der Verwalter diese Versicherung eben nicht im Hinblick auf ein bestimmtes Verfahren, sondern zur Abdeckung seines allgemeinen Risikos im Rahmen der Normalfälle abgeschlossen hat.[944]

D. Vergleich des Ersatzes von Versicherungen

Die Rechtslage hinsichtlich des Ersatzes von Haftpflichtversicherungen gleicht sich weitgehend bei allen Verwaltern. Soweit sie ihre Tätigkeit berufsmäßig ausüben, sind die Kosten einer angemessenen Versicherung, die die allgemeinen Berufsrisiken abdeckt, mit der Vergütung abgegolten. Die Kosten der Versicherung besonderer Risiken des konkreten Falles können hingegen gesondert als Aufwendung geltend gemacht werden.
Beim Testamentsvollstrecker findet im Gegensatz zum Vormund bislang keine Unterscheidung zwischen berufsmäßiger und nicht berufsmäßiger Testaments-

---

[942] Soergel/Zimmermann, § 1835 Rn. 19; Palandt/Diederichsen, § 1835 Rn. 5.
[943] Palandt/Diederichsen, § 1835 Rn. 5; Staudinger/Engler, § 1835 Rn. 24.
[944] Eickmann, Vergütungsrecht, § 4 Rn. 12.

vollstreckung statt, was angesichts der Frage, ob die Versicherungskosten bereits in der Vergütung enthalten sind oder neben dieser als Aufwendung ersetzt werden müssen, notwendig wäre. Beim Vormund ist der Ersatz der Kosten einer Haftpflichtversicherung überdies ausdrücklich geregelt, was auch beim Testamentsvollstrecker zur Schaffung von Rechtssicherheit notwendig erscheint. Übt der Testamentsvollstrecker seine Tätigkeit nicht beruflich aus, sind ihm wie dem ehrenamtlichen Vormund die Kosten einer angemessenen Haftpflichtversicherung als Aufwendung neben der Vergütung zu ersetzen. Die Versicherung wird dann nicht im Rahmen der Vergütung berücksichtigt.[945]

§ 5 Entnahmerecht und Vorschuss

A. Entnahmerecht des Testamentsvollstreckers

Der Testamentsvollstrecker kann die Mittel für Aufwendungen aufgrund seines Verwaltungs- und Verfügungsrechtes (§ 2205 BGB) selbst aus dem Nachlass entnehmen, ohne sein eigenes Vermögen angreifen zu müssen.[946] Einen Vorschuss benötigt er daher nicht und kann ihn im Gegensatz zum Beauftragten auch nicht fordern, da § 2218 BGB nicht auf § 669 BGB verweist.[947]

B. Entnahmerecht und Vorschuss des Vormunds

Nach § 56 g Abs. 1 Nr. 1 FGG kann der Vormund die Festsetzung eines Vorschusses, des Ersatzes von Aufwendungen sowie einer Aufwandsentschädigung beantragen, soweit er sie aus der Staatskasse verlangen kann (§§ 1835 Abs. 4, 1835 a Abs. 3 BGB) oder ihm die Vermögenssorge nicht übertragen wurde.[948] Im Falle des bemittelten Mündels kann der Vormund den Ersatz seiner Aufwendungen und einen Vorschuss hierauf nach §§ 1835, 669, 670 BGB verlangen. Er kann die Mittel dafür dem Vermögen selbst entnehmen.[949]

C. Entnahmerecht und Vorschuss des Insolvenzverwalters

Nach § 8 Abs. 1 InsVV werden „die Vergütung und die Auslagen auf Antrag des Insolvenzverwalters vom Insolvenzgericht festgesetzt.“ Im Antrag ist gem.

[945] Ausführlich zum Ersatz der allgemeinen Geschäftskosten beim Testamentsvollstrecker: Dritter Teil § 1 A.
[946] KG JW 1937, 475, 476; Staudinger/Reimann, § 2218 Rn. 30.
[947] Staudinger/Reimann, § 2218 Rn. 30; Soergel/Damrau, § 2218 Rn. 12.
[948] Staudinger/Engler, § 1835 Rn. 63.
[949] Oberloskamp/Band, § 4 Rn. 8; Staudinger/Engler, § 1835 Rn. 39; MüKo/Schwab, § 1835 Rn. 23.

§ 8 Abs.2 InsVV näher darzulegen, „welche Dienst- oder Werkverträge für besondere Aufgaben im Rahmen der Insolvenzverwaltung abgeschlossen worden sind (§ 4 Abs. 1 S. 3 InsVV).“ Auf diese Weise soll festgestellt werden, inwieweit die Tätigkeit des Verwalters dadurch erleichtert wurde.[950] Der Verwalter kann die Auslagen auch schon vor Eintritt der Rechtskraft des Festsetzungsbeschlusses auf eigenes Risiko der Masse entnehmen.[951] Nach § 9 InsVV kann der Insolvenzverwalter „aus der Insolvenzmasse einen Vorschuss auf die Vergütung und die Auslagen entnehmen, wenn das Insolvenzgericht zustimmt. Die Zustimmung soll erteilt werden, wenn das Insolvenzverfahren länger als ein Jahr dauert oder wenn besonders hohe Auslagen erforderlich werden.“ Mit dieser Regelung soll insbesondere Berufsanfängern, aber auch professionellen Verwaltern mit einem hohen Kostenapparat, nicht mehr zugemutet werden, länger als ein halbes Jahr auf ihre Vergütung zu warten und dabei noch die Auslagen aus eigenen Mitteln aufzubringen und über einen längeren Zeitraum vorzufinanzieren.[952]

D. Vergleich des Entnahmerechts

Der Vormund eines bemittelten Mündels, der die Vermögenssorge inne hat, kann wie der Testamentsvollstrecker die Aufwendungen dem verwalteten Vermögen selbst entnehmen. Der Vormund des mittelosen Mündels kann dies hingegen nicht, so dass das Vormundschaftsgericht die Auslagen festsetzen muss. Entsprechendes gilt, falls dem Vormund die Vermögenssorge nicht übertragen wurde. Dem Testamentsvollstrecker obliegt jedoch immer eine Vermögensverwaltung, so dass eine derartige Festsetzung nicht in Betracht kommt.
Im Gegensatz zum Testamentsvollstrecker muss der Insolvenzverwalter die Festsetzung seiner Auslagen vor der Entnahme beim Insolvenzgericht beantragen. Der Testamentsvollstrecker kann hingegen die Auslagen vorbehaltlich gerichtlicher Nachprüfung selbst festzusetzen und dem Nachlass entnehmen, da das Amt des Testamentsvollstreckers anders als das des Insolvenzverwalters allein im Privatinteresse angeordnet wird. Im Gegensatz zum Vormund und Insolvenzverwalter kann der Testamentsvollstrecker keinen Vorschuss fordern, da § 2218 BGB gerade nicht auf § 669 BGB verweist. Außerdem besteht hierzu aufgrund seines Entnahmerechts auch kein Bedürfnis.[953]

---

[950] Begründung zu § 8 InsVV, abgedruckt bei Eickmann, S. 198.
[951] Eickmann, § 8 Rn. 26, für den vergleichbaren Fall der Vergütung.
[952] Haarmeyer/Wutzke/Förster, InsVV, § 9 Rn. 2.
[953] Zum Recht des Testamentsvollstreckers auf Vorschuss: Dritter Teil § 5 A.

§ 7 Zusammenfassung

Hinsichtlich des Aufwendungsersatzes ist zwischen berufsmäßigem und nicht berufsmäßigem Testamentsvollstrecker zu unterscheiden. Bei ersterem sind die allgemeinen Geschäftskosten wie Büro- und Personalkosten sowie die Kosten einer angemessenen Versicherung bereits in der Vergütung enthalten. Beim nicht berufsmäßigen Testamentsvollstrecker ist dies nicht der Fall, so dass dieser seine gesamten Aufwendungen nach § 2218 BGB geltend machen kann. Der Abschluss einer Versicherung zur Abdeckung eines besonderen Risikos ist aber auch dem berufsmäßigen Testamentsvollstrecker als Aufwendung nach § 2218 BGB zu ersetzen. Ferner kann der Testamentsvollstrecker für die Leistung eigener Berufsdienste entsprechend §§ 2218, 670 BGB Aufwendungsersatz verlangen, wenn ein Testamentsvollstrecker ohne diese beruflichen Fähigkeiten einen entsprechenden Berufsträger hinzugezogen hätte. Dies ist aber nur insoweit möglich, als die beruflichen Dienste und Fähigkeiten nicht bereits durch die Vergütung abgegolten sind. Auch sind die Kosten für den Einsatz besonders qualifizierter Hilfskräfte nach §§ 2218, 670 BGB zu ersetzen. Der Testamentsvollstrecker kann die Mittel für Aufwendungen wie ein Vormund, dem die Vermögenssorge übertragen ist, dem Vermögen selbst entnehmen. Soweit der Mündel mittellos ist oder der Vormund nicht mit der Vermögenssorge befasst ist, muss jedoch das Gericht wie beim Insolvenzverwalter die Auslagen festsetzen. Da die Auslagen des Insolvenzverwalters immer gerichtlich festgesetzt werden müssen, misst der Gesetzgeber der Kontrolle des Insolvenzverwalters stärkeres Gewicht bei als der des Vormunds und Testamentsvollstreckers.

Vierter Teil: Fragen der Umsatzsteuer

Im Zusammenhang mit der Vergütung ist zu fragen, inwieweit diese der Umsatzbesteuerung unterliegt. Gem. § 1 Abs. 1 Nr. 1 S. 1 UStG unterliegen die Lieferungen und sonstigen Leistungen, die ein Unternehmer im Inland gegen Entgelt im Rahmen seines Unternehmens ausführt, der Umsatzsteuer. Voraussetzung ist also zunächst die persönliche und sachliche Umsatzsteuerpflicht. Falls diese besteht, muss geklärt werden, ob die jeweilige Vergütung eine Bruttovergütung ist, mit der Folge, dass die Umsatzsteuer als Bestandteil der Vergütung anzusehen ist oder ob eine Nettovergütung vorliegt und die Umsatzsteuer neben der Vergütung gesondert verlangt werden kann. Angesichts der steten Erhöhung der Umsatzsteuer von 1 % im Jahre 1925 auf 16 % 2001 hat diese Frage große Bedeutung.[954]

§ 1 Umsatzsteuerpflicht

A. Persönliche Umsatzsteuerpflicht des Testamentsvollstreckers

Die persönliche Umsatzsteuerpflicht besteht, wenn der Testamentsvollstrecker Unternehmer i.S.d. UStG ist. Nach der Legaldefinition des § 2 Abs. 1 UStG ist Unternehmer, „wer eine gewerbliche oder berufliche Tätigkeit selbstständig ausübt. Das Unternehmen umfasst die gesamte gewerbliche oder berufliche Tätigkeit des Unternehmers. Gewerblich oder beruflich ist jede nachhaltige Tätigkeit zur Erzielung von Einnahmen, auch wenn die Absicht, Gewinn zu erzielen, fehlt oder eine Personenvereinigung nur gegenüber ihren Mitgliedern tätig wird." Entscheidend für die Unternehmereigenschaft ist somit das Merkmal der „nachhaltigen Tätigkeit". Dieses ist wiederum konform mit Art. 4 Abs. 1 der Richtlinie 77/388/EWG zur Harmonisierung der Rechtsvorschriften über die Umsatzsteuer auszulegen.[955] Danach gilt als Steuerpflichtiger, „wer eine der in Absatz 2 genannten wirtschaftlichen Tätigkeiten selbständig und unabhängig von ihrem Ort ausübt, gleichgültig zu welchem Zweck und zu welchem Ergebnis". Wirtschaftliche Tätigkeiten sind nach Abs. 2 S. 1 „alle Tätigkeiten eines Erzeugers, Händlers oder Dienstleistenden einschließlich der Tätigkeiten der Urproduktion, der Landwirte sowie der freien Berufe und der diesen gleichgestellten Berufe". Als nachhaltig kann man daher eine Tätigkeit verstehen, die auf eine bestimmte Dauer angelegt ist, als auch eine solche, die sich in gleicher oder ähnlicher Weise wiederholt, wobei beide Gesichtspunkte im Regelfall miteinan-

---

954 Vgl. hierzu auch die Stellungnahme zur Erhöhungsdiskussion: Zweiter Teil § 4 A.I.10.b.

955 Bunjes/Geist/Heidner, § 2 Anm. 15 m.w.N.

der verknüpft sind.[956] Nach der Rechtsprechung muss sie überdies im Sinne einer geschäftsmäßigen Tätigkeit auf den Erwerb von Einnahmen ausgerichtet sein,[957] wobei das Gesamtbild der Verhältnisse maßgeblich ist.[958] Das Gesamtbild ergibt sich in erster Linie aufgrund objektiver Merkmale des Geschehens, wobei in Grenzfällen auch subjektive Elemente in Gestalt von Planvorstellungen des Handelnden heranzuziehen sind.[959] Dabei müssen die für und gegen die Nachhaltigkeit sprechenden Merkmale gegeneinander abgewogen werden.[960] Z.T. wird in der Literatur[961] daher vom sog. „Typusbegriff des Unternehmers" gesprochen.

I. Testamentsvollstreckung als eigentlicher Gegenstand des Unternehmens

Bei der Frage, ob die Tätigkeit eines Testamentsvollstreckers nachhaltig ist, kommt es nach vorherrschender Ansicht[962] nicht auf den Wert des Nachlasses, sondern den erforderlichen Arbeitsaufwand an, der die Dauer und den Umfang der Tätigkeit bestimmt. Die Nachhaltigkeit ist z.B. dann gegeben, wenn der Testamentsvollstrecker einen umfangreichen Nachlass über mehrere Jahre hinweg verwaltet, da er sich mit der Übernahmehandlung in ein auf längere Dauer angelegtes Rechtsverhältnis begibt, das durch eine Vielzahl von Handlungen bestimmt wird, die durch seine Aufgaben bedingt sind.[963] Damit ist die Voraussetzung der Nachhaltigkeit bei der Verwaltungsvollstreckung in der Regel uneingeschränkt gegeben.[964]
Auch bei einer Auseinandersetzungsvollstreckung wird der Anfall der Umsatzsteuer bejaht, wenn die Art des Amtes durch eine Vielzahl von Handlungen gekennzeichnet ist, die der Testamentsvollstrecker in Erfüllung der übernommenen Verpflichtungen erbringen muss.[965] So nahm das FG Düsseldorf[966] für die

[956] Bunjes/Geist/Heidner, § 2 Anm. 16; BFH UR 1995, 395, 396.
[957] BFH UR 1995, 395, 396; BFH BStBl II 1985, 173, 176; BFH BStBl II 1986, 874, 876.
[958] BFH BStBl II 1996, 109, 110; BFH BStBl II 1991, 776, 777; Bunjes/Geist/Heidner, § 2 Anm. 16.
[959] Bunjes/Geist/Heidner, § 2 Anm. 16; Hundt-Eßwein/Schuhmann, § 2 Rn. 55; BFH BStBl II 1991, 776, 777 jeweils mit einer Übersicht der Kriterien.
[960] BFH BStBl II 91, 776, 777; BFH/NV 94, 206; BFH UR 1996, 128.
[961] Offerhaus, UR 1991, 279; eingehend zum Typusbegriff: Tipke/Lang, § 5 Rn. 45 und Rau/ Stadie, UStG, § 2 Rn. 269 ff.
[962] BFH/NV 92, 418, 419; Mümmler, JurBüro 1989, 22; Bunjes/Geist/Heidner, UStG, § 2 Anm. 16; so auch: Bengel/Reimann/Eckelskemper, X. Rn. 124; ähnlich: Rau/Stadie, UStG, § 2 Rn. 353; FG Hamburg EFG 1984, 316.
[963] BFH BStBl II 1976, 57, 58; FG Bremen EFG 1989, 39.
[964] Mümmler, JurBüro 1989, 23; BFH BStBl II 1976, 57, 58; FG Bremen EFG 1989, 39.
[965] Mümmler, JurBüro, 1989, 22; FG Düsseldorf EFG 1980, 466, 467; FG Bremen EFG 1989, 39; BFH UR 1993, 194, 195; a.A. Kirnberger, ZEV 1998, 342, 343.
[966] FG Düsseldorf, EFG 1980, 466, 467.

Auseinandersetzung eines Nachlasses Nachhaltigkeit an, der aus einer Beteiligung an einer GmbH & Co KG, zwei Häusern und zwei Eigentumswohnungen sowie Wertpapieren und Bankguthaben bestand, wobei der Gesamtwert 3,5 – 4 Millionen Mark betrug.
Andererseits stellt eine einfache und unkomplizierte Auseinandersetzung eines bürgerlichen Haushalts nach Ansicht der Rechtsprechung in der Regel keine umsatzsteuerpflichtige Tätigkeit dar. Im Fall des FG Hamburg[967] hatte der Testamentsvollstrecker das Mobiliar an zwei Tagen an die Erben verteilt, der Verkauf eines Grundstücks erforderte keine besondere Initiative und die Verteilung des Wertpapiervermögens war unproblematisch. Die Auseinandersetzung war nach einem ¾ Jahr abgeschlossen und die steuerliche Abwicklung wurde einem Steuerberater übertragen.
Auch die Durchführung einer einzigen Testamentsvollstreckung kann regelmäßig als nachhaltig i.S.d. UStG angesehen werden. Im Urteil des FG Bremen vom 30.08.1988[968] wird hierzu ausgeführt: „Das allein streitige Merkmal der Nachhaltigkeit setzt an sich eine Wiederholung von Handlungen voraus. Das Merkmal kann jedoch auch dann erfüllt sein, wenn sich jemand mit einer einmaligen Übernahmehandlung in ein auf längere Zeit angelegtes Rechtsverhältnis begibt, das durch die Vielzahl der durch die Aufgaben des Rechtsverhältnisses bedingten Handlungen bestimmt wird.“ Dies gelte nicht nur für die Verwaltungs- sondern auch die Abwicklungs- oder Auseinandersetzungsvollstreckung. Dem ist zuzustimmen, da es wie oben dargelegt für die Nachhaltigkeit maßgeblich auf den erforderlichen Arbeitsaufwand ankommt. In der Literatur[969] wird die Nachhaltigkeit bei einer einmaligen Testamentsvollstreckung mitunter verneint, so z.B. bei einem Testamentsvollstrecker, der in seinem Hauptberuf eine unselbstständige Tätigkeit ausübt[970] oder bei einem familienangehörigen Testamentsvollstrecker.[971] Bei diesen Personen könne nicht von einer nachhaltigen Tätigkeit gesprochen werden, da ihnen das Amt des Testamentsvollstreckers in der Regel nur in einem Einzelfall übertragen werde.[972] Von der einmaligen Ausübung des Amtes könne nicht auf die Absicht der Wiederholung geschlossen werden. Dies sei nach der allgemeinen Lebenserfahrung auch nicht zu erwarten.[973] Danach käme die Nachhaltigkeit nur bei einem mehrfach oder mit

---

967 FG Hamburg, EFG 1984, 316.
968 FG Bremen, EFG 1989, 39; BGH UR 1993, 194, 195; Bunjes/Geist/Heidner, UStG, § 2 Anm. 17.
969 Haegele/Winkler, Rn. 657; Möhring/Seebrecht, BB 1977, 1057; Kirnberger, ZEV 1998, 342.
970 Möhring/Seebrecht, BB 1977, 1057.
971 Kirnberger, ZEV 1998, 342.
972 Möhring/Seebrecht, BB 1977, 1057; Haegele/Winkler, Rn. 657; Kirnberger, ZEV 1998, 342
973 Möhring/Seebrecht, BB 1977, 1057.

Wiederholungsabsicht tätigen Testamentsvollstrecker in Betracht. Diese Ansicht ist jedoch abzulehnen, da es auf die Nachhaltigkeit der Tätigkeit als solcher ankommt. Als Tätigkeit kann schließlich nicht allein die Übernahme von Testamentsvollstreckungen gesehen werden.[974]
Da einer beruflichen Tätigkeit die Nachhaltigkeit immanent ist[975] und bei der Bestimmung der Vergütung des Testamentsvollstreckers analog § 1836 Abs. 1 BGB eine Feststellung über die Berufsmäßigkeit getroffen werden muss,[976] kann bei deren Vorliegen auch die Umsatzsteuerpflicht angenommen werden. Es ist hier schließlich kein Grund ersichtlich, die Berufsmäßigkeit im Zivil- und Steuerrecht unterschiedlich zu beurteilen. Die Kriterien der Berufsmäßigkeit gem. § 1836 BGB differenzieren zutreffend nicht allein nach der Anzahl der Amtsübernahmen, sondern stellen auch auf den erforderlichen Arbeitsumfang ab und stimmen insofern mit den Erfordernissen des UStG überein. Für den Berufsvormund und den Insolvenzverwalter ist die Nachhaltigkeit zu bejahen, da der beruflichen Ausübung der Tätigkeit die Nachhaltigkeit immanent ist. Der Tätigkeit des ehrenamtlichen Vormunds wird es hingegen regelmäßig an der Nachhaltigkeit fehlen, da sie gerade nicht so umfangreich wie die eines Berufsvormundes ist (§ 1836 Abs. 1 BGB).

II. Testamentsvollstreckung als Nebengeschäft

Nach § 2 Abs. 1 S. 2 UStG erfasst das Unternehmen die gesamte gewerbliche oder berufliche Tätigkeit des Unternehmers. Zum Unternehmen gehören nicht nur Grundgeschäfte sondern auch etwaige Nebengeschäfte.[977] Als Grundgeschäfte bezeichnet man Geschäfte bzw. Leistungen, die in den Geschäftszweig des Unternehmens fallen.[978] Nebengeschäfte sind solche, die sich nicht notwendig aus dem eigentlichen Geschäftsbetrieb ergeben, aber mit der Haupttätigkeit wirtschaftlich zusammenhängen.[979] Hierunter fällt z.B. die Übernahme der Testamentsvollstreckung für den Nachlass des verstorbenen Mandanten durch den Steuerberater.[980] Daher werden auch die Nebengeschäfte eines Unternehmers, ohne dass diese selbst besonders nachhaltig sein müssen, als im „Rahmen

[974] Ähnlich FG Düsseldorf EFG 1980, 466, 467.
[975] Rau/Stadie, UStG, § 2 Anm. 49.
[976] Zur Feststellung der Berufsmäßigkeit beim Testamentsvollstrecker ausführlich: Zweiter Teil § 3 D., E.
[977] Tipke/Lang, § 13 Rn. 70.
[978] Tipke/Lang, § 13 Rn. 70; Bengel/Reimann/Eckelskemper, X. Rn. 129; Hundt-Eßwein/Schuhmann, § 1 Rn. 99.
[979] Tipke/Lang, § 13 Rn. 70; mitunter wird auch von „Hilfsgeschäften"gesprochen, vgl. Hundt-Eßwein/Schuhmann, § 2 Rn. 60.
[980] Tipke/Lang, § 13 Rn. 70.

des Unternehmens“ ausgeführt angesehen.[981] Ist Gegenstand des Unternehmens z.B. eine freiberufliche Tätigkeit, wie etwa Rechtsanwalt, Steuerberater oder Notar, so ist die Testamentsvollstreckung folglich in der Regel als mit dem eigentlichen Unternehmen zusammenhängend anzusehen und daher umsatzsteuerpflichtig.[982]
Eckelskemper[983] will hiervon eine Ausnahme machen, wenn der Testamentsvollstrecker aus den besagten Berufsgruppen einer der Erben oder Vermächtnisnehmer ist und er eine Testamentsvollstreckung ausführt, die sonst nicht der Umsatzsteuer unterliegen würde; er dürfe dann für seine Berufszugehörigkeit nicht „bestraft“ werden, wenn er die Testamentsvollstreckung ohne Rückgriff auf die Mittel seiner Praxis führe. In diesem Fall hätten die privaten Beziehungen Vorrang. Entgegen Eckelskemper ist hier jedoch gar keine Ausnahme erforderlich, da schon kein Nebengeschäft vorliegt, weil die Testamentsvollstreckung unter den genannten Voraussetzungen nicht in Zusammenhang mit der eigentlichen unternehmerischen Tätigkeit steht. Die Vormundschaft und die Insolvenzverwaltung sind auch umsatzsteuerpflichtig, wenn sie als Nebengeschäft anzusehen sind.

B. Sachliche Umsatzsteuerpflicht

Voraussetzung für die sachliche Steuerpflicht ist das Vorliegen eines Leistungsaustausches i.S.d. § 1 Abs. 1 S. 1 UStG. Danach unterliegen der Umsatzsteuer im Grundsatz „die Lieferungen und sonstigen Leistungen, die ein Unternehmer im Inland gegen Entgelt im Rahmen seines Unternehmens ausführt.“ Die Ausführung einer Testamentsvollstreckung ist eine sonstige Leistung i.S.d. UStG[984], da sie durch die Anordnung im Testament zum Gegenstand des Wirtschaftsverkehrs gemacht werden kann und zum Gelderwerb geeignet ist (vgl. § 2221 BGB). Ebenso verhält es sich mit der Tätigkeit des Vormunds und des Insolvenzverwalters. Nach h.M.[985] kommt es für das Vorliegen eines Leistungsaustausches darauf an, ob aus der Sicht des Leistenden eine Gegenleistung zu erwarten ist, und nicht, ob die Leistung von dem Empfänger erwünscht ist. Da der Testamentsvollstrecker, der Vormund und der Insolvenzverwalter für ihre Tätigkeit ein Entgelt erwarten, liegt auch ein Leistungsaustausch vor.

---

[981] Bengel/Reimann/Eckelskemper, X. Rn. 128; Bunjes/Geist/Heidner, § 2 Anm. 39; Kirnberger, ZEV 1998, 342.
[982] Kirnberger, ZEV 1998, 342, Haegele/Winkler, Rn. 657; Bengel/Reimann/Eckelskemper, X. Rn. 129 jeweils m.w.N.
[983] Bengel/Reimann/Eckelskemper, X. Rn. 129.
[984] Zum Leistungsbegriff: Tipke/Lang, SteuerR, § 14 Rn. 40, Hundt-Eßwein/Schuhmann, UStG, § 1 Rn.13.
[985] Bunjes/Geist/Zeuner, UStG, § 1 Rn. 4; Kirnberger, ZEV 1998, 342, 343 m.w.N.

§ 2 Bruttovergütung ?

Fraglich ist, ob die Umsatzsteuer Teil der Vergütung ist oder ob sie auf die Vergütung aufgeschlagen und damit auf den Vergütungsschuldner abgewälzt werden kann. Im ersten Fall wäre die Vergütung eine Bruttovergütung, im zweiten Fall eine Nettovergütung. Angesichts der Höhe der Umsatzsteuer von derzeit 16 % (§ 12 Abs.1 UStG) hat die Klärung dieser Frage eine wesentliche wirtschaftliche Bedeutung für den Testamentsvollstrecker. Nach § 10 Abs.1 S.1 UStG wird der Umsatz „bei Lieferungen und sonstigen Leistungen [...] nach dem Entgelt bemessen." Entgelt ist nach § 10 Abs.1 Satz 2 UStG „alles, was der Leistungsempfänger aufwendet, um die Leistung zu erhalten, jedoch abzüglich der Umsatzsteuer." Unter Entgelt ist daher zunächst die Vergütung zu verstehen, da der Schuldner diese für die Ausführung der Tätigkeit gewährt. Hiervon ist die Umsatzsteuer abzuziehen. Damit ist aber nur klargestellt, dass die Umsatzsteuer eine Netto-Umsatzsteuer ist.[986] Dies besagt aber nichts darüber, ob die Umsatzsteuer in der Vergütung bereits enthalten ist oder zusätzlich zu dieser gewährt werden muss.

A. Bruttovergütung beim Testamentsvollstrecker ?

Die bisher sowohl in der zivilrechtlichen Rechtsprechung[987] als auch der Literatur[988] h.M. sieht die Testamentsvollstreckervergütung als Bruttovergütung an. Danach könne der umsatzsteuerpflichtige Testamentsvollstrecker die Umsatzsteuer lediglich als Kalkulationsfaktor gesondert ausweisen, damit diese bei der Festsetzung der Vergütung angemessen berücksichtigt werden kann. Als Begründung für diese Ansicht wird angeführt, dass im Zivilrecht grundsätzlich Bruttovergütungen vereinbart würden.[989] Wenn bei einer Kaufpreisvereinbarung die Mehrwertsteuer regelmäßig miteinbezogen werde, so könne für den auf gesetzlicher Grundlage beruhenden Vergütungsanspruch des Testamentsvollstreckers schließlich nichts anders gelten.[990] Dieser Vergleich mit den im privaten Bereich vereinbarten Bruttovergütungen ist jedoch nicht stichhaltig, da dort stets von einer Umsatzsteuerpflicht des Verkäufers ausgegangen wird.[991] Am Grundsatz der zivilrechtlichen Bruttovergütung ändere ferner auch § 14 UStG nichts,

[986] Bunjes/Geist/Heidner, UStG, Einl. Anm. 3; Klingelhöffer, ZEV 1998, 342, 344.
[987] OLG Köln, NJW-RR 1994, 269, 270; KG NJW 1974, 752, 753.
[988] Schelter, BB 1977, 1234; Möhring/Seebrecht, BB 1977, 1057, 1059 f., Haegele/Winkler, Rn. 660; Palandt/Edenhofer, § 2221 Rn. 5, Soergel/Damrau, § 2221 Rn. 19; Mümmler, JurBüro, 1989, 22, 24.
[989] Palandt/Putzo, § 433 Rn. 20; Haegele/Winkler, Rn. 660; KG OLGZ 1974, 225, 229; Möhring/Seebrecht, 1057, 1060.
[990] Möhring/Seebrecht, BB 1977, 1057, 1060.
[991] Kirnberger, ZEV 1998, 343, 344.

wonach der Testamentsvollstrecker die Umsatzsteuer gesondert ausweisen kann bzw. muss.[992] § 14 UStG dient letztlich nur dazu, das System des Vorsteuerabzugs gem. § 15 UStG praktikabel zu machen.[993] Im Ergebnis führt § 14 UStG aber nur dazu, dass eine Aufspaltung des Entgeltbegriffs in ein bürgerlichrechtliches (Preis einschließlich Mehrwertsteuer) und ein umsatzsteuerrechtliches Entgelt (Preis abzüglich Mehrwertsteuer) stattfindet.[994] Folglich kann § 14 UStG weder eine Brutto- noch eine Nettovergütung begründen.
Ebenso scheidet eine analoge Anwendung von § 25 Abs.2 BRAGO aus, da es bereits an einer ausfüllungsbedürftigen Regelunglücke fehlt.[995] Nach § 1 Abs.2 BRAGO findet die BRAGO nämlich schon nach ihrem Wortlaut keine Anwendung auf die Tätigkeit eines Anwalts als Testamentsvollstrecker.[996] Außerdem bestätige die Vorschrift gerade den Grundsatz, dass die Umsatzsteuer, wenn gesetzlich nichts anderes bestimmt ist, in der einem Rechtsanwalt zu gewährenden Vergütung enthalten ist.[997] Letzterem kann allerdings nicht gefolgt werden, da ein als Testamentsvollstrecker tätiger Rechtsanwalt seine Vollstreckungstätigkeit ohnehin nicht nach der BRAGO abrechnen kann. Folglich lässt sich § 25 Abs. 2 BRAGO auch kein Grundsatz für diese nicht nach der BRAGO zu gewährende Vergütung entnehmen.
Ferner kann der Testamentsvollstrecker die Umsatzsteuer nicht aus §§ 2218, 670 BGB verlangen, da die Umsatzsteuer nicht im Interesse des Nachlasses, sondern zur Erfüllung der persönlichen Steuerschuld des Testamentsvollstreckers erbracht werden muss[998] und damit keine Aufwendung darstellt.[999] Etwas anderes gilt nur dann, wenn er berufliche Leistungen nach der BRAGO als Aufwendung gem. §§ 2218, 670 BGB abrechnen kann.[1000]
Die im Vordringen befindliche Meinung[1001] geht hingegen von einer Nettovergütung aus. Zum einen wird darauf hingewiesen, dass das Gebot klarer und geordneter Abrechnung ein Ausweisen der Umsatzsteuer erfordere, womit auch

---

[992] Haegele/Winkler, Rn. 660.
[993] Möhring/Seebrecht, BB 1977, 1057, 1060 m.w.N.
[994] Möhring/Seebrecht, BB 1977, 1057, 1060.
[995] KG NJW 1974, 752, 953; Möhring/Seebrecht, 1057, 1060.
[996] BGH NJW 1975, 210, 211; KG NJW 1974, 752, 753; Möhring/Seebrecht, BB 1977, 1057, 1060.
[997] Möhring/Seebrecht, BB 1977, 1057, 1060.
[998] Siehe hierzu auch Persönliche Steuerpflicht: Vierter Teil § 1 A.
[999] KG NJW 1974, 752, 753; Haegele/Winkler, Rn. 660; Möhring/Seebrecht, BB 1977, 1057, 1060 jeweils m.w.N.; a.A. OLG Hamburg, NJW 1972, 1427 für den Fall des Vormunds; diese Ansicht wird heute wohl nicht mehr vertreten.
[1000] Ebenso Möhring/Seebrecht, BB 1977, 1057, 1060; zum Ersatz für Berufsdienste: Dritter Teil § 2 A.
[1001] Bengel/Reimann/Eckelskemper, X. Rn. 137 ff.; Möhring/Beisswingert/Klingelhöffer, S. 236; Neue Rheinische Tabelle, ZEV 2000, 181, 183; MüKo/Brandner, § 2221 Rn. 14 a; Kirnberger ZEV 1998, 344; Tiling, ZEV 1998, 331, 337.

der Gefahr entgegengewirkt werde, dass der Erbe die Vergütung als besonders hoch empfindet.[1002] Außerdem könne man rein sprachlich Beträge, die sofort an das Finanzamt abzuführen sind, kaum als Vergütung bezeichnen.[1003] Überdies sollte man den Gesetzeszweck des UStG, den Endabnehmer mit der Umsatzsteuer zu belasten, auch zum Ausdruck kommen lassen.[1004] Bei der Anwendung der Alten Rheinischen Tabelle ist darüber hinaus zu beachten, dass der Umsatzsteuersatz 1925 mit 1 % erheblich unter dem heutigen Steuersatz von 16 % lag und die Umsatzsteuer daher die Vergütung heute erheblich mehr als damals mindert.[1005] Dies gilt auch für die Weiterentwicklungen dieser Tabelle, mit Ausnahme der Möhring`schen Tabelle, der Tabelle nach Eckelskemper und der Neuen Rheinischen Tabelle. Da Möhring/Beisswingert/Klingelhöffer und Eckelskemper die Auffassung vertreten, dass die Umsatzsteuer nicht Bestandteil der Vergütung ist,[1006] kann man davon ausgehen, dass ihre Tabellen Nettobeträge ausweisen. Entsprechendes gilt für die Neue Rheinische Tabelle, die ausdrücklich klarstellt, dass in den Tabellenbeträgen die Umsatzsteuer nicht enthalten ist.[1007] Ferner ist es „wirtschaftlich lebensfremd", von einer Bruttovergütung auszugehen, da derjenige, der einen Steuerberater oder Rechtsanwalt als Testamentsvollstrecker ernennt, weiß, dass dieser für seine Leistungen ein Honorar zuzüglich Mehrwertsteuer erhält und der Beauftragte diese abführen muss.[1008]

Nach der Ansicht Kirnbergers[1009] dürfe es außerdem keinen Unterschied machen, ob ein Unternehmer (§ 2 Abs. 1 S. 1 UStG), ein nicht für die Umsatzsteuerpflicht optierender Kleinunternehmer (§ 19 Abs. 1 S. 1 UStG) oder ein Nicht-Unternehmer das Amt ausübe, weil jeder Testamentsvollstrecker unabhängig von seiner Person einen Anspruch auf gleiche, angemessene Vergütung habe. Zutreffend stellt er fest, dass dies nur bei Annahme einer Nettovergütung erreicht werden kann.

Tiling[1010] begründet die Annahme einer Nettovergütung mit der vergleichsweisen Heranziehung der Honorarordnungen für Architekten und Ingenieure, der Rechtsanwaltsgebührenordnung und der Steuerberatergebührenordnung, die Reglungen enthalten, die neben dem Anspruch auf Vergütung auch einen Anspruch auf Ersatz der Umsatzsteuer vorsehen. Im Ergebnis ist Tiling zwar zuzu-

---

1002 Bengel/Reimann/Eckelskemper, X. Rn. 137; Möhring/Beisswingert/Klingelhöffer, S. 236.
1003 Möhring/Beisswingert/Klingelhöffer, S. 236; Klingelhöffer, ZEV 1994, 118, 121.
1004 Bengel/Reimann/Eckelskemper, X. Rn. 138; ähnlich auch Kirnberger, ZEV 1998, 344.
1005 Ebenso Bengel/Reimann/Eckelskemper, X. Rn. 142, der allerdings von 4 % USt 1925 spricht.
1006 Möhring/Beisswingert/Klingelhöffer, S. 236; so wohl auch: Bengel/Reimann/Eckelskemper, X. Rn. 138.
1007 Neue Rheinische Tabelle, ZEV 2000, 181, 183.
1008 Klingelhöffer, ZEV 1994, 118, 121; ähnlich Haegele/Winkler, Rn. 661.
1009 Kirnberger, ZEV 1998, 344.
1010 Tiling, ZEV 1998, 331, 337: § 9 Abs. 1 S. 1 HOAI, § 25 Abs. 2 BRAGO, § 15 StBGebV.

stimmen, doch ist die bloße Erstattung der Umsatzsteuer bei anderen Vermögensverwaltern kein dogmatisches Argument für die zusätzliche Erstattung der Umsatzsteuer.
Vorzuziehen ist es schließlich, die Testamentsvollstreckervergütung als Nettovergütung anzusehen, da allein dies dem Zweck des UStG, den Endverbraucher mit der Umsatzsteuer zu belasten, gerecht wird. Außerdem erhält so jeder Testamentsvollstrecker unabhängig von seiner Unternehmereigenschaft die gleiche Vergütung. Ansonsten würden sich wohl kaum qualifizierte Personen wie Rechtsanwälte oder Steuerberater, die regelmäßig aufgrund ihres Grundgeschäftes umsatzsteuerpflichtig sind, bereit erklären, ein solches Amt zu übernehmen. Zwar wird die Umsatzsteuer bei der Vergütungsbemessung bislang als Kalkulationsfaktor berücksichtigt, doch lässt sich diese Vorgehensweise zum einen dogmatisch nicht ausreichend begründen und zum anderen ist im Sinne der Rechtssicherheit eine Klarstellung hinsichtlich der Umsatzsteuererstattung anzustreben.[1011] Daher ist die Testamentsvollstreckervergütung eine Nettovergütung, die sich gegebenenfalls zuzüglich Umsatzsteuer versteht.

B. Bruttovergütung beim Vormund ?

Nach bislang h.M.[1012] kann der Vormund die Umsatzsteuer nicht zusätzlich zur Vergütung verlangen, sie ist vielmehr mit einzukalkulieren und kann nicht gesondert festgesetzt werden. Dabei ist auch zu beachten, dass die Auslagen, die nicht eigens für den Mündel getätigt werden, sondern in den Bürokosten des Vormunds enthalten sind, wie Porti, Telefonkosten, Kopien usw. umsatzsteuerlich als Annex der Vergütung zu betrachten und daher mehrwertsteuerpflichtig sind.[1013] Die Umsatzsteuer kann wie beim Testamentsvollstrecker ferner nicht als Aufwendungsersatz nach § 1835 BGB gefordert werden.[1014] Nur beim Anspruch gegen die Staatskasse kann die Umsatzsteuer nach § 1836 a BGB, § 1 Abs. 1 S. 3 BVormVG zusätzlich gefordert werden, da dort die Stundensätze nicht flexibel sind.[1015] Zimmerman[1016] kritisiert die h.M. und empfiehlt zu Recht, von dem „merkwürdigen Brauch“, die Umsatzsteuer mit einzukalkulieren, Abschied zu nehmen. Es sei kein Grund ersichtlich, beim Berufspfleger des mit-

---

1011 Ähnlich MüKo/Brandner, § 2221 Rn. 15: „Für solch eine Verschleierungspraxis gibt es keine vernünftige Begründung.“
1012 BayObLG FamRZ 1999, 1607; Staudinger/Engler, § 1836 Rn. 34, 35; Palandt/Diederichsen, § 1836 Rn. 21; MüKo/Schwab § 1836 Rn. 16; Möhring/Seebrecht, BB 1977, 1057, 1060; Jochum/Pohl zum Nachlaßpfleger, Rn. 688; a.A. zum Vormund OLG Hamburg, NJW 1972, 1472: Ersatz der MwSt als Aufwendung; zum Nachlasspflger: LG Mönchengladbach, NJW 1971, 146: § 14 UStG ermögliche die Abwälzung der USt.
1013 Jochum/Pohl zum Nachlasspfleger, Rn. 720.
1014 Staudinger/Engler, § 1836 Rn. 34; Möhring/Seebrecht, BB 1977, 1057, 1059 f.
1015 Palandt/Diederichsen; § 1836 Rn. 18; BT-Drucks. 13/7158, S. 28.
1016 Zimmermann, ZEV 1999, 333 für den Nachlasspfleger.

tellosen Nachlasses die Mehrwertsteuer hinzuzuschlagen (§§ 1836 a, 1 Abs. 1 S. 3 BVormVG) und beim leistungsfähigen Nachlass nicht. Zudem wirke sich jede Steigerung der Mehrwertsteuer vergütungsmindernd aus. Diese Steigerung hätten die Gerichte aber in der Vergangenheit bei der Bemessung der Vergütung unberücksichtigt gelassen. Der Streit um die Bruttovergütung wird damit auch beim Vormund mit denselben Argumenten wie beim Testamentsvollstrecker geführt.

C. Bruttovergütung beim Insolvenzverwalter ?

Nach § 7 InsVV wird zusätzlich zur Vergütung und Erstattung der Auslagen ein Betrag in Höhe der vom Insolvenzverwalter zu zahlenden Umsatzsteuer festgesetzt. Mit dieser Vorschrift wurde der Insolvenzverwalter anderen vergleichbaren Gruppen gleichgestellt (vgl. z.B. §§ 25 Abs. 2 BRAGO und § 151 KostO).[1017] § 10 Abs. 1 S. 2 UStG stelle zudem ausdrücklich klar, dass die Umsatzsteuer nicht zum Entgelt gehöre, die festzusetzende Vergütung also eine Netto-Vergütung sei.[1018] Außerdem soll die Umsatzsteuer als Allphasensteuer für den Unternehmer als faktischer Durchlaufposten kostenneutral bleiben.[1019] Folglich werden beim Insolvenzverwalter dieselben Argumente für eine Nettovergütung angeführt wie beim Testamentsvollstrecker. Beim Insolvenzverwalter wurde diese Frage jedoch in § 7 der neuen InsVV ausdrücklich geregelt.

§ 3 Umsatzsteuerfreiheit nach § 4 Nr. 26 b UStG ?

Gem. § 4 Nr. 26 b) UStG ist die ehrenamtliche Tätigkeit umsatzsteuerfrei, wenn das Entgelt für diese Tätigkeit nur in Auslagenersatz und einer angemessenen Entschädigung für die Zeitversäumnis besteht. Als ehrenamtlich ist eine Tätigkeit anzusehen, die in einem Gesetz als solche bezeichnet wird oder die der allgemeine Sprachgebrauch als ehrenamtlich versteht.[1020] Zum Wesen des Ehrenamtes gehört das Fehlen eines eigennützigen Strebens nach Erwerb aus der Tätigkeit.[1021] Die Tätigkeit des Testamentsvollstreckers wird im Gesetz nicht als ehrenamtlich bezeichnet. Auch im allgemeinen Sprachgebrauch wird sie grundsätzlich nicht als solche angesehen. Darüber hinaus ist die Testamentsvollstreckervergütung in der Regel keine bloße Entschädigung für die Zeitversäumnis,

[1017] Eickmann, § 7 Rn. 1.
[1018] Zu dieser Begründung: Haarmeyer/Wutzke/Förster, InsVV, § 7 Rn. 2 m.w.N.
[1019] Haarmeyer/Wutzke/Förster, InsVV, § 8 Rn.
[1020] Bunjes/Geist/Heidner, UStG, § 4 Nr. 26, Anm. 3.
[1021] Bunjes/Geist/Heidner, UStG, § 4 Nr. 26, Anm. 3.

sondern eine Vergütung der Tätigkeit als solcher.[1022] Die Anwendung von § 4 Nr. 26 b UStG kommt beim Testamentsvollstrecker daher nur dann in Betracht, falls der Erblasser eine unentgeltliche Testamentsvollstreckung und eine Entschädigung im Sinne dieser Vorschrift angeordnet hat.[1023]
Zwar gibt es eine ehrenamtliche Vormundschaft (§ 1836 Abs.1 S.1 BGB), doch orientiert sich auch dort eine etwaige Vergütung gemäß § 1836 Abs. 3 BGB nicht ausschließlich an der Zeitversäumnis und den Unkosten des Vormunds, so dass ebenfalls keine Steuerbefreiung nach § 4 Nr. 26 b UStG eintritt.[1024]

§ 4 Besonderheiten bei überhöhter Vergütung

Umstritten ist die umsatzsteuerliche Behandlung einer überhöhten Vergütung, d.h. der Fall, in dem die vom Erblasser festgesetzte Vergütung die angemessene Vergütung überschreitet. Nach der Ansicht Kirnbergers[1025] kann der unangemessen hohe Teil der Vergütung nicht als Entgelt i.S.d. § 10 Abs.1 S.1 UStG angesehen werden, da der übersteigende Teil nicht am Leistungsaustausch teilnehme. Dieser Teil der Vergütung werde dem Testamentsvollstrecker unentgeltlich, meist aus einer besonderen Verbundenheit des Erblassers mit dem Testamentsvollstrecker, zugewendet. Somit gehöre der übersteigende Teil nicht zur Bemessungsgrundlage i.S.d. UStG, da er kein Entgelt darstelle. Eckelskemper[1026] hingegen sieht den überhöhten Teil der Vergütung noch als Entgelt i.S.d. § 10 UStG an, mit der Folge dass auch dieser Vergütungsteil der Umsatzsteuer unterliegt. Vorzugswürdig scheint es hingegen, auf den Einzelfall abzustellen und den Willen des Erblassers durch Auslegung zu ermitteln. Nicht immer besteht eine besondere innere Verbundenheit des Erblassers zum Testamentsvollstrecker und nicht immer soll der überhöhte Teil der Vergütung den Ernannten zur Amtsübernahme bewegen. Letzteres wird allerdings im Zweifel anzunehmen sein. In diesem Fall gehört der unangemessen hohe Teil der Vergütung zum Entgelt i.S.d. § 10 UStG und ist daher umsatzsteuerpflichtig.

[1022] Ebenso Bengel/Reimann/Eckelskemper, X. Rn. 130; ausführlich zu den Bemessungskriterien für die Testamentsvollstreckervergütung: Zweiter Teil § 3 A., D., E.
[1023] Bengel/Reimann /Eckelskemper, X. Rn. 130.
[1024] Ähnlich noch zu § 1836 BGB a.F.: Möhring/Seebrecht, BB 1977, 1057; Schaumburg, NJW 1974, 1734, 1737.
[1025] Kirnberger, ZEV 1998, 342, 344; ebenso Zimmermann, ZEV 2001, 334, 339.
[1026] Bengel/Reimann/Eckelskemper, X. Rn. 133.

§ 5 Aufwendungsersatz und Umsatzsteuer

Fraglich ist, ob der Testamentsvollstrecker die ihm im Rahmen der gemachten Aufwendungen in Rechnung gestellte Umsatzsteuer nach § 2218 BGB ersetzt verlangen kann. Grundsätzlich kann der Ersatzberechtigte in diesem Fall, wenn er nicht zum Vorsteuerabzug berechtigt ist, auch die Umsatzsteuer verlangen.[1027] Falls der Ersatzberechtigte dagegen selbst zum Vorsteuerabzug berechtigt ist, d.h. die den Aufwendungen zu Grunde liegende Tätigkeit fällt in den Rahmen des Unternehmens, stellt die Umsatzsteuer nur einen durchlaufenden Posten dar, so dass sein Vermögen schon gar nicht gemindert wird und die Umsatzsteuer folglich keine Aufwendung darstellt.[1028] Dem Testamentsvollstrecker ist die Umsatzsteuer dann nicht zu ersetzen.
Diese Ausführungen gelten für den Aufwendungsersatzanspruch des Insolvenzverwalters (§ 7 InsVV) und Vormunds (§ 1835 BGB) entsprechend.[1029]

§ 6 Zusammenfassung

Beim Vormund besteht hinsichtlich der Frage, ob die Vergütung eine Brutto- oder Nettovergütung darstellt, der gleiche Streit wie beim Testamentsvollstrecker.[1030] Allein beim Insolvenzverwalter ist in § 7 InsVV klargestellt, dass sich die Vergütung zuzüglich Umsatzsteuer versteht, also eine Nettovergütung ist. Nach vorzuziehender Ansicht ist die Testamentsvollstreckervergütung als Nettovergütung anzusehen.[1031] Somit ist die Umsatzsteuer gesondert zu ersetzen. Allein diese Sichtweise wird dem Zweck des Umsatzsteuergesetzes gerecht, den Endabnehmer der Leistung zu belasten. Schließlich werden auf diese Weise auch umsatzsteuerpflichtige und nicht umsatzsteuerpflichtige Testamentsvollstrecker vergütungsrechtlich gleich behandelt. Darüber hinaus wird eine größere Rechtssicherheit und –klarheit geschaffen. Die bloße Berücksichtigung der Umsatzsteuer im Rahmen der Vergütungsbestimmung stellt dies nicht im selben Ausmaße sicher. Um aber die bestehenden Unwägbarkeiten hinsichtlich der Belastung der Vergütung mit der Umsatzsteuer weitestgehend zu vermeiden, bietet sich folgende klarstellende Formulierung für die letztwillige Verfügung des Erblassers an:

[1027] Schaumburg, NJW 1974, 1734, 1737; Bengel/Reimann/Eckelskemper, X Rn. 131.
[1028] Schaumburg, NJW 1974, 1734, 1737.
[1029] Ausführlich zu Umsatzsteuer und Zivilrecht: Schaumburg, NJW 1974, 1734 ff.
[1030] Vgl. hierzu ausführlich: Vierter Teil § 2 A., B.
[1031] Zur Begründung ausführlich: Vierter Teil § 2 A.

„Falls und soweit auf die Testamentsvollstreckervergütung Umsatzsteuer entrichtet werden muss, versteht sich die Vergütung zuzüglich der jeweils gesetzlich geltenden Umsatzsteuer."[1032]

Ist der Testamentsvollstrecker nicht zum Vorsteuerabzug berechtigt, kann er ferner die ihm im Rahmen der gemachten Aufwendungen in Rechnung gestellte Umsatzsteuer nach § 2218 BGB ersetzt verlangen.[1033] Dies gilt für den Aufwendungsersatzanspruch des Vormunds (§ 1835 BGB) und Insolvenzverwalters (§ 7 InsVV) entsprechend.[1034]

[1032] Kirnberger, ZEV 1998, 341, 345.

[1033] Vgl. Aufwendungsersatz und Umsatzsteuer, Vierter Teil § 5.

[1034] Vgl. Aufwendungsersatz und Umsatzsteuer, Vierter Teil § 5.

Fünfter Teil: Regelungsentwurf

§ 1 Vergütung des berufsmäßigen Testamentsvollstreckers

Die nach § 2221 BGB angemessene Vergütung wird für die berufsmäßige Testamentsvollstreckung, soweit sich aus den nachfolgenden Paragraphen nichts anderes ergibt, nach Stundensätzen bemessen. Die Stundensatzhöhe richtet sich nach den für die Testamentsvollstreckung nutzbaren Fachkenntnissen. Als nutzbare Fachkenntnisse sind in der Regel rechtliche Kenntnisse anzusehen. Die Berufsmäßigkeit ist in entsprechender Anwendung des § 1836 Abs. 1 S. 2-4 BGB zu bestimmen. Verfügt der Testamentsvollstrecker über Kenntnisse, die für die Testamentsvollstreckung nutzbar sind, so beträgt die Vergütung pro Stunde in der Regel[1035]

1. 120 Euro, wenn diese Kenntnisse durch einen Hochschulabschluss oder eine vergleichbare abgeschlossene Ausbildung erworben sind. Nutzbare Fachkenntnisse liegen in der Regel bei Rechtsanwälten, Steuerberatern oder Wirtschaftprüfern vor;
2. 85 Euro, wenn diese Kenntnisse durch eine abgeschlossene Lehre oder eine vergleichbare abgeschlossene Ausbildung erworben sind. Nutzbare Kenntnisse liegen in der Regel bei Kaufleuten, Steuerfach- oder Rechtsanwaltsgehilfen vor;
3. 50 Euro, wenn der Testamentsvollstrecker über keine für die Testamentsvollstreckung nutzbaren Kenntnisse verfügt.

§ 2 Vergütung des nichtberufsmäßigen Testamentsvollstreckers

Übt der Testamentsvollstrecker die Testamentsvollstreckung nicht berufsmäßig aus, so beträgt der Stundensatz bei Vorliegen von Kenntnissen, die § 1 Nr.1-3 entsprechen: 60 Euro, 45 Euro oder 25 Euro.[1036]

§ 3 Normale Verwaltungsvollstreckung

(1) Für eine berufsmäßige Verwaltungsvollstreckung ist die übliche Vergütung einer Berufsgruppe heranzuziehen, die eine der konkreten Testamentsvollstreckung vergleichbare Tätigkeit ausübt. Läßt sich keine branchenübliche

[1035] Zur Höhe der Stundensätze ausführlich: Zweiter Teil § 4 B.II.1., III.
[1036] Zur Höhe der Stundensätze ausführlich: Zweiter Teil § 4 B.II.2., III.

Vergütung ermitteln, sind die Stundensätze des § 1 entsprechend anzuwenden.

(2) Soweit der Testamentsvollstrecker nicht berufsmäßig tätig ist, sind die branchenüblichen Geschäftskosten aus der Vergütung nach § 3 Abs. 1 herauszurechnen. Ist die Ermittlung branchenüblicher Geschäftskosten nicht möglich, so gilt § 2 entsprechend.

(3) Die §§ 1 und 2 gelten auch für die Verwaltung von Verbindlichkeiten, soweit diese Tätigkeit nicht bereits von der branchenüblichen Vergütung mit abgegolten ist.

§ 4 Testamentsvollstreckung an einem Unternehmen

(1) Der Testamentsvollstrecker erhält grundsätzlich eine branchenübliche Vergütung, die seiner rechtlichen und tatsächlichen Stellung im Unternehmen entspricht.

(2) Übt der Testamentsvollstrecker die Funktion eines Geschäftsführers oder Vorstands aus, so ist eine branchenübliche Vergütung einschließlich branchenüblicher Tantieme zu zahlen.

(3) Übt der Testamentsvollstrecker eine beaufsichtigende Tätigkeit aus (z.B. Aufsichtsrat), so ist die branchenübliche Aufsichtsrats- oder Beiratsvergütung zu zahlen.

(4) Zu den Vergütungen nach Abs. 1 – 3 sind gegebenenfalls entsprechend dem vom Testamentsvollstrecker zu tragenden Risiko angemessene Risikozuschläge unter Berücksichtigung der wirtschaftlichen Lage des Unternehmens zu gewähren.

§ 5 Gesamtgebühr

Soweit die Tätigkeit mehrere Gebührentatbestände erfüllt, addieren sich die entsprechenden Gebühren.

§ 6 Mehrere Testamentsvollstrecker

Mehrere Testamentsvollstrecker erhalten jeweils eine dem Umfang und der Verantwortung ihrer Aufgabe entsprechende Vergütung.

§ 7 Abschlag

Der Testamentsvollstrecker kann Abschlagszahlungen auf die Vergütung verlangen.

§ 8 Aufwendungsersatz

(1) Der Aufwendungsersatz folgt den allgemeinen Regeln gem. §§ 2218, 670 BGB.
(2) Mit den Stundensätzen nach § 1 werden auch die allgemeinen Geschäftskosten, insbesondere die Büro- und Personalkosten, sowie die Kosten einer angemessenen Haftpflichtversicherung abgegolten.
(3) Besondere Kosten, die dem Testamentsvollstrecker im Einzelfall entstehen, sind als Auslagen zu erstatten. Die Kosten einer angemessenen Haftpflichtversicherung sind, soweit sie nicht bereits in der Vergütung nach § 1 enthalten sind, gesondert zu ersetzen. Entsprechendes gilt für die Kosten der Versicherung eines besonderen Haftungsrisikos.
(4) Setzt der Testamentsvollstrecker eine besondere Qualifikation im Rahmen der Testamentsvollstreckung ein, für die ein Testamentsvollstrecker ohne diese Qualifikation eine entsprechend qualifizierte Person herangezogen hätte, so kann er eine berufsübliche Vergütung zusätzlich zu den in §§ 1-4 genannten Vergütungen beanspruchen. Dies gilt nicht, soweit die beruflichen Fähigkeiten bereits durch die Vergütung abgegolten sind.

§ 9 Umsatzsteuer

Soweit der Testamentsvollstrecker auf die Vergütung Umsatzsteuer zu entrichten hat und diese nicht nach § 19 Abs. 1 UStG unerhoben bleibt, ist die Umsatzsteuer zusätzlich zur Vergütung zu erstatten.

Literaturverzeichnis

Bengel/Reimann	Handbuch der Testamentsvollstreckung, hrsg. von Manfred Bengel, Wolfgang Reimann, 2. Aufl., München 1998 (zit. Bengel/Reimann/Bearbeiter)
Belde, Dieter	Die angemessene Vergütung des Testamentsvollstreckers, JurBüro, 1969, 681 ff.
Brandner, Hans Erich	Das einzelkaufmännische Unternehmen unter Testamentsvollstreckung in: Festschrift für Walter Stimpel zum 68. Geburtstag am 29. November 1985, hrsg. von Marcus Lutter..., Berlin, New York 1985
Brox, Hans	Erbrecht, 18. Auflage, Köln u.a. 2000
Buntjes, Johann	Umsatzsteuergesetz, von Johann Buntjes; Reinhold Geist; unter Mitarbeit von Helga Zeuner, 5. Aufl. München 1997
Bydlinski, Franz	Juristische Methodenlehre und Rechtsbegriff; 2. Aufl. Wien, New York 1991
Damrau, Jürgen	Der Testamentsvollstrecker, JA 1984, S. 130 ff.
Ebenroth, Carsten-Thomas	Erbrecht, München 1992
Eickmann, Dieter	Vergütungsrecht: Kommentar zur InsVV, von Dieter Eickmann, hrsg. von Kübler/Prütting, Köln 1999
Erbschaften	Branchenreport, Jahrgang 1999, Hrsg. Dr. Klaus Vossen, verantwortlich: Dr. Jörg Sieweck, BBE-Unternehmensberatung GmbH, Köln
Esch/Baumann/Schulze zur Wiesche	Handbuch der Vermögensnachfolge: bürgerlich-rechtliche und steuerliche Gestaltung der Vermögensnachfolge von Todes wegen und unter Lebenden; begründet von Günter Esch; Dieter Schulze zur Wiesche; fortgeführt von Wolfgang Baumann; Dieter Schulze zur Wiesche; 5. Aufl. Berlin 1997.
Flume, Werner	Die Erbnachfolge in den Anteil an einer Personengesellschaft und die Zugehörigkeit zum Nachlaß, NJW 1988, 161 ff.

Frankfurter Kommentar zur Insolvenzordnung — Hrsg. Von Klaus Wimmer, 2. Aufl., Neuwied, Kriftel 1999 (zit. FK-InsO/Bearbeiter)

Glaser, Hugo — Die Vergütung des Testamentsvollstreckers, NJW 1969, 1998 f.

Glaser, Hugo — Vergütung für die Tätigkeit des Testamentsvollstreckers, DB 1979, 877 ff.

Glaser, Hugo — Das Honorar des Testamentsvollstreckers, MDR 1982, 93 ff.

Grimm — Deutsches Wörterbuch, von Jacob und Wilhelm Grimm, 2. Band, Stuttgart/Leipzig 1998

Gabler — Wirtschaftlexikon, S-Z, 15. Aufl., Wiesbaden 2000

Gerold/Schmidt/Madert — Bundesgebührenordnung für Rechtsanwälte, Kommentar, begr. von Wilhelm Madert, fortgef. von Herbert Schmidt, Kurt von Eicken, 11. Aufl., München 1991

Göttlich/Mümmler — Bundesgebührenordnung für Rechtsanwälte, begr. v. Walter Göttlich, fortgef. von Alfred Mümmler, Anton Braun, Jürgen Rehberg, 19. Aufl., Neuwied 1997

Grunewald, Barbara — Anm. zu OLG Düsseldorf Urt. v. 30.05.2000, ZEV 2000, 460 ff.

Haarmeyer/Wutzke/Förster — Vergütung in Insolvenzverfahren: InsVV/VergVO, von Hans Haarmeyer; Wolfgang Wutzke; Karsten Förster; 2. Aufl., München 1999

Haegele, Karl — Der Testamentsvollstrecker nach bürgerlichem, Handels- und Steuerrecht, begr. von Karl Haegele, fortgef. von Karl Winkler, 15. Aufl., Regensburg, Bonn 1999 (zit. Haegele/Winkler)

Häsemeyer, Ludwig — Insolvenzrecht, 2. Aufl., Köln, Berlin, Bonn, München 1998

Heidelberger Kommentar — zum Betreuungs- und Unterbringungsrecht, von Axel Bauer, Ulrich-Arthur Birk, Jürgen Rink, Heidelberg 1994 (zit. HK-BUK)

Heidelberger Kommentar	zur Insolvenzordnung, von Dieter Eickmann; Axel Flessner; Irschlinger Friedrich; Hans-Peter Kirchhof; Gerhart Kraft; Hans-Georg Landfermann; 2. Aufl., Heidelberg 2001 (zit. HK-InsO/Bearbeiter)
Heilmann/Smid,	Grundzüge des Insolvenzrechts, begr. von Hans Heilmann, 2. Aufl. von Stefan Smid, München 1994
Henssler, Martin	Geschäftsmäßige Rechtsberatung durch Testamentsvollstrecker?, ZEV 1994, 261 ff.
Henssler/Prütting/Werth	Bundesrechtsanwaltsordnung, Kommentar, hrsg. v. Martin Henssler, Hans Prütting, in Zusammenarbeit mit dem Institut für Anwaltsrecht an der Universität Köln, München 1997
Hess, Harald	Kommentar zur Konkursordnung, 5. Aufl., Neuwied/ Kriftel/Berlin 1995
Hess/Obermüller	Rechtsstellung der Verfahrensbeteiligten nach der Insolvenzordnung, von Harald Hess und Manfred Obermüller, Heidelberg 1995
Hofmann-Becking, Michael	Rechtliche Möglichkeiten und Grenzen einer Verbesserung der Arbeit des Aufsichtsrats, in FS zum 65. Geburtstag von Prof. Dr. Dr. h.c. Hans Havermann, hrsg. von Josef Lanfermann, 229 ff., Düsseldorf 1995
Hueck, Alfred	Das Recht der Offenen Handelsgesellschaft, 4. Aufl. Berlin, New York, 1971
Hundt-Eßwein/Schuhmann	Kommentar zum Umsatzsteuergesetz, hrsg, v. Hans U. Hundt-Eßwein, Helmut Schuhmann, 2. Aufl., Heidelberg 1998 (zit. Hundt-Eßwein/Bearbeiter)
Jauernig	Bürgerliches Gesetzbuch, hrsg. von Othmar Jauernig, 9. Aufl., München 1999 (zit. Jauernig/Bearbeiter)
Jendralski/Oehlenschläger	Vermögensverwaltung und -betreuung, Michael Jendralski, Oehlenschläger, Detlef O., Frankfurt a.M. 1992
Jochum/Pohl	Nachlasspflegschaft: Ein Handbuch für die Praxis mit zahlreichen Formularmustern, bearb. von Günter Jochum und Kay-Thomas Pohl, 1. Aufl., Köln 1999

Johannsen, Kurt Herbert	Erbrecht in der Rechtsprechung des Bundesgerichtshofes 1982-1984, WM Sonderbeilage Nr. 1 1985
John, Uwe	Testamentsvollstreckung über ein einzelkaufmännisches Unternehmen, BB 1980, 757 ff.
Keßler, Heinrich	Die Rechtsprechung des Bundesgerichtshofes zum Erbrecht seit 1964, DRiZ 1966, 395 ff.
Kipp/Coing	Erbrecht: Ein Lehrbuch, auf der Grundlage der Bearbeitung von Theodor Kipp fortgef. von Helmut Coing, 14. Aufl, Tübingen 1990
Kirnberger, Christian	Testamentsvollstreckervergütung und Umsatzsteuerrecht, ZEV 1998, 342 ff.
Klingelhöffer, Hans	Anmerkung zum Urt. des OLG Köln vom 8.7.1993, ZEV 1994, 120 f.
Klumpp, Hans-Herrmann	Handlungsspielraum und Haftung bei Vermögensanlagen durch den Testamentsvollstrecker, ZEV 1994, 65 ff.
Knief, Peter	Das Preis-/Leistungsverhältnis der anwaltlichen Dienstleistung, AnwBl 1999, 76 ff.
Kuhn/Uhlenbruck	Konkursordnung: Kommentar, von Georg Kuhn, fortgef. seit der 9. Aufl. von Wilhelm Uhlenbruck unter Mitarbeit von Hans-Jochen Lüer, 11. Aufl., München 1994
Lange/Kuchinke	Lehrbuch des Erbrechts, begr. von Heinrich Lange, fortgef. von Kurt Kuchinke, 4. Aufl., München 1995
Leverenz, Kent	Testamentsvollstreckung durch Banken und Sparkassen, ZBB 1995, 156 ff.
Lüderitz, Alexander	Familienrecht, Alexander Lüderitz, Günther Beitzke, 27. Aufl., München 1999
Maurer, Hartmut	Das privatrechtliche Unterbringungsrecht und Art. 104 des Grundgesetzes, FamRZ 1960, 468 ff.
Möhring, Oskar	Zur Testamentsvollstreckervergütung, BB 1979, 868 ff.
Möhring, Oskar	Vermögensverwaltung in Vormundschafts- und Nachlasssachen, begr. von Oskar Möhring, 7. Aufl., weitergeführt von Rolf Beisswingert und Hans Klingelhöffer, Heidelberg 1992 (zit. Möhring/ Beisswingert/Klingelhöffer)

Möhring/Seebrecht — Zur Höhe und Erstattungsfähigkeit der für die Vergütung des Testamentsvollstreckers und Vormunds zu zahlenden Umsatzsteuer, Oskar Möhring, F. Seebrecht, BB 1977, 1057 ff.

Motive — zu dem Entwurfe eines Bürgerlichen Gesetzbuches für das Deutsche Reich, Band II, Recht der Schuldverhältnisse, Amtliche Ausgabe, Berlin, Leipzig 1888

Müller, Friedrich — Juristische Methodik, 7. Aufl., hrsg. von Ralph Christensen, Berlin 1997

Mümmler, Alfred — Mehrwertsteuer des Rechtsanwalts-Testamentsvollstreckers, JurBüro 1989, 22 ff.

Münchner Kommentar — zum Bürgerlichen Gesetzbuch,
Band 8, Familienrecht, bearbeitet von Dieter Schwab, 3. Aufl., München 1992;
Band 9, Erbrecht, bearbeitet von Hans-Erich Brandner, 3. Aufl., München 1997 (zit. MüKo/Bearbeiter)

Mugdan, Benno — Die gesamten Materialien zum Bürgerlichen Gesetzbuch für das Deutsche Reich, II. Band, hrsg. und bearbeitet von Benno Mugdan, V. Band: Erbrecht, Berlin 1899

Muscheler, Karlheinz — Testamentsvollstreckung über Erbteile, AcP 195, 35 ff.;
Anm. zu OLG Hamburg, ZEV 1996, 184 ff.

Nägele, Stefan — Das vermeintliche Testamentsvollstreckeramt, Diss. Konstanz 1986

Nerlich/Römermann — Insolvenzordnung, Kommentar, Hrsg. Jörg Nerlich, Volker Römermann, München, Stand November 2000 (zit. Nerlich/Römermann/Bearbeiter)

Oberloskamp, Helga — Vormundschaft, Pflegschaft und Beistandschaft für Minderjährige, hrsg. von Helga Oberloskamp, 2. Aufl., München 1998 (zit. Oberloskamp/Bearbeiter)

Offerhaus, Klaus — Der Unternehmer im Umsatzsteuerrecht, UR 1991, 279 ff.

Palandt — Bürgerliches Gesetzbuch, Kommentar, 60. Aufl., München 2000 (zit. Palandt/Bearbeiter)

Pape, Gerhard — Konkursverwalter mit beschränkter Haftung?, ZIP 1993, 737 ff.

Piltz, Detlev Jürgen — Die Unternehmensbewertung in der Rechtsprechung, 2. Aufl., Düsseldorf 1989

Plaßmann — Die Vergütung für die Tätigkeit des Testamentsvollstreckers, JW 1935, 1830 f.

Rau, Günter — Kommentar zum Umsatzsteuergesetz, Band II, begr. v. Günter Rau..., bearb. v. Wolfram Reiss..., 8. Aufl., Köln 1997

Reimann, Wolfgang — Testamentsvollstreckung in der Wirtschaftspraxis, 3. Aufl., Köln 1998

Reimann, Wolfgang — Vergütung des Testamentsvollstreckers bei Verwaltung von Unternehmen und Unternehmensbeteiligungen, in: Unternehmen und Steuern: FS für Hans Flick zum 70. Geburtstag, hrsg. von Franz Klein, Hans Peter Stihl, Franz Wassermeyer zusammen mit Detlev J. Piltz und Harald Schaumburg, Köln 1997

Reithmann, Christoph — Die Vergütung des Testamentsvollstreckers im notariellen Testament, ZEV 2001, 385 ff.

Röhl, Klaus F. — Allgemeine Rechtslehre, Köln u.a. 1995

Rüthers, Bernd — Rechtstheorie: Begriff, Geltung und Anwendung des Rechts, München 1999

Schaumburg, Harald u. Heide — Umsatzsteuer und Zivilrecht, NJW 1974, 1734 ff.

Schelter, Christian — Zur Höhe und Erstattungsfähigkeit der für die Vergütung des Testamentsvollstreckers zu zahlenden Umsatzsteuer, BB 1977, 1235 ff.

Schmucker, Alexandra — Zeithonorarabrechnungen in Rechtsanwaltskanzleien, BRAK-Mitt. 5/2000, S. 231 ff.

Schwab, Dieter — Familienrecht, 10. Aufl., München 1999

Schreiber, Klaus — Die Haftung des Vormunds im Spannungsfeld von öffentlichem Recht und Privatrecht, AcP 1978, 533 ff.

Schumann/Geißinger	Bundesrechtsanwaltsgebührenordnung für Rechtsanwälte, Großkommentar, von Alfred Schumann, Mathias Geißinger, Erster Band, 2.Aufl., Berlin, New-York 1974
Soergel	Bürgerliches Gesetzbuch, Kommentar Band 20 Familienrecht, bearbeitet von Walter Zimmermann, 13. Aufl., Stuttgart u.a. 2000 Band 9 Erbrecht, bearbeitet von Jürgen Damrau, 12. Aufl., Stuttgart u.a. 1992
Staudinger	Kommentar zum Bürgerlichen Gesetzbuch, Buch 4 Familienrecht, bearbeitet von Helmut Engler, 13. Bearb. Berlin 1999 Buch 5 Erbrecht, bearbeitet von Wolfgang Reimann, 13. Bearb., Berlin 1996
Statistisches Bundesamt	Fachserie 2, Unternehmen und Arbeitstätten, Reihe 1.6.2., 1995 Fachserie 17, Reihe 7, Preisindizes für die Lebenshaltung, 2000
Statistisches Bundesamt	Von den zwanziger zu den achtziger Jahren, ein Vergleich der Lebensverhältnisse der Menschen, Egon Hölder, Mainz 1987
Swolana, Günter	Bundesgebührenordnung für Rechtsanwälte: Kommentar mit Gebührentafel, begründet von Günter Swolana, bearbeitet von Heinz Hansens, 8. Aufl., München 1995
Tiling, Johann	Die Vergütung des Testamentsvollstreckers, ZEV 1998, 331 ff.
Tipke/Lang	Steuerrecht, begr. von Klaus Tipke, fortgef. von Joachim Lang, 15. Aufl., Köln 1996
Tödtmann,	Schnittchen und Sekt, Wirtschaftswoche Nr. 43 vom 15.10.1998, S. 163 ff
Tschigale, M.	Die Vergütung des Testamentsvollstreckers, JurBüro 1965, 89 ff.
Vogel, Joachim	Juristische Methodik, Berlin, New York 1998

von Morgen, Robert D.	Die Testamentsvollstreckervergütung bei Erbteilsvollstreckungen, ZEV 1996, 170 ff.,
von Morgen, Robert D.	Anm. zu BGH ZEV 1997, 116 ff.
Wahrig, Gerhard	Deutsches Wörterbuch, hrsg. von Renate Wahrig-Burfeind, Gütersloh 1997
Weirich, Hans-Armin	Erben und Vererben: Handbuch des Erbrechts, 2. Aufl., Herne, Berlin 1987
Wellensieck, Jobst	Einzelne Aufgaben des Insolvenzverwalters nach der Insolvenzordnung, S. 403 ff. in: Kölner Schrift zur Insolvenzordnung, 2. Aufl. Herne, Berlin 2000
Zimmermann, Walter	Vergütung und Ersatz von Aufwendungen des Nachlasspflegers, ZEV 1999, 336 ff.
Zimmermann, Walter	Die angemessene Testamentsvollstreckervergütung, ZEV 2001, 334 ff.
Zippelius, Reinhold	Der Typenvergleich als Instrument der Gesetzesauslegung, Jahrbuch der Rechtssoziologie und Rechtstheorie; Band II, Düsseldorf 1972 (zit. Zippelius, JB d. RSoz.)
Zippelius, Reinhold	Juristische Methodenlehre, 7. Aufl., München 1999

Peter Lang · Europäischer Verlag der Wissenschaften

Axel Schmucker

Testamentsvollstrecker und Erbe

Begründung, Wirkung und Beendigung der Testamentsvollstreckung

Frankfurt/M., Berlin, Bern, Bruxelles, New York, Oxford, Wien, 2002.
XXV, 333 S.
Europäische Hochschulschriften: Reihe 2, Rechtswissenschaft. Bd. 3370
ISBN 3-631-38800-4 · br. € 50.10*

Die Anordnung der Testamentsvollstreckung erlangte in den letzten Jahren eine steigende praktische Relevanz. Dabei mag vor allem der Wunsch des Erblassers im Vordergrund stehen, die zu Lebzeiten geschaffenen Vermögenswerte zusammenzuhalten und über den Todeszeitpunkt hinaus Einfluss auf die Verwaltung oder die Verteilung des Nachlasses ausüben zu können. Dieses Ansinnen schafft ein Spannungsverhältnis zwischen Testamentsvollstrecker und Erbe, welches naturgemäß einen umfangreichen rechtlichen Problemkreis eröffnet. Der Verfasser untersucht das Rechtsverhältnis zwischen Testamentsvollstrecker und Erbe und zeigt die hierbei auftretenden Problemkreise und Ansprüche auf. Insbesondere hinterfragt er kritisch die bisherige Praxis der Rechtssprechung im Entlassungsverfahren des Testamentsvollstreckers auf Antrag des Erben.

Aus dem Inhalt: Aufgaben des Testamentsvollstreckers · Ansprüche der Erben gegen den Testamentsvollstrecker · Ansprüche des Testamentsvollstrekkers gegen die Erben · Entlassung des Testamentsvollstreckers auf Antrag der Erben

Frankfurt/M · Berlin · Bern · Bruxelles · New York · Oxford · Wien
Auslieferung: Verlag Peter Lang AG
Moosstr. 1, CH-2542 Pieterlen
Telefax 00 41 (0) 32 / 376 17 27

*inklusive der in Deutschland gültigen Mehrwertsteuer
Preisänderungen vorbehalten

Homepage http://www.peterlang.de

Kolibri 360 GmbH
Ferdinand-Jühlke-Straße 7
99095 Erfurt, Deutschland
produktsicherheit@kolibri360.de

Druck:
CPI Druckdienstleistungen GmbH
im Auftrag der
Kolibri 360 GmbH
Ferdinand-Jühlke-Str. 7
99095 Erfurt